RESEARCH ON THE AGRICULTURAL
PRODUCTIVE SERVICE INDUSTRY

河南大学经济学学术文库

# 农业生产性服务业
# 发展研究

朱 涛 夏 宏 著

社会科学文献出版社
SOCIAL SCIENCES ACADEMIC PRESS (CHINA)

# 总　序

　　河南大学经济学科自 1927 年诞生以来，至今已有近 90 年的历史了。一代一代的经济学人在此耕耘、收获。中共早期领导人之一的罗章龙、著名经济学家关梦觉等都在此留下了足迹。

　　新中国成立前夕，曾留学日本的著名老一辈《资本论》研究专家周守正教授从香港辗转来到河南大学，成为新中国河南大学经济学科发展的奠基人。1978 年我国恢复研究生培养制度以后，周先生率先在政治经济学专业招收、培养硕士研究生，并于 1981 年获得首批该专业的硕士学位授予权。1979 年，河南大学成立了全国第一个专门的《资本论》研究室。1985 年以后，又组建了河南大学历史上的第一个经济研究所，相继恢复和组建了财经系、经济系、贸易系和改革与发展研究院，并在此基础上成立了经济学院。目前，学院已发展成拥有 6 个本科专业、3 个一级学科及 18 个二级学科硕士学位授权点、1 个一级学科及 12 个二级学科博士学位授权点、2 个博士后流动站、2 个一级省重点学科点、3000 多名师生规模的教学研究机构。30 多年中，河南大学经济学院培养了大批本科生和硕士、博士研究生，并且为政府、企业和社会培训了大批专门人才。他们分布在全国各地，服务于大学、企业、政府等各种各样的机构，为国家的经济发展、社会进步、学术繁荣做出了或正在做出自己的贡献，其中也不乏造诣颇深的经济学家。

　　在培养和输出大量人才的同时，河南大学经济学科自身也造就了一支日益成熟、规模超过 120 人的学术队伍。近年来，60 岁左右的老一代学术带头人以其功力、洞察力、影响力，正发挥着越来越大的引领和示范作用；一批50岁左右的学者凭借其扎实的学术功底和丰厚的知识积累，已进入著述的高峰期；一批40岁左右的学者以其良好的现代经济学素养，开始脱颖而出，显现领导学术潮流的志向和实力；更有一大批30岁左右受过系统经济学教育的年轻人正蓄势待发，不少已崭露头角，初步展现了河南大学经济学科的巨大潜力和光辉未来。

我们有理由相信河南大学经济学科的明天会更好，经过数年的积累和凝练，它已拥有了支撑自己持续前进的内生动力。这种内生动力的源泉有二：一是确立了崇尚学术、尊重学人、多元发展、合作共赢的理念，营造了良好的学术氛围；二是形成了问题导向、服务社会的学术研究新方法，并据此与政府部门共建了中原发展研究院这一智库型研究平台，获批了新型城镇化与中原经济区建设河南省协同创新中心。学术研究越来越得到社会的认同和支持，也对社会进步产生了越来越大的影响力和推动力。

河南大学经济学科组织出版相关学术著作始自世纪交替的2000年前后，时任经济学院院长许兴亚教授主持编辑出版了数十本学术专著，在国内学术界产生了一定的影响，也对河南大学经济学科的发展起到了促进作用。

为了进一步展示河南大学经济学院经济学科各层次、各领域学者的研究成果，更为了能够使这些成果与更多的读者见面，以便有机会得到读者尤其是同行专家的批评，促进河南大学经济学学术研究水平的不断提升，为繁荣和发展中国的经济学理论、推动中国经济发展和社会进步做出更多的贡献，我们从2004年开始组织出版"河南大学经济学学术文库"。每年选择若干种河南大学经济学院在编教师的精品著述资助出版，也选入少量国内外访问学者、客座教授及在站博士后研究人员的相关著述。该文库分批分年度连续出版，至今已持续10年之久，出版著作总数多达几十种。

感谢曾任社会科学文献出版社总编辑的邹东涛教授，是他对经济学学术事业满腔热情的支持和高效率工作，使本套丛书的出版计划得以尽快达成并付诸实施，也感谢社会科学文献出版社具体组织编辑这套丛书的相关负责人及各位编辑为本丛书的出版付出的辛劳。还要感谢曾经具体负责组织和仍在组织本丛书著作遴选和出版联络工作的时任河南大学经济学院副院长刘东勋教授和现任副院长高保中教授，他们以严谨的科学精神和不辞劳苦的工作，回报了同志们对他们的信任。最后，要感谢现任河南大学经济学院院长宋丙涛教授，他崇尚学术的精神和对河南大学经济学术事业的执着，以及对我本人的信任，使得"河南大学经济学学术文库"得以继续编撰出版。

　　分年度出版"河南大学经济学学术文库"，虽然在十几年的实践中积累了一些经验，但由于学科不断横向拓展、学术前沿不断延伸，加之队伍不断扩大、情况日益复杂，如何公平和科学地选择著述品种，从而保证著述的质量，需要在实践中不断探索。此外，由于选编机制的不完善和作者水平的限制，选入丛书的著述难免会存在种种问题，恳请广大读者及同行专家批评指正。

耿明斋

　　2004 年 10 月 5 日第一稿，2007 年 12 月 10 日修订稿，2014 年 6 月 21 日第三次修订

# 目　录

# 第一章　农业生产性服务业对农业外溢渠道机理及模型分析

## 一　引言

农业生产性服务业是建设农业现代化的重要切入点，它贯穿于整个农业生产链之中，以农业和农业生产者为服务对象，是一个为农产品生产提供中间投入服务的融合行业。从产业细分角度，其包括农林牧渔业及服务业；从产业链条角度，其包括产前、产中和产后服务。产前服务发生在农业生产链条上游，处于准备阶段，主要包括农业产前信息提供，农业劳动力培训，农业机械、良种、化肥、农药研究及供应等；产中服务发生在农业生产链条中游，主要包括产中技术辅导服务、产中信息咨询服务以及农业保险服务等；产后服务发生在农业生产链条下游，主要包括存储、加工、质检、运输、销售等。研究表明，农业生产性服务业在提高农业生产效率、提高农业附加值、延伸农业外部功能、拓宽农民增收渠道、调整农业产业结构、转变农业经济发展方式等方面具有重要意义。

对于农业生产性服务业与农业之间关系的研究主要集中在两个方面，一是服务业对传统农业的改造，二是生产性服务业发展对农业发展的外溢效应。在服务业对农业的改造方面，国内外学者研究发现：工业化、制度变迁、资本积累等都促进了传统农业的改造，传统农业向现代农业的转变是农业、工业、服务业结构调整的结果，在以知识经济为主的现代经济社会，服务业在传统农业改造中也发挥着重要作用。姜凌、潘锦云（2011）通过理论研究发现现代服务业改造传统农业的研究主要集中在为农业提供高科技、信息化服务等方面。对于中国传统农业改造的研究，潘锦云等（2011）通过实证研究检验了新旧农业生产要素对改造传统农业的影响。服务业对农业发展的外溢效应研究主要是实证研究，Kenneth A. Reinert（1998）实证研究了生产性服务作为直接投入要素对于农业的积极影响；全炯振（2009）对中国农业全要素生产率增长进行了实证分析，认为增长主要缘于农业技术进步。匡远凤（2012）运用随机前沿方法对我国1988~2009年的省份数据进行实证，结果表明技术进步和技术效率变化的共同作用促进农业经济的增长。陈笑艳（2014）通过证明广东省生产性服务业对农业生产率提高有积极作用，并指出农资配送服务的作用有待发挥。郝爱民（2011）通过对省级面板数据的分析发现农业生产性服务业对我国农业产业结构调整、农业效率提升、农民增收等有重要作用，研究了农业生产性服务业产生外溢效应的重要渠道。近年来，我国农业生产性服务业取得了较快发展，农业生产性服务业如何促进农业的发展，其外溢效应的溢出渠道有哪些、外溢机理是什么等问题仍值得深入研究和探讨。

## 二　农业生产性服务业体系对农业外溢效应渠道分析

从专业化分工角度来讲，亚当·斯密在《国富论》中指出，分工和专业化程度的增强可以提高劳动生产率，从而促进经济增长。农业生产性服务业是现代服务业的一个细分方向，将现代服务业作用于农业，其对农业外溢效应的基本动力是专业化分工，分工产生的学习效应能不断提高各个生产性服务业的专业化水平。生产性服务业的发展具有重要作用，一方面降低了提供服务的成本，起到规模经济的作用；另一方面，作为农业产业链的组成部分，也对农业发展产生了规模经济为正的外部性，降低了农业生产过程中的流通成本。

从农业产业链的角度来讲，农业生产性服务业贯穿于农业产前、产中和产后的各个环节，产生的协同效应能使农业生产的交易成本较大幅度降低。农业生产性服务业能促进农业产业链的产品输送及信息反馈，它的发展在一定程度上促进了产业链的优化发展，大大降低了产业链中的信息不完全和不对称现象，减少了农业生产、销售过程中的不确定性，提高了农业生产效率。

从价值链的角度来讲，农业生产性服务业是农业的辅助性增值活动。首先，农业生产性服务业促进了农产品增值流程的优化，使农产品增值过程的程序化程度增强，降低了价值增值的成本；其次，农业生产性服务业能够创新产品、提高科技水平，增加农产品附加值；最后，农业生产性服务业与农业在价值增值过程中的"关联效应"和"协同效应"促进服务业和农业的相互协调、相互促进，实现共同发展。通过对上述三个角度的分析，可以看出农业生产性服务业对农业发展具有促进作用。农业生产性服务业在农业产业链中的功能分布见图1。

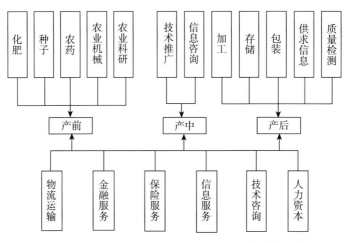

**图1　农业生产性服务业在农业产业链中的功能分布**

# 三　农业生产性服务业体系对农业溢出效应的理论分析

## （一）外溢渠道分析——Feder 动态外溢模型

农业生产性服务业的发展是农业产业链的延伸和拓展。产业链条上不同地位的厂商具有不同的比较优势，只有同一产业链中的不同厂商优势互补，不同环节之间发挥协同效应，才能实现产业链的收益。在农业的产业链中，农业生产性服务业对农业的溢出渠道是什么呢？

Feder（1982）认为出口贸易对整体经济增长具有一定影响，这种影响分为直接影响和间接影响，并在一定假定的基础上，通过构建出口部门和非出口部门两部门经济的生产函数来衡量直接影响和间接影响的程度。本书借鉴菲德模型，构建农业生产性服务业和农业两个部门的生产函数，通过推导得到农业生产性服物业对农业发展的影响以及对农业的外溢效应。

假设一：第一产业由农业和农业生产性服务业两部门构成；假设二：农业生产性服务业对农业具有外溢效应；假设三：农业生产性服务业对农业的影响弹性不变；假设四：两部门间的要素边际生产率存在差异，并且差异值相等。

两部门的生产函数：

$$Y = A + S \tag{1}$$

$$A = A(K_A, L_A, S) \tag{2}$$

$$S = S(K_S, L_S) \tag{3}$$

$$K_Y = K_A + K_S \tag{4}$$

$$L_Y = L_A + L_S \tag{5}$$

$Y$：第一产业总产出，单位：元；$A$：农业总产出，单位：元；$S$：农业生产性服务业总产出，单位：元；$K_i$：$i$ 产业的资本投入，单位：元；$L_j$：$j$ 产业的劳动投入，单位：元。公式（1）和公式（2）分别符合假设一和假设二，公式（2）说明农业生产性服务业对农业具有外溢效应。

分别对公式（1）、公式（2）和公式（3）求全微分，结果如下：

$$dA = \frac{\partial A}{\partial K_A} dK_A + \frac{\partial A}{\partial L_A} dL_A + \frac{\partial A}{\partial S} dS \tag{6}$$

$$dS = \frac{\partial S}{\partial K_S} dK_S + \frac{\partial S}{\partial L_S} dL_S \tag{7}$$

$$dY = dA + dS \tag{8}$$

公式（6）中的 $\frac{\partial A}{\partial K_A}$ 表示农业的资本边际产量和 $\frac{\partial A}{\partial L_A}$ 表示农业的劳动边

际产量，$\frac{\partial A}{\partial S}$表示农业对农业生产性服务业产品的边际产量；公式（7）中

$\frac{\partial S}{\partial K_S}$和$\frac{\partial S}{\partial L_S}$分别表示农业生产性服务业的资本和劳动边际产量。

依据假设四，设两部门间相等的要素边际生产率差异值为$\delta$，则两部门要素边际产量间的关系如下：

$$\frac{\partial S/\partial K_S}{\partial A/\partial K_A} = \frac{\partial S/\partial L_S}{\partial A/\partial L_A} = 1 + \delta \tag{9}$$

$\delta < 0$、$\delta = 0$和$\delta > 0$分别表示农业生产性服务业的要素边际生产率小于、等于和大于农业的要素边际生产率。

对公式（4）和公式（5）进行微分得到：

$$dK_Y = dK_A + dK_S dL_Y = dL_A + dL_S \tag{10}$$

由公式（9）可得

$$\frac{\partial S}{\partial K_S} = (1 + \delta)\frac{\partial A}{\partial K_A} \frac{\partial S}{\partial L_S} = (1 + \delta)\frac{\partial A}{\partial L_A} \tag{11}$$

将公式（10）和公式（11）带入公式（8），整理得

$$dY = \frac{\partial A}{\partial K_A}dK + \frac{\partial A}{\partial L_A}dL + \frac{\partial A}{\partial S}dS + \frac{\delta}{1+\delta}dS$$

$$= \frac{\partial A}{\partial K_A}dK + \frac{\partial A}{\partial L_A}dL + \left(\frac{\partial A}{\partial S} + \frac{\delta}{1+\delta}\right)dS \tag{12}$$

根据假设三，设不变弹性为$\gamma$，则

$$\gamma = \frac{\partial S}{\partial A}\frac{A}{S}$$

变换得

$$\frac{\partial A}{\partial S} = \gamma \frac{A}{S} \tag{13}$$

将公式（12）两边同时除以$Y$，再将公式（13）带入得

$$\frac{dY}{Y} = \frac{\partial A}{\partial K_A}\frac{dK}{K}\frac{K}{Y} + \frac{\partial A}{\partial L_A}\frac{dL}{L}\frac{L}{Y} + \left(\gamma\frac{A}{S} + \frac{\delta}{1+\delta}\right)\frac{dS}{S}\frac{S}{Y}$$

整理得

5

$$\frac{\mathrm{d}Y}{Y} = \frac{\partial A}{\partial K_A} \frac{\mathrm{d}K}{K} \frac{K}{Y} + \frac{\partial A}{\partial L_A} \frac{\mathrm{d}L}{L} \frac{L}{Y} + \gamma \frac{A}{Y} \frac{\mathrm{d}S}{S} + \frac{\delta}{1+\delta} \frac{\mathrm{d}S}{S} \frac{S}{Y}$$

$$= \frac{\partial A}{\partial K_A} \frac{K}{Y} \frac{\mathrm{d}K}{K} + \frac{\partial A}{\partial L_A} \frac{L}{Y} \frac{\mathrm{d}L}{L} + \gamma \frac{A}{Y} \frac{\mathrm{d}S}{S} + \frac{\delta}{1+\delta} \frac{S}{Y} \frac{\mathrm{d}S}{S} \quad (14)$$

在公式（14）中，$\frac{\mathrm{d}Y}{Y}$、$\frac{\mathrm{d}K}{K}$ 和 $\frac{\mathrm{d}L}{L}$ 分别表示第一产业的增长率、资本的增长率和劳动的增长率。$\frac{\delta}{1+\delta} \frac{S}{Y} \frac{\mathrm{d}S}{S}$ 反映的是农业生产性服务业对第一产业的直接影响，$\gamma \frac{A}{Y} \frac{\mathrm{d}S}{S}$ 表示农业生产性服务业通过农业对第一产业的间接影响。通过上面的分析可以看出，农业生产性服务业通过两个渠道影响农业发展，即农业生产性服务业通过影响第一产业影响农业发展；农业生产性服务业直接影响农业发展。

综上可知，农业生产性服务业对农业的外溢效应来自其自身的发展对第一产业做出的贡献和直接对农业发展产生的影响。农业生产周期长、过程复杂，需要投入多种资源和技术才能完成。而农业生产者不具备多种资源和多种技术，但农业生产性服务相关的资源和技术资产专用型程度较高，农业生产者进行投资成本过高，因此更多地选择外包。一方面外包促进农业生产性服务业发展，从而壮大了第一产业；另一方面，农业生产性服务业专业化程度的提升提高了相关的技术水平和服务水平，提高了农业的生产效率，农业和农业生产性服务业各部门间的配合完善了农业产业链，降低了交易成本，增加了产业链的盈利能力，促进了第一产业的发展。

### （二）内生比较优势分析——Marrewijk 模型

农业生产性服务业对农业经济增长的贡献主要来自规模经济和专业化报酬递增两方面。规模经济是指，在一个生产函数中，在所有投入要素水平增加比例相同的情况下，随着生产要素投入的增多，产出增加的比例更大，对固定成本分摊的更多，平均成本更低。斯密劳动分工理论中的专业化报酬递增是指，平均劳动生产率随着经济活动的专业化水平上升而提高。在第一产业的发展过程中存在着各种各样的规模经济和专业化报酬递增，本书中体现在农业生产性服务业产业的壮大和分工的深化。

专业化程度的增强是市场资源配置的结果，农业和农业生产性服务业通过专业化提高自身的竞争力，剥离那些不擅长的业务，从而使市场资源配置得到优化。而农业生产性服务业的外包也是农民规避投资风险，降低专用型资产投资的结果，提高了农业生产的效率，增加了竞争的灵活性（郝爱民，2013）。农产品从种子变为商品，其成本由两部分构成，即生产成本和交易成本。专业化程度的增强不仅可以提高生产效率，还可以通过减少交易过程中的信息不对称降低农产品生产、销售过程中的交易成本。农业生产性服务业专业化程度的提高同时也是农业产业链和价值链的延伸和拓展，有利于发挥规模效应。

农业生产性服务业包括诸如种子、农药、化肥、农业机械、科技研发、信息服务、物流、运输、储存、包装、销售等专业化服务，我们称之为农业生产者服务集合体。本书通过简化的 Marrewijk 模型来论证专业化的农业生产性服务业形成的第一产业的内生比较优势，也就是农业生产性服务业怎样创造内生比较优势，及其外溢效应和作用机制。

假设一：第一产业存在若干生产最终产品 P 的厂商；假设二：生产 P 产品需要投入劳动（L）、部门专用性资产（K）和农业生产性服务集合体（H）；假设三：产品 P 的生产保持规模经济不变。

上述三个假设可表示为（科布－道格拉斯函数）：

$$P_i = AK_i^{\alpha} L_i^{\beta} H_i^{\delta} \tag{15}$$

公式（15）中，A 为常数，$\alpha$、$\beta$ 和 $\delta$ 分别为 K、L 和 H 的产出弹性系数，且 $\alpha + \beta + \delta = 1$。由于农业生产性服务业存在异质性、知识密集、信息密集等特征，因此本书假设各个服务业根据其规模和资产专用性程度不同存在不同的垄断经济。假设在投入一定固定资产后，生产某种服务只需投入服务和劳动力两种要素即可，并且要素边际成本保持不变，那么可设 H 的生产函数为：

$$H_i = H_i(S_1, L, S_j L, S_n) \tag{16}$$

在公式（16）中，$S_j$ 表示某种生产者服务，L 表示劳动力的投入，$S_n$ 表示 n 种生产者服务。对生产性服务业集合的生产函数进行简化，假设 $S_j$ 和 H 是分离的，$S_j$ 的生产函数完全相同且在 H 中的地位是对称的（许德友，2008）。综上，H 的生产函数可表示为：

$$H = \left[ \sum S_j^{\theta} \right]^{\frac{1}{\theta}} \tag{17}$$

其中，$0 < \theta < 1$。$S_j$ 的成本函数可表示为：

$$C(S_j) = wS_j + wF \tag{18}$$

其中，$w$ 表示单位劳动力的工资与 $H$ 的比值，$F$ 表示生产 $S_j$ 所需要的固定成本。

$S_j$ 的生产函数相同，在 $H$ 中的地位存在对称。

即，对于生产服务投入品 $X_j = m$，$j = 1$，$2$，…，$n$，其总量为

$$X = \sum_{j=1}^{n} X_j = nm \tag{19}$$

根据公式（19），公式（17）可简化为 $H = n^{1/\theta} m$。因此，$H$ 的全要素生产率为：

$$\frac{H}{X} = n^{\frac{1-\theta}{\theta}} \tag{20}$$

已知 $0 < \theta < 1$，该式表明在既定资源下，当 $n$ 增加时，农业生产性服务业的生产率也会提高。也就是说，在资源禀赋不变的情况下，农业生产性服务业创造了农业的内生比较优势。$n$ 的增加也就是农业生产性服务业种类和数量的增加，农业生产性服务业专业化程度的提高使自身的全要素生产率增加，从而创造了内生比较优势。可以预见，随着农业生产性服务业专业化程度的增强，其创造的内生比较优势将增大。


# 四 农业生产性服务业对农业外溢效应的具体体现

通过对 Feder 动态外溢效应模型和 Marrewijk 模型的分析，我们了解到农业生产性服务业对农业的外溢效应主要体现在其促进农业生产率的提升，体现在其促进农业生产成本和交易成本的降低，以及由于农业生产性服务业专业化程度的提高使自身的全要素生产率增加，从而创造的内生比较优势。专业化程度的增强是农业发展的不竭动力。

### （一）提高生产率，增加农业收益

农业生产性服务业服务于农业的产前、产中、产后的各个阶段，其发展提高了农业的产业化和现代化水平。第一，种子、化肥、农药、农业科研等部门的发展是农业发展的基础，为农业技术进步和农业增质、增产、增收提供了动力，是农业取得跨越式发展的决定力量；第二，农业机械、农业信息化的发展大大提高了农业生产效率，提高了农业的现代化水平，增加了农业规模经济效益；第三，物流、运输、仓储、包装、供求信息等部门的发展加快了农业产后的产业链价值流通速度，减少了粮食的浪费，质量检测等技术的发展保证了粮食生产的质量，提高了合格粮食从产出到消费的效率，加快了市场流通速度。农业生产性服务业是农业产业化和现代化进程中的决定性推动力量，只有农业生产性服务业与农业充分融合，才能实现规模经济的效率和效益最大化。

### （二）降低交易成本，提高产业化水平

农业生产性服务业的出现和专业化程度的提高，大大降低了农业从业者的风险和农业的总体风险，降低了农业生产、农产品流通过程中的交易成本，各个部门相互配合的协同效应使农业产业链中的价值流动更加顺畅，提高了农业的产业化水平。首先，农业生产性服务业的出现不仅消除了农民对农业机械、技术服务等专用性资产投资的风险，而且降低了相关资产的闲置成本，节省的资金可以投入种子、化肥等多个方面，提高了资金的利用效率；其次，种子、化肥、物流、咨询服务等部门专业化的增强不仅大大降低了农民的信息搜集成本，而且减少了市场中信息不对称现象造成的道德风险、逆向选择行为，有助于市场机制发挥作用，促进市场竞争，提高市场的资源配置效率；再次，农业供求信息、物流运输等部门的发展理顺了农业从生产者到消费者的产业链，提升了市场交易效率；最后，金融服务、保险服务、人力资本等部门的发展在农业发展的整个过程中不断发挥作用，不仅降低了农业的融资成本、人力成本，而且在农业的整个链条中为农业产业化水平的提高提供了有力保障。

### （三）拓展农业产业链，增加农业附加值

传统的农业生产和消费以原始农产品为主，粮食的价值从农民转移到消费者手中，没有形成价值链，价值的交换和流动更少。农业生产性服务业的发展不仅改变了传统的生产观念，也增加了农业产业链的深度和长度，增加了农产品的附加值，拓展了农业价值链。农业生产性服务业对农业产业链的拓展是从深度和长度两方面进行的，从深度来讲，农业生产性服务业通过对农产品进行深加工、包装、品牌塑造、质量检测等提高了农产品的附加值，从而拓展了价值链的深度；从长度来讲，农业从生产型服务业的传统农业生产的重要补充，在农业的各个生产环节都有重要地位，特别是在农业产出阶段，大大延长了农业产业链，壮大了农业的整体实力。以农产品深加工和特色农产品为例，农产品深加工一方面对农产品的生产提出了产业化的要求，逆向提高了农业规模经济的增长，另一方面，农产品深加工赋予了更多的人力劳动和技术投入，增加了农产品的附加值，从而增加了价值链条的深度和长度。而特色农产品则是通过提高农产品的质量检测、特色服务，或者赋予农产品一定的品牌价值，这不仅增加了农产品的附加值，还逐步提高了农产品的生产标准及产业化水平。

## 五　结论

本书首先介绍了农业生产性服务业的定义，并对国内外研究历史和现状进行了文献梳理。农业生产性服务业的发展对农业的发展具有外溢效应，是农业产业化和现代化进程中的重要推动力量，只有农业生产性服务业和农业相互融合、互相协同，才能实现农业的飞速发展。本章分别从规模经济和产业链角度分析了农业生产性服务业对农业外溢效应的理论基础，然后运用 Feder 动态外溢效应模型对农业生产性服务业对农业的外溢效应渠道进行分析，用 Marrewijk 模型对农业生产性服务业创造的内生比较优势进行分析。农业生产性服务业对农业的外溢效应主要是通过降低生产成本、交易成本，规模经济，专业化报酬递增，拓展产业链，壮大产业整体实力等方面来实现的，具体来说就是：第一，农业生产性服务业通过提

高技术水平和规模化经营提高了农业的生产率，规模经济的发展降低了农业的生产成本，提高了农业的总体收益；第二，农业生产性服务业通过专业化服务提高了农业资金使用效率，降低了农业产业链价值流通过程中的交易成本，理顺了产业链中的价值流通渠道；第三，农业生产性服务业提高了产业链的深度和长度，增加了农业的附加值，壮大了农业的整体实力，对农业现代化具有显著的促进作用。

# 第二章　生产性服务业对农业影响的线性模型分析

## 一　引言

目前，我国产业机构升级的重点方向转向现代服务业，农业作为我国的支柱产业，其发展需要现代服务业作为支撑。对于农业生产性服务业，国内外学者进行了很多研究，他们分别从不同的方面着手。格鲁伯、沃克提出了生产性服务业传送了人力资本与知识资本；Alston 曾提出农业生产性服务业能够提高农业生产的效率；Martin E. Adam 等（2011）则分别从现代服务业的信息服务、科技服务、金融服务、运输服务、培训服务、批发零售服务等的机构构成的角度，对农业生产的相关服务进行了分析，并进一步分析了服务结构的特征对于农业生产形成一定的规模和对农业生产技术形成扩散的影响。

已存文献中，学者大多理解农业生产性服务业与农业本身存在一些重要的相互关系，但对两者之间关系的实证研究缺乏系统的阐述，本书在潘锦云等（2011）的研究基础之上，添加对农业发展起关键作用的劳动力变量、政府对农业产业的财政投入量、农业运输变量、农业技术服务变量等，使本书的阐述具有更强的说服力。

## 二 现代服务业对农业的影响机理分析

舒尔茨在《改造传统农业》中指出，想要改变传统的农业生产和销售方式，对传统农业进行改造，就必须引进新的技术和要素来推动改造的实现。现代农业生产性服务业包含服务业的不同方面，这些不同的方面对农业的推动有不同的侧重点，笔者梳理如下。

### （一）为现代农业发展提供信息支持

互联网的发展将为农业发展提供必要的信息支持，农产品生产者可以通过互联网获得实时的价格信息、良种信息以及通过互联网学习农作物的疾病预防和治理信息等；大宗产品现货交易以及粮食期货等为农产品提供了基础价格参考；各个乡镇可以利用现代网络信息技术建设网络门户，组织发布良种信息、时节的变化及虫害治理信息等。

### （二）为现代农业的快速发展提供财力支持

银行等金融业的发展，为我国现代农业的进一步深化发展提供了必要且强大的资金支持，而生产经营规模如此之大的农业发展亦离不开强大的资金支持，有数据显示 2012 年我国农业贷款额度为 2.73 万亿元，比 20 世纪 90 年代的 0.24 万亿元增长了 10 倍之多。同时，保险业的发展也为农业发展增强抵抗风险的能力提供了保障。

### （三）为现代农业的发展提供了人才支撑

现代农业生产性服务业的不断发展进步，亦离不开现代化科学技术的支撑。社会整体进步为农业发展提供了教育的保障，对先进的生产技术、管理技术的应用，以及农村劳动技术培训机构对农业技术的传播，也为农业发展输出了一大批拥有先进生产技术的人才，以此形成良性循环，带动现代农业不断地发展壮大。

### （四）为现代农业的发展提供了物质支持

现代物流运输业的蓬勃发展为农产品的销售输出以及必要的农业物资

的输入提供了可能。现代化的交易市场通过与农畜产品生产培养基地建立直接的联系，从而使双方之间形成了畅通的农畜产品销售与配送渠道，分布在各个乡镇的农畜产品物资连锁超市为农畜产品的销售提供了坚实的保障；农畜产品生产者的跨区域合作解决了从事农畜产品生产人口的减少带来的耕种、收割、饲养等问题，实现了现代农业劳动的社会化大规模的合作，极大提高了生产效率。

## 三 农业现代服务业对农业影响的实证分析：
## 1990～2012 年

### （一） 模型建立

建立如下线性模型：

$$GAP_i = \beta_0 + \beta_1 ALP + \beta_2 TMP + \beta_3 EIA + \beta_4 AFU + \beta_5 AC + \beta_6 AI$$
$$+ \beta_7 MAI + \beta_8 AP + \beta_9 AL + \beta_{10} AEC + \beta_{11} AL + C$$

其中，GAP（Gross Agricultural Production）代表农业的生产总值，ALP（Agricultural Labor Population）代表农业劳动人口，TMP（Total Machine Power）代表农业生产机械总动力，EIA（Effective Irrigation Area）代表有效灌溉面积，AFU（Agricultural Fertilizer Use）代表农业生产化肥使用量，AEC（Agricultural Electricity Consumption）代表农业生产用电量，AP（Agricultural Policies）代表农业政策。

现代服务业：AL（Agriculture Logistics）代表农业物流，AC（Agricultural Credits）代表农业贷款，AI（Agricultural Insurance）代表农业保险，MAI（Modern Agricultural Information）代表现代农业信息。

### （二） 数据预处理

图 2-1 为 GAP 的时序图，图中明显看出 GAP 有明显的趋势性，需对原始数据进行平稳化处理。根据克拉默法则，对数据进行差分，从二阶相关的自相关图和偏自相关图中可以看出，进行差分后的数据序列已经平

稳，二阶差分的自相关和偏自相关图如图 2 - 1。

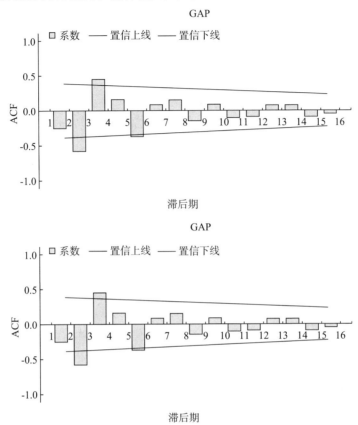

图 2 - 1 GAP 时序图

对差分后的 GAP 进行平稳性检验结果的 t 值为 - 8.180119，在大于 0.01 水平检验的临界值，即说明在 1% 的显著性水平上，GAP 能够通过单位根检验，有 99% 的可能是平稳的。

对于其他自变量，通过观察发现，也都具有明显的趋势性，数据呈现不平稳性，分别对 *ALP*、*TMP*、*EIA*、*AFU*、*AEC*、*AP*、*AL*、*AC*、*AI*、*MAI* 全部自变量进行二阶差分处理，使其数据平稳，并通过单位根检验。

（三）线性回归

根据已建立的模型，利用最小二乘法进行线性回归分析：

$$GAP = 189911.038 - 1.239ALP - 0.397TAV + 0.043EIA + 21.342AFC$$
$$(11526.993) \quad (1.005) \quad (0.583) \quad (1.681) \quad (8.061)$$

$$- 0.726AL + 100.160AI + 396.692MAI + 1.708AP - 263.157AR + 1.813AE$$
$$(-0.359) \quad (34.549) \quad (272.590) \quad (0.775) \quad (137.434) \quad (5.196)$$

$$R^2 = 0.998,\ \text{Adjust } R^2 = 0.996,\ F = 542889$$

从分析结果来看，各自变量与因变量之间不存在显著的相关关系，如机械总动力、有效灌溉面积和农业生产用电量等在10%的水平上不显著，一些自变量的系数亦不符合预期，如从事农业生产活动的人口数量应该与GAP呈正相关的关系，但是其拟合系数却为负值，这与预期情况有很大的出入，机械总动力和农业物流运输两个变量的系数也为负，同样不符合我们的研究预期，除了要考虑数据本身，还需要考虑到自变量之间是否存在多重共线性的问题。

最小二乘法中多用中和统计检验法检验自变量之间是否存在共线性的情况，我们假设的模型中，$R^2$ 与 F 值较大，仅有农业生产的化肥使用量和农业保险两个变量通过了 t 检验，也就是说这两个变量对 GAP 的联合共线性有显著作用，其他变量之间则存在共线性使得它们对 GAP 的联合作用不显著，也就是说这些变量之间有很大可能存在共线性的情况。

### （四）逐步回归

使用逐步回归来检验和剔除自变量之间多重共线性的影响。利用最小二乘法对自变量逐个进行关于因变量的回归，得到结果如表 2 - 1 所示。

表 2 - 1　GAP 对自变量回归结果

| 模型 | $R^2$ | 调整后的 $R^2$ | 系数 | 标准化系 | t 值 | F 值 |
|---|---|---|---|---|---|---|
| M1 ($GAP$, $ALP$) | 0.791 | 0.781 | 3.206 | 0.360 | 8.916 | 79.503 |
| M2 ($GAP$, $TAV$) | 0.946 | 0.943 | 0.962 | 0.973 | 19.148 | 366.635 |
| M3 ($GAP$, $EIV$) | 0.938 | 0.935 | 4.945 | 0.969 | 17.860 | 318.981 |
| M4 ($GAP$, $AFC$) | 0.886 | 0.880 | 23.031 | 0.941 | 12.759 | 162.782 |
| M5 ($GAP$, $AE$) | 0.956 | 0.954 | 10.577 | 0.978 | 21.376 | 456.934 |
| M6 ($GAP$, $AP$) | 0.935 | 0.932 | 6.809 | 0.967 | 17.447 | 304.412 |
| M7 ($GAP$, $AR$) | 0.821 | 0.812 | 1577.02 | 0.906 | 9.800 | 96.043 |
| M8 ($GAP$, $AL$) | 0.951 | 0.949 | 2.903 | 0.975 | 20.226 | 409.097 |

续表

| 模型 | $R^2$ | 调整后的 $R^2$ | 系数 | 标准化系 | $t$ 值 | $F$ 值 |
|---|---|---|---|---|---|---|
| M9 (*GAP*, *MAI*) | 0.923 | 0.919 | 640.720 | 0.961 | 15.830 | 250.593 |
| M10 (*GAP*, *AI*) | 0.839 | 0.832 | 311.607 | 0.916 | 10.474 | 109.707 |

从检验结果可以看出，在 10 个相互独立的自变量中，模型 5 中可以看出农业生产总值 GAP 与农业用电量 AE 之间的拟合呈现最好的结果，也就是说农业生产总值与用电量之间的线性关系是最强的。相关关系方程如下：

$$GAP = -1383.090 + 10.577AE$$
$$(1982.024) \quad (0.495)$$

$$R^2 = 0.956, \text{ adjusted } R^2 = 0.954, F = 456.934$$

从方程来看，$R^2$ 和 F 值较大，即证明了假设，农业用电量能够很好地解释农业生产总值的变化，农业用电量越多，则农业生产总值越大，且农业用电量即使在 1% 的显著性水平上也是显著的。

按照相同的方法将其余 9 个解释变量逐一代入建立的一元回归方程中，比较新增变量对模型的影响和对其他解释变量的影响，并筛选出一些统计不显著的变量，最后选择一个满意度拟合模型。拟合过程见表 2 - 2。

表 2 - 2 GAP 对自变量回归结果

| 模型 | $R^2$ | 调整后的 $R^2$ | F 值 | $t$ 值 |
|---|---|---|---|---|
| M(*GAP*, *AE*) | 0.956 | 0.954 | 456.934 | -0.698, 21.376 |
| M(*GAP*, *AE*, *AP*) | 0.954 | 0.984 | 683.232 | 3.187, 8.335, 6.397 |
| M(*GAP*, *AE*, *AP*, *MAI*) | 0.993 | 0.991 | 852.029 | -2.159, 6.831, 7.08, -4.260 |
| M(*GAP*, *AE*, *AP*, *MAI*, *AFC*) | 0.995 | 0.993 | 832.936 | -3.506, 3.043, 8.669, 2.591, -2.596 |
| M(*GAP*, *AE*, *AP*, *MAI*, *AFC*, *AI*) | 0.996 | 0.994 | 757.141 | -4.109, 2.101, 3.042, 3.304, -1.571, 1.853 |
| M(*GAP*, *AE*, *AP*, *MAI*, *AFC*, *AI*, *ALP*) | 0.996 | 0.995 | 668.129 | 1.215, -0.286, 2.769, 2.133, 0.158, 1.772, -1.412 |

最终模型为：

$$GAP = 113917.733 + 1.427AE + 1.962AP + 19.633AFC + 37.825MAI + 49.651AI - 1.401ALP$$
$$(93774.290) \quad (4.995) \quad (0.708) \quad (9.204) \quad (239.270) \quad (28.025) \quad (0.993)$$

# 四 结论与建议

第一，控制变量，TAV（机械总动力）、EIA（有效灌溉面积）、AFC（农业化肥使用量）、AE（农业用电量）、AP（农业政策）分别与因变量农业总产值 GAP 呈显著相关关系，而 ALP（农业劳动力人口数量）呈负相关。其相关强弱依次为 AE、TAV、EIV、AP、AFC，可见农业电力以及农业机械化对农业促进作用明显，而农村劳动力人口数量因素对农业发展呈现负相关，说明我国农村劳动力过剩，其相对减少反而有助于农业产值的增加。

第二，解释变量 AR（农业物流）、AL（农业贷款）、MAI（现代农业信息）、AI（农业保险）都分别与农业总产值 GAP 呈正相关关系。它们之间的强弱程度顺序排列为 AL、MAI、AI、AR，有相关强弱可见在现代农业服务业中，农业信贷对农业的发展具有重要的影响。现代农业保险对农业发展的影响相对较弱，说明农业保险服务业只是对农业发展起稳定作用，并不能增加农业的明显收益。农业物流业对农业发展目前作用不明显，说明亟待发展和完善。

第三，在 AE 为控制变量的方程中，我们加入 AP（农业政策）、MAI（现代农业信息服务业）、AL（农业信贷），比较前后模型，我们发现 $R^2$ 显著提高，相关系数明显，模型表明：在中国，政府的农业扶持政策、现代农业信息服务业以及农业信贷对农业有明显的促进作用。

# 第三章 我国农业生产性服务业的生产效率及地区差异分析

## 一 引言

服务业分为消费性服务业（Consumer Services）和生产性服务业（Producer Services）。在农业发展过程中，生产性服务业在农业生产的产前、产中、产后为其提供所需的技术服务支持，从而使农业向高附加值和高技术方向发展，提高农业的竞争力。国内外很多学者对生产性服务业的研究大多集中在从生产性服务业的含义以及与其他行业的互动关系研究，从对经济增长的贡献角度对生产性服务业的效率研究较少。

在国外，Greenfield（1966）第一次引出生产性服务业这一理论，并将它解释为是政府、企业、非营利组织向生产者提供服务的业务。Browning 和 Singelman（1975）指出了所谓的生产性服务业是指那些为农业、工业等服务业行业提供中间投入、满足中间需求的行业。Marshall 和 Wood（1987）定义生产性服务业为满足商业或满足中间需求的服务行业。Joseph 和 Julia（2007）运用国际经济合作组织 1994～2004 年 10 年的数据，分析服务业对制造业的投入作用，并最终得出机械、交通与化学等制造行业能够推进提升技术密集型产业的竞争力。Shearmur 和 Doloreux（2008）指出生产性服务业的服务对象是其他企业，可以把它定义成一个提供中间服务的行业。Alan Macpherson（2008）基于对 1994～2005 年美国纽约制造厂商的跟踪调查，得出纽约的创新与生产性服务业比较集中，它们的利用率汇集区在中部、西部与都市区。Kiyoyasu Tanaka（2009）通过评估分析 2005 年之前的 25 年间日本的制造业与服务业之间的关系，得出服务业绩效并没有能够促进制造业的生产力水平发展。William J. Coffiy（1996）调查得到了蒙特利尔市 324 家生产性服务机构的数据，通过对这些数据的实证分析，清楚地指出了生产性服务业如何在大都市经济结构中进行运作。

在国内，对农业生产性服务业分析大多集中在农业发展特点与区域差异方面。李启平（2008）在运用时间序列分析了我国的农业生产性服务业后指出，农业同服务业之间的良性互动与相互融合，可以提高我国农业的专业化与产业化。姜长云（2011）在调研山东平度农业生产性服务业的基础上提出了很多发展生产性服务业的建议，指出通过发展农业生产性服务业可以促进我国的农业现代化发展，同时有利于提高农民的收入水平。吴宏伟等（2011）在实证分析研究了安徽农业生产性服务业的现状后指出，安徽省目前的农业生产性服务业还存在许多问题，应该着手解决规模与发展之间的问题。张振刚等（2011）通过对广东农业生产性服务业的研究，得出广东省的农业生产性服务业主要有三种模式，即政府主导模式、政府引导模式和产业区模式。江建丰、刘俊威（2011）实证分析了我国的农业生产性服务业，对比发达国家的生产性服务业的相关指标，我国的指标水平明显偏低，与发达国家存在着很大的差距。

上述文献采用不同方法对服务业和生产性服务业的效率问题进行了研究，但尚存以下不足。第一，国内学者大多是对生产性服务业中的一个行业或者总体实行效率上的测算，而目前还没有专门针对农业生产性服务业的效率测算。第二，虽然 DEA（Data Envelopment Analysis，数据包络分析方法）方法具有很多优点，消除了指标法存在的一些缺陷，但目前鲜有文献用 DEA 方法对农业生产性服务业进行效率测算。

针对目前研究存在的不足之处，本书运用 DEA 模型对我国 2002 ~ 2013 年来自 30 个省份的农业生产性服务业面板数据进行全要素生产率测算及详细分解，研究我国农业生产性服务业效率的发展历程和区域差异。

## 二 理论框架

1953 年，瑞典经济学家 Sten Malmquist 率先提出了 Malmquist 生产指数这一概念。Fare 等（1994）发展了运用 DEA 模型来计算 Malmquist 生产指数的方法。DEA – Malmquist 模型通过指数分解对变化的原因进行解释，它不用特定的生产函数和生产无效率项的分布假设。

Fare 使用距离函数来定义全要素生产率指数。假设存在 $n$ 个决策单元，第 $j$ 个决策单元需要用 $m$ 种投入 $x_{ij}$ 生产出 $s$ 种产出 $y_{rj}$，其中（$j=1$, $2$, $\cdots$, $n$; $i=1$, $2$, $\cdots$, $m$; $r=1$, $2$, $\cdots$, $s$; $x_{ij}>0$, $y_{rj}>0$）。在 $t$ 期的技术条件下，$t$ 期和 $t+1$ 期的决策单元的距离函数分别为 $D^t(x^t, y^t)$、$D^t(x^{t+1}, y^{t+1})$；在 $t+1$ 期的技术条件下，$t$ 期和 $t+1$ 期的决策单元的距离函数分别为 $D^{t+1}(x^t, y^t)$, $D^{t+1}(x^{t+1}, y^{t+1})$。

得出距离函数的线性规划模型：

$$D^t(x^{j,t}, y^{j,t})\begin{cases} \min \theta \\ s.t. \sum_{j=1}^{n} \lambda_j x_j + s^+ = \theta x_0 \\ \sum_{j=1}^{n} \lambda_j x_j - s^- = \theta y_0 \\ \lambda_j \geq 0, j=1,2,\cdots,n \\ \theta \text{无约束}, s^+ \geq 0, s^- \leq 0 \end{cases}$$

$s^+$, $s^-$ 为松弛变量。

从产出视角定义角度定义 Malmquist 生产函数在第 $t$ 期与第 $t+1$ 期技术条件下的不同指数：

$$M^t(x^t, y^t, x^{t+1}, y^{t+1}) = \frac{D^t(x^{t+1}, y^{t+1})}{D^t(x^t, y^t)}$$

$$M^{t+1}(x^t, y^t, x^{t+1}, y^{t+1}) = \frac{D^{t+1}(x^{t+1}, y^{t+1})}{D^{t+1}(x^t, y^t)}$$

Fare 考虑到由于时间的任意选择性可能带来的误差，因此采取 Ficher 的理想函数构造方法，把全要素生产率变化的 Malmquist 生产指数将几何平均后的从 $t$ 期到 $t+1$ 期两个不同时期技术条件下的 Malmquist 生产指数作为指标：

$$M_0^t(x^t, y^t, x^{t+1}, y^{t+1}) = \left[ \frac{D^t(x^{t+1}, y^{t+1})}{D^t(x^t, y^t)} \times \frac{D^{t+1}(x^{t+1}, y^{t+1})}{D^{t+1}(x^t, y^t)} \right]^{1/2}$$

$M_o^t$ 就是全要素生产率指数，它" $>1$ "表示从 $t$ 期到 $t+1$ 期全要素生产率增长，"=1"表示从 $t$ 期到 $t+1$ 期全要素生产率不变，"<1"表示从 $t$ 期到 $t+1$ 期全要素生产率下降。

全要素生产率指数可分解为技术进步变化指数（Te）和技术效率变化指数（Ef），对其进行分解：

$$M_0^t(x^t, y^t, x^{t+1}, y^{t+1}) = \left[ \frac{D^t(x^{t+1}, y^{t+1})}{D^t(x^t, y^t)} \times \frac{D^{t+1}(x^{t+1}, y^{t+1})}{D^{t+1}(x^t, y^t)} \right]^{1/2}$$

$$= \frac{D^{t+1}(x^{t+1}, y^{t+1})}{D^t(x^t, y^t)} \left[ \frac{D^t(x^{t+1}, y^{t+1})}{D^{t+1}(x^{t+1}, y^{t+1})} \times \frac{D^t(x^t, y^t)}{D^{t+1}(x^t, y^t)} \right]^{1/2}$$

$$\text{Ef} = \frac{D^{t+1}(x^{t+1}, y^{t+1})}{D^t(x^t, y^t)}, \text{Te} = \left[ \frac{D^t(x^{t+1}, y^{t+1})}{D^{t+1}(x^{t+1}, y^{t+1})} \times \frac{D^t(x^t, y^t)}{D^{t+1}(x^t, y^t)} \right]^{1/2}$$

$$M_0^t(x^t, y^t, x^{t+1}, y^{t+1}) = \text{Ef} \times \text{Te}。$$

Ef 为技术效率变化指数，其含义为从 $t$ 期到 $t+1$ 期每个决策单元的技术效率的变化，Ef ">1"表示技术效率提高，"=1"表示技术效率不变，"<1"表示技术效率下降。Te 为技术进步变化指数，它表示从 $t$ 期到 $t+1$ 期每个决策单元的技术进步，Te ">1"表示技术提高，"=1"表示技术不变，"<1"表示技术下降。

技术效率变化指数（Ef）包含纯技术效率变化指数（Pe）与规模效率变化指数（Se），因此方程又可以分解为：

$$M_0^t(x^t, y^t, x^{t+1}, y^{t+1}) = \text{Ef} \times \text{Te} = \text{Ef} \times \text{Pe} \times \text{Se}。$$

## 三 数据来源

**1. 投入数据**

本书的劳动力数据来自《中国统计年鉴（2003～2014 年）》，资本数据选取《中国统计年鉴》中各细分行业 2002～2007 年的新增资本投入。

**2. 产出数据**

由于投入产出表每 5 年编制一次，因此本书产出数据采用 2002 年和 2007 年《中国地区投入产出表》的数据。根据数据的可获得性，本书选取交通运输、仓储及邮政业，批发零售和住宿餐饮业，金融业，科学研究、技术服务和地质勘查业四种行业对农业投入的总和作为农业生产性服务业的产出。运用省份间服务业增长率近似得出在中国地区投入产出表中没有的年份数据。

## 四　实证分析过程及结果

运用 Deap 2.1 软件，通过 DEA - Malmquist 指数法对我国的 30 个省份（剔除掉香港、澳门、台湾、西藏）的农业生产性服务业综合效率变化进行分析。由于 DEA 方法不直接综合投入产出数据，而且本书数据均为正数，因此，建立模型没有必要对本书数据采用无量纲化处理。

### （一）我国农业生产性服务业综合效率差异分析

就全国的均值水平来说，2002～2013 年我国的 30 个省份农业生产性服务业的平均综合效率值只有 0.48，这说明我国的农业生产性服务业的效率很低，实际的产出只能达到 48% 左右的水平。在不同的年份之间农业生产性服务业的效率水平变化幅度也很大，2002 年效率水平值达到了 0.63，2007 年效率水平值却只有 0.38，最大值与最小值之间差了 0.25。从发展趋势上看，我国农业生产性服务业呈现先降低后升高的趋势（见表 3 - 1）。

表 3 - 1　2002～2013 年全国 30 个省份农业生产性服务业综合效率变化

| | 2002年 | 2003年 | 2004年 | 2005年 | 2006年 | 2007年 | 2008年 | 2009年 | 2010年 | 2011年 | 2012年 | 2013年 | 均值 |
|---|---|---|---|---|---|---|---|---|---|---|---|---|---|
| 北京 | 1.00 | 1.00 | 0.62 | 0.36 | 0.26 | 0.13 | 0.12 | 0.12 | 0.11 | 0.13 | 0.14 | 0.15 | 0.35 |
| 天津 | 0.59 | 0.37 | 0.37 | 0.30 | 0.25 | 0.13 | 0.14 | 0.15 | 0.16 | 0.18 | 0.17 | 0.18 | 0.25 |
| 河北 | 0.91 | 0.89 | 0.81 | 0.78 | 0.77 | 0.48 | 0.48 | 0.47 | 0.48 | 0.49 | 0.49 | 0.48 | 0.63 |
| 辽宁 | 1.00 | 1.00 | 0.87 | 0.82 | 0.82 | 0.49 | 0.48 | 0.48 | 0.49 | 0.50 | 0.51 | 0.50 | 0.66 |
| 上海 | 0.18 | 0.18 | 0.17 | 0.17 | 0.17 | 0.11 | 0.11 | 0.11 | 0.11 | 0.11 | 0.13 | 0.16 | 0.14 |
| 江苏 | 0.44 | 0.45 | 0.46 | 0.47 | 0.47 | 0.61 | 0.61 | 0.62 | 0.64 | 0.65 | 0.65 | 0.65 | 0.56 |
| 福建 | 0.80 | 0.78 | 0.73 | 0.68 | 0.67 | 1.00 | 1.00 | 1.00 | 1.00 | 1.00 | 1.00 | 1.00 | 0.89 |
| 浙江 | 0.46 | 0.43 | 0.46 | 0.44 | 0.43 | 0.35 | 0.35 | 0.35 | 0.35 | 0.35 | 0.36 | 0.35 | 0.39 |
| 山东 | 0.73 | 0.74 | 0.75 | 0.73 | 0.73 | 0.66 | 0.67 | 0.66 | 0.68 | 0.69 | 0.69 | 0.69 | 0.70 |

| | 2002年 | 2003年 | 2004年 | 2005年 | 2006年 | 2007年 | 2008年 | 2009年 | 2010年 | 2011年 | 2012年 | 2013年 | 均值 |
|---|---|---|---|---|---|---|---|---|---|---|---|---|---|
| 广东 | 1.00 | 1.00 | 1.00 | 1.00 | 1.00 | 0.54 | 0.53 | 0.52 | 0.52 | 0.53 | 0.53 | 0.53 | 0.73 |
| 海南 | 1.00 | 1.00 | 1.00 | 1.00 | 1.00 | 0.96 | 1.00 | 1.00 | 0.98 | 1.00 | 1.00 | 1.00 | 1.00 |
| 东部均值 | 0.74 | 0.71 | 0.66 | 0.61 | 0.60 | 0.50 | 0.50 | 0.50 | 0.50 | 0.51 | 0.52 | 0.52 | 0.57 |
| 中部 | | | | | | | | | | | | | |
| 山西 | 0.25 | 0.26 | 0.26 | 0.26 | 0.24 | 0.22 | 0.26 | 0.24 | 0.22 | 0.23 | 0.23 | 0.24 | 0.24 |
| 吉林 | 0.49 | 0.47 | 0.50 | 0.40 | 0.33 | 0.09 | 0.09 | 0.10 | 0.09 | 0.11 | 0.12 | 0.12 | 0.24 |
| 黑龙江 | 0.49 | 0.54 | 0.55 | 0.48 | 0.47 | 0.42 | 0.45 | 0.46 | 0.45 | 0.54 | 0.60 | 0.62 | 0.51 |
| 安徽 | 0.70 | 0.87 | 0.80 | 0.72 | 0.68 | 0.52 | 0.57 | 0.60 | 0.57 | 0.65 | 0.67 | 0.66 | 0.67 |
| 江西 | 0.64 | 0.63 | 0.59 | 0.54 | 0.50 | 0.33 | 0.40 | 0.44 | 0.41 | 0.46 | 0.48 | 0.50 | 0.49 |
| 河南 | 0.30 | 0.30 | 0.32 | 0.31 | 0.30 | 0.25 | 0.25 | 0.25 | 0.26 | 0.26 | 0.26 | 0.26 | 0.28 |
| 湖北 | 0.48 | 0.49 | 0.48 | 0.47 | 0.47 | 0.14 | 0.14 | 0.14 | 0.14 | 0.15 | 0.15 | 0.15 | 0.28 |
| 湖南 | 1.00 | 1.00 | 1.00 | 1.00 | 1.00 | 0.48 | 0.49 | 0.48 | 0.49 | 0.51 | 0.52 | | 0.70 |
| 中部均值 | 0.54 | 0.57 | 0.56 | 0.52 | 0.50 | 0.31 | 0.33 | 0.34 | 0.33 | 0.36 | 0.38 | 0.38 | 0.43 |
| 西部 | | | | | | | | | | | | | |
| 内蒙古 | 0.95 | 1.00 | 1.00 | 1.00 | 1.00 | 0.56 | 0.62 | 0.66 | 0.71 | 0.87 | 0.95 | 0.83 | 0.85 |
| 广西 | 0.50 | 0.49 | 0.43 | 0.42 | 0.40 | 0.38 | 0.39 | 0.40 | 0.38 | 0.40 | 0.40 | 0.41 | 0.42 |
| 重庆 | 0.09 | 0.09 | 0.08 | 0.08 | 0.09 | 0.31 | 0.32 | 0.32 | 0.33 | 0.35 | 0.37 | 0.37 | 0.23 |
| 四川 | 0.36 | 0.37 | 0.36 | 0.35 | 0.35 | 0.34 | 0.34 | 0.34 | 0.34 | 0.34 | 0.35 | 0.35 | 0.35 |
| 贵州 | 0.37 | 0.36 | 0.33 | 0.31 | 0.30 | 0.20 | 0.24 | 0.27 | 0.24 | 0.27 | 0.28 | 0.30 | 0.29 |
| 云南 | 0.87 | 0.88 | 0.87 | 0.83 | 0.78 | 0.13 | 0.15 | 0.17 | 0.17 | 0.17 | 0.19 | 0.19 | 0.45 |
| 陕西 | 0.08 | 0.08 | 0.07 | 0.07 | 0.07 | 0.04 | 0.04 | 0.04 | 0.04 | 0.05 | 0.05 | 0.05 | 0.06 |
| 甘肃 | 0.30 | 0.31 | 0.28 | 0.27 | 0.27 | 0.05 | 0.07 | 0.09 | 0.08 | 0.09 | 0.09 | 0.08 | 0.16 |
| 青海 | 1.00 | 1.00 | 0.15 | 0.16 | 0.16 | 0.19 | 0.15 | 0.11 | 0.09 | 0.08 | 0.15 | 0.18 | 0.28 |
| 宁夏 | 1.00 | 1.00 | 1.00 | 1.00 | 1.00 | 1.00 | 1.00 | 1.00 | 1.00 | 1.00 | 1.00 | 1.00 | 1.00 |
| 新疆 | 0.94 | 0.86 | 0.76 | 0.69 | 0.65 | 0.27 | 0.29 | 0.34 | 0.36 | 0.43 | 0.47 | 0.49 | 0.55 |
| 西部均值 | 0.59 | 0.59 | 0.48 | 0.47 | 0.46 | 0.32 | 0.33 | 0.34 | 0.34 | 0.37 | 0.39 | 0.39 | 0.42 |
| 全国均值 | 0.63 | 0.63 | 0.57 | 0.54 | 0.52 | 0.38 | 0.39 | 0.40 | 0.40 | 0.42 | 0.43 | 0.43 | 0.48 |

资料来源：Deap 2.1 软件。

按照传统的东、中、西部划分方法，把我国的 30 个省份划分为东、中、西三个区域，分区域对 2002~2013 年我国农业生产性服务业的综合效率进行差异分析。从图 3 - 1 可以直观地看出我国东部地区农业生产性服务业的效率最高，中部次之，西部最低。其中，西部（效率水平为 0.42）和中部（效率水平为 0.47）的农业生产性服务业效率水平值低于全国（效率水平为 0.48）平均水平。这在一定程度上说明了东部地区农业生产性服务业效率转换能力高于中、西部地区，东部地区对于我国农业生产性服务业的贡献较中、西部地区要大许多。在稳定性方面，东部、中部与西部地区农业生产性服务业效率水平出现较大波动的时间段集中在 2002 ~ 2007 年，2007 年以后波动不大，反映出我国的农业生产性服务业正在不断由以前的探索波动期走向成熟平缓期。

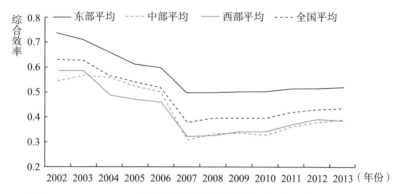

**图 3 - 1　2002 ~ 2013 年我国农业生产性服务业综合效率区域间差异**

单独分析各个省份的农业生产性服务业发展状况，宁夏的农业生产性服务业效率最高，陕西的农业生产性服务业效率最低。海南、福建和内蒙古的农业生产性服务业效率较高；贵州、青海、湖北、陕西、重庆、河南、甘肃、上海、天津、吉林、陕西等地的农业生产性服务业效率水平较低，西部地区有农业生产性服务业效率高的省份，东部地区也有农业生产性服务业效率低的省份，因此，我国的农业生产性服务业综合效率存在着很大的区域性差异。

**（二）我国农业生产性服务业全要素生产率的时间序列分析**

2002 ~ 2013 年我国 30 个省份的农业生产性服务业 Malmquist 全要素生产率指数（见表 3 - 2）。

表 3 – 2　2002～2013 年我国农业生产性服务业全要素<br/>生产率指数及其分解

| 年份 | 技术效率变化（Ef） | 技术进步变化（Te） | 纯技术效率变化（Pe） | 规模效率变化（Se） | 全要素生产率变化（Tf） |
|---|---|---|---|---|---|
| 2002～2003 | 1.00 | 1.06 | 0.99 | 1.01 | 1.05 |
| 2003～2004 | 0.95 | 1.25 | 0.90 | 1.06 | 1.19 |
| 2004～2005 | 0.93 | 1.12 | 0.94 | 0.98 | 1.04 |
| 2005～2006 | 0.95 | 1.11 | 0.96 | 0.99 | 1.05 |
| 2006～2007 | 0.55 | 1.52 | 0.67 | 0.82 | 0.84 |
| 2007～2008 | 1.08 | 0.86 | 1.04 | 1.03 | 0.92 |
| 2008～2009 | 1.05 | 0.85 | 1.02 | 1.03 | 0.89 |
| 2009～2010 | 1.00 | 1.03 | 0.98 | 1.01 | 1.03 |
| 2010～2011 | 1.12 | 0.82 | 1.06 | 1.06 | 0.92 |
| 2011～2012 | 1.07 | 0.87 | 1.06 | 1.02 | 0.94 |
| 2012～2013 | 1.01 | 0.89 | 1.02 | 0.99 | 0.90 |
| 平均值 | 0.96 | 1.02 | 0.96 | 1.00 | 0.97 |

资料来源：Deap 2.1 软件。

我国的农业生产性服务业全要素生产率的变化从总体上看呈现一个先下降后上升的趋势。2002～2013 年的全要素生产率水平平均增长率为 – 2.6%，同一时期，技术进步水平虽然是正的，但是技术效率却呈现负增长，纯技术效率大部分年份是负增长。规模效率变化大部分的年份是正增长。可以看出，技术水平的滞后是造成我国的农业生产性服务业全要素生产率下降的一个非常重要的原因。

### （三）我国农业生产性服务业全要素生产率指数区域性差异

如表 3 – 3 所示，东部地区的江苏、重庆、福建、海南、浙江全要素生产率最高，它们的技术进步变化效率都是大于 1 的，这说明这几个省份技术水平是在不断提高的，技术水平的提高也提升了农业生产性服务业的全要素生产率，技术水平的提高有利于农业生产性服务业的发展。

表 3 - 3    2002 ~ 2013 年各地区农业生产性服务业平均全要素生产率变化及其分解

| 地区 | 技术效率变化<br>（Ef） | 技术进步变化<br>（Te） | 纯技术效率<br>（Pe） | 规模效率变化<br>（Se） | 全要素生产率<br>变化（Tf） |
|------|------|------|------|------|------|
| 北京 | 0.94 | 0.91 | 0.84 | 1.11 | 0.85 |
| 天津 | 0.95 | 0.96 | 0.90 | 1.06 | 0.91 |
| 河北 | 0.93 | 1.01 | 0.94 | 0.98 | 0.94 |
| 山西 | 1.00 | 0.94 | 1.00 | 1.00 | 0.94 |
| 内蒙古 | 0.98 | 1.15 | 0.99 | 0.99 | 1.13 |
| 辽宁 | 0.91 | 0.96 | 0.94 | 0.97 | 0.88 |
| 吉林 | 0.90 | 0.98 | 0.88 | 1.02 | 0.88 |
| 黑龙江 | 1.02 | 0.92 | 1.02 | 1.00 | 0.93 |
| 上海 | 0.99 | 0.93 | 0.99 | 1.00 | 0.91 |
| 江苏 | 1.02 | 1.12 | 1.04 | 0.98 | 1.14 |
| 浙江 | 0.96 | 1.10 | 0.98 | 0.98 | 1.06 |
| 安徽 | 1.00 | 0.97 | 0.99 | 1.01 | 0.97 |
| 福建 | 1.02 | 1.07 | 1.02 | 1.00 | 1.10 |
| 江西 | 0.98 | 1.06 | 0.98 | 1.00 | 1.03 |
| 山东 | 0.96 | 0.97 | 1.00 | 0.97 | 0.93 |
| 河南 | 1.02 | 0.98 | 0.99 | 1.03 | 0.99 |
| 湖北 | 0.90 | 0.95 | 0.90 | 1.00 | 0.85 |
| 湖南 | 0.94 | 0.98 | 0.94 | 1.00 | 0.92 |
| 广东 | 0.93 | 1.01 | 0.94 | 0.99 | 0.94 |
| 广西 | 0.99 | 0.97 | 0.98 | 1.01 | 0.96 |
| 海南 | 0.98 | 1.11 | 1.00 | 0.98 | 1.09 |
| 重庆 | 1.13 | 1.00 | 1.14 | 1.00 | 1.14 |
| 四川 | 0.97 | 1.05 | 1.00 | 0.98 | 1.02 |
| 贵州 | 0.97 | 1.05 | 0.98 | 0.99 | 1.02 |
| 云南 | 0.87 | 1.05 | 0.87 | 1.00 | 0.91 |
| 陕西 | 0.96 | 1.01 | 0.96 | 1.00 | 0.97 |
| 甘肃 | 0.88 | 1.02 | 0.89 | 0.99 | 0.90 |
| 青海 | 0.91 | 1.14 | 0.86 | 1.07 | 1.04 |
| 宁夏 | 0.88 | 1.07 | 1.00 | 0.88 | 0.94 |
| 新疆 | 0.94 | 1.09 | 0.94 | 1.00 | 1.02 |
| 平均值 | 0.96 | 1.02 | 0.96 | 1.00 | 0.97 |

资料来源：Deap 2.1 软件。

湖北、北京、辽宁、吉林、甘肃这些省份的全要素生产率平均水平最低，它们的技术进步变化效率都是小于1的，并且技术进步水平还不断处于下降趋势之中，说明这些省份的农业生产性服务业技术水平不断下降，技术水平的下降造成了农业生产性服务业全要素生产率的降低。

从技术效率方面来看，东、中、西部农业生产性服务业的技术效率都处于退步状态（见表3-4）。从东、中、西部农业生产性服务业全要素生产率变化结果来看，我们可以得出地区间的技术进步水平提高能够提升全要素生产率。

表3-4    2002~2013年各区域农业生产性服务业平均全要素生产率变化及其分解

| 区域 | 技术效率变化（Ef） | 技术进步变化（Te） | 纯技术效率变化（Pe） | 规模效率变化（Se） | 全要素生产率变化（Tf） |
|---|---|---|---|---|---|
| 东部 | 0.96 | 1.01 | 0.96 | 1.00 | 0.97 |
| 中部 | 0.97 | 0.97 | 0.96 | 1.01 | 0.94 |
| 西部 | 0.95 | 1.05 | 0.96 | 0.99 | 1.00 |

资料来源：表3-3中相关数据的几何平均值。

我国的农业生产性服务业全要素生产率的变动存在着明显的区域性差异。我国东部地区整体经济水平较高，生产性服务业综合效率也最高。与一般预期不同的是，西部地区的全要素生产率变化最高，技术进步变化水平高，东部地区纯技术效率较低。究其原因是因为西部地区技术进步空间较大，发展较快，而东部地区对技术的利用效率较低。

# 五  结论与政策分析

## （一）结论

根据2002~2013年我国农业生产性服务业数据，本书运用 DEA - Malmquist 分析法，主要分析了近年来我国农业生产性服务业的发展状况。根据分析结果得出以下三点结论。

第一，我国农业生产性服务业在 2002~2013 年综合效率均值为

0.478，呈现先降后升的态势，总体还有比较大的上升空间，而且许多省份的农业生产性服务业发展效率不高、浪费严重。

第二，我国农业生产性服务业的综合效率地区性差异明显。三个地区当中，东部地区的农业生产性服务业综合效率最高，西部地区最低，这一情况也与我国目前各地区间的经济发展水平相符合，东部地区占据了优越的区位因素，因而农业生产性服务业的综合效率较高。这表明经济、交通、自然条件会在很大程度上决定技术、信息接收能力，进而影响农业生产性服务业的综合效率。

第三，2002～2013年我国农业生产性服务业全要素生产率增长率为负数，其中西部地区的变化最大，东、中、西部的技术效率都有下降趋势。农业生产性服务业全要素生产率增长率之所以出现负增长主要是因为技术效率的降低。

**（二）政策建议**

第一，加大农业生产性服务业的科技投入，促进科技进步。由于发展的不均衡，我国的中西部地区科技水平不高，要加强对中西部的科技投入，通过产学研合作，加大创新研发力度。拓展服务模式、服务创新，积极引进消化再吸收，培育自主创新能力，提高科学水平，创建服务平台，共享实时信息，进行农业技术培训，加强技术指导与服务。

第二，提高技术效率。技术效率低的现象在全国各个区域普遍存在。改革开放以来的优先发展工业战略导致我国的农业现代化水平不高，生产落后，农业生产性服务业没有受到应有的重视，技术效率水平低下。现阶段我国应该根据各个省份的实际情况有针对性地提高各省份的技术效率水平，取长补短，利用相对优势优先发展，解决好发展过程中存在的制度问题，整合资源，大力发展规模农业，提高农业生产性服务业水平。

# 第四章 生产性服务业对农业外溢效应的实证检验：基于河南省面板数据分析

## 一 农业生产性服务业的外溢效应：基于改进的动态时序 Feder 模型的分析

### （一）Feder 模型的时序性改进

基于前面部分现代服务业对农业外溢效应的理论分析，现考虑改进的动态时序性 Feder 模型。本书仍遵循 Feder 模型的经典假设：（1）农业生产性服务业与农业投入要素的边际生产率存在差异，且差异值相等；（2）农业生产性服务业对农业存在外溢效应；（3）整个国民经济由农业生产性服务业与农业两部门组成；（4）生产性服务业以不变弹性影响着农业。根据以上假设，可以得到如下生产函数关系式：

$$P = P(L_P, K_P) \tag{1}$$

$$N = N(L_N, K_N, P) \tag{2}$$

$$Y = P + N \tag{3}$$

其中，$P$ 表示农业生产性服务业，$N$ 表示农业，$Y$ 表示整个国民经济。$L_P$，$K_P$，$L_N$，$K_N$ 分别表示生产性服务业与农业两个部门的劳动和资本投入。式（2）、式（3）符合假设二、假设三。

设部门间差异值为 $\theta$，则：

$$\frac{\partial P/\partial L_P}{\partial N/\partial L_N} = \frac{\partial P/\partial K_P}{\partial N/\partial K_N} = 1 + \theta \tag{4}$$

上式中 $\partial P/\partial L_P$、$\partial N/\partial L_N$ 分别表示农业生产性服务部门和农业部门劳动力的边际生产率，$\partial P/\partial K_P$ 表示生产性服务业部门的边际生产率、$\partial N/\partial K_N$ 表示农业部门资本的边际生产率；$\theta$ 反映了两部门投入要素边际生产率的差异，$\theta > 0$ 表示生产性服务业部门的要素边际生产率大于农业部门的要素边际生产率，$\theta = 0$ 表示生产性服务业部门的要素边际生产率等于农业部门的要素边际生产率，$\theta < 0$ 表示生产性服务业部门的要素边际生产率小于农业部门的要素边际生产率。

令 $L$ 和 $K$ 分别表示整个国民经济的劳动量和资本量，则：

$$L = L_P + L_N$$
$$K = K_P + K_N \tag{5}$$

对式（3）两边同时取微分，并结合式（3）、式（4）可得：

$$dY = dP + dN$$
$$= \frac{\partial P}{\partial L_P}dL_P + \frac{\partial P}{\partial K_P}dK_P + \frac{\partial N}{\partial L_N}dL_N + \frac{\partial N}{\partial K_N}dK_N + \frac{\partial N}{\partial P}dP \tag{6}$$

将式（4）代入式（6），结合式（5）可得：

$$dY = (1+\theta)\frac{\partial N}{\partial L_N}dL_P + (1+\theta)\frac{\partial N}{\partial K_N}dK_P + \frac{\partial N}{\partial L_N}dL_N + \frac{\partial N}{\partial K_N}dK_N + \frac{\partial N}{\partial P}dP$$

$$= \frac{\partial N}{\partial L_N}dL_P + \frac{\partial N}{\partial L_N}dL_N + \frac{\partial N}{\partial K_N}dK_P + \frac{\partial N}{\partial K_N}dK_N + \theta\frac{\partial N}{\partial L_N}dL_P + \theta\frac{\partial N}{\partial K_N}dK_P + \frac{\partial N}{\partial P}dP$$

$$= \frac{\partial N}{\partial L_N}dL + \frac{\partial N}{\partial K_N}dK + \left(\frac{\theta}{1+\theta} + \frac{\partial N}{\partial P}\right)dP$$

上式两边同时除以 $Y$，可得

$$\frac{dY}{Y} = \frac{\partial N}{\partial L_N}\frac{L}{Y}\frac{dL}{L} + \frac{\partial N}{\partial K_N}\frac{K}{Y}\frac{dK}{K} + \left(\frac{\theta}{1+\theta} + \frac{\partial N}{\partial P}\right)\frac{dP}{P}\frac{P}{Y} \tag{7}$$

根据假设四，农业生产性服务业部门以不变弹性影响农业部门的产出，可得

$$N = N(L_N, K_N, P) = P^\delta \phi(L_N, K_N)$$

其中，$L_N$、$K_N$ 分别表示第 $N$ 种生产性服务业 $\delta$ 是外溢作用的参数，反

映农业生产性服务业部门的产出变动带来的实际部门的产出变动。

$$\delta = \frac{\partial N}{\partial P}\frac{P}{N}, \text{即} \frac{\partial N}{\partial P} = \delta \frac{N}{P} \tag{8}$$

结合式（9），可将式（7）化为如下形式：

$$\frac{\mathrm{d}Y}{Y} = \frac{\partial N}{\partial L_N}\frac{L}{Y}\frac{\mathrm{d}L}{L} + \frac{\partial N}{\partial K_N}\frac{K}{Y}\frac{\mathrm{d}K}{K} + \frac{\theta}{1+\theta}\frac{\mathrm{d}P}{P}\frac{P}{Y} + \delta \frac{N}{P}\frac{\mathrm{d}P}{P}\frac{P}{Y}$$

$$= \frac{\partial N}{\partial L_N}\frac{L}{Y}\frac{\mathrm{d}L}{L} + \frac{\partial N}{\partial K_N}\frac{K}{Y}\frac{\mathrm{d}K}{K} + \frac{\theta}{1+\theta}\frac{\mathrm{d}P}{P}\frac{P}{Y} + \delta \frac{\mathrm{d}P}{\mathrm{d}N}\frac{N}{P}\frac{\mathrm{d}N}{N}\frac{N}{Y} \tag{9}$$

其中$\frac{\mathrm{d}Y}{Y}$、$\frac{\mathrm{d}L}{L}$、$\frac{\mathrm{d}K}{K}$分别表示整个国民经济增长率、劳动增长率、资本增长率，从式（10）的推导过程可以看出，由于整个国民经济由农业生产性服务业部门和农业部门两部分组成，$\frac{\mathrm{d}P}{P}\frac{P}{Y}$表示农业生产性服务业对国民经济的直接影响，由生产性服务业增长率和生产性服务业在国民经济中所占的比重之乘积组成。

$$\frac{\mathrm{d}P}{P}\left(1 - \frac{P}{Y}\right) = \frac{\mathrm{d}P}{P}\frac{N}{Y} = \left(\frac{\mathrm{d}P}{\mathrm{d}N}\frac{N}{P}\right)\left(\frac{\mathrm{d}N}{N}\frac{N}{Y}\right)$$

$\frac{\mathrm{d}P}{\mathrm{d}N}\frac{N}{P}$表示生产性服务业部门$P$通过与农业部门$N$的弹性关系影响农业的变动，反映了农业生产性服务业的外溢效应，$\frac{\mathrm{d}N}{N}\frac{N}{Y}$表示农业部门对国民经济变动的影响，故用$\delta$度量农业生产性服务业部门的外溢效应。

我们必须注意的是，式（2）的构建实际上是基于农业生产性服务业部门的产出当期对农业生产发生作用的假设，考虑动态时序性，该假设不符合溢出效应的实际情况，因此对式（2）做如下改进：

$$N = N(L_N, K_N, P_t^*) \tag{10}$$

式（12）中，$P_t^*$表示$t$时期农业生产性服务业部门对农业部门的期望外溢因子，衡量的是生产性服务业部门对农业产出的外溢效应；而当期的期望外溢因子不仅与$P$有关，还与上一期的期望外溢因子$P_{t-1}^*$有关，即可用下式表示：

$$P^* = \lambda P + (1-\lambda)P_{t-1}^* \quad (0 < \lambda < 1) \tag{11}$$

式(10)两边同时乘以 $\lambda$ 得到:

$$\frac{\mathrm{d}Y}{Y} + (\lambda - 1)\frac{\mathrm{d}Y}{Y} = \lambda\frac{\partial N}{\partial L_N}\frac{L}{Y}\frac{\mathrm{d}L}{L} + \lambda\frac{\partial N}{\partial K_N}\frac{K}{Y}\frac{\mathrm{d}K}{K} + \lambda\frac{\theta}{1+\theta}\frac{\mathrm{d}P}{P}\frac{P}{Y} + \lambda\delta\frac{\mathrm{d}P}{\mathrm{d}N}\frac{N}{P}\frac{\mathrm{d}N}{N}\frac{N}{Y}$$

运用迭代法,即得公式如下:

$$\frac{\mathrm{d}Y_t}{Y_t} = \lambda\frac{\partial N}{\partial L_N}\frac{L}{Y}\frac{\mathrm{d}L}{L} + \lambda\frac{\partial N}{\partial K_N}\frac{K}{Y}\frac{\mathrm{d}K}{K} + \lambda\frac{\theta}{1+\theta}\frac{\mathrm{d}P}{P}\frac{P}{Y} + \lambda\delta\frac{\mathrm{d}P}{\mathrm{d}N}\frac{N}{P}\frac{\mathrm{d}N}{N}\frac{N}{Y} + (1-\lambda)\frac{\mathrm{d}Y_{t-1}}{Y_{t-1}}$$

生产性服务业对农业的影响渠道有两个:生产性服务业自身发展对农业的直接带动和生产性服务业对非生产性服务业的外溢效应。该外溢效应与当期生产性服务产出和上一期外溢效应有关。

### (二) 生产性服务业部门范围界定及发展趋势

本部分利用 2002 年、2010 年投入产出数据,依据投入产出表界定生产性服务业范围剔除住宿和餐饮行业,对服务业内部各部门的中间需求率进行定性分析。如表 4-1 所示,中间需求率在 50% 以上的可列为生产性服务业。

表 4-1 基于 2002 年、2010 年投入产出表各服务业中间需求率

| | 中间使用(万元) | | 进口(万元) | | 总产出(万元) | | 中间需求率 | |
|---|---|---|---|---|---|---|---|---|
| | 2002 年 | 2010 年 | 2002 年 | 2010 年 | 2002 年 | 2010 年 | 2002 年 | 2010 年 |
| 交通运输及仓储业 | 106073222.22 | 431017701 | 2723029.6044 | 16791534 | 140959758.1 | 480103201 | 0.7382 | 0.8674 |
| 邮政业 | 3131557.4071 | 11663435 | 196872.35622 | 539823 | 5104534 | 12575357 | 0.5907 | 0.8893 |
| 信息传输、计算机服务和软件业 | 42434888.337 | 81976306 | 1133866.688 | 2701936 | 55135547.495 | 168665110 | 0.7541 | 0.4784 |
| 批发和零售贸易业 | 107596153.68 | 233358401 | 0 | 0 | 171449131.32 | 430217189 | 0.6276 | 0.5424 |
| 住宿和餐饮业 | 33721540.695 | 138397935 | 37980.88316 | 7549573 | 71460886.769 | 216726852 | 0.4716 | 0.6171 |

| | 中间使用（万元） | | 进口（万元） | | 总产出（万元） | | 中间需求率 | |
|---|---|---|---|---|---|---|---|---|
| | 2002 年 | 2010 年 | 2002 年 | 2010 年 | 2002 年 | 2010 年 | 2002 年 | 2010 年 |
| 金融保险业 | 63077584.236 | 250133409 | 2760460.2723 | 2146592 | 73139315.5 | 322865825 | 0.8311 | 0.7696 |
| 房地产业 | 20759945.298 | 61467574 | 0 | 0 | 73536925.132 | 301217564 | 0.2823 | 0.2041 |
| 租赁和商务服务业 | 38694194.213 | 163848060 | 6585013.3539 | 24934988 | 44633846.707 | 217730174 | 0.7555 | 0.6752 |
| 科学研究事业 | 1591647.0289 | 22532404 | 0 | 8827120 | 7337544.4414 | 31315400 | 0.2169 | 0.5613 |
| 综合技术服务业 | 9761211.7772 | 66055073 | 0 | 0 | 21811166.574 | 89421060 | 0.4475 | 0.7387 |
| 教育事业 | 4440167.1367 | 6274730 | 110873.56242 | 937438 | 62955832.014 | 162116722 | 0.0704 | 0.0385 |
| 卫生、社会保障和社会福利事业 | 3203670.2762 | 11702421 | 0 | 267682 | 41305056.82 | 166845589 | 0.0776 | 0.0700 |
| 文化、体育和娱乐业 | 6684221.0418 | 26247228 | 1011326.2897 | 5353863 | 17609595.088 | 49302451 | 0.3590 | 0.4802 |
| 公共管理和社会组织 | 0 | 2251693 | 371087.0032 | 776718 | 95754578.576 | 2514378 | 0.0000 | 0.6842 |

资料来源：中国投入产出学会 2002 年、2010 年投入产出表。

目前，服务业发展迅速，相当大程度上推动了我国国民经济的发展。图 4-1 展示了 2013 年中国华北、东北、华东、中南、西南、西北部分省份交通运输及仓储业和邮政业增加值，由图可知，各省份增加值呈现逐年上升的趋势，2013 年山东、河北的增加值超过 2000 亿元，内蒙古、辽宁、湖南省增加值在 1000 亿元以上。

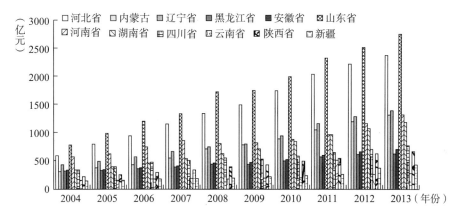

**图 4-1　2004~2013 年中国部分省区交通运输及仓储业和邮政业增加值**

资料来源：中国国家统计局。

### (三) 农业生产性服务业溢出效应的实证性检验——基于河南省面板数据分析

不考虑时序性，下面将对生产性服务业外溢效应的理论模型进行实证性检验，建立模型如下：

$$\frac{\mathrm{d}Y}{Y} = \frac{\partial N}{\partial L_N} \frac{L}{Y} \frac{\mathrm{d}L}{L} + \frac{\partial N}{\partial K_N} \frac{K}{Y} \frac{\mathrm{d}K}{K} + \frac{\theta}{1+\theta} \frac{\mathrm{d}P}{P} \frac{P}{Y} + \delta \frac{N}{P} \frac{\mathrm{d}P}{P} \frac{P}{Y}$$

即

$$y_t = a_1 x_1 + a_2 x_2 + a_3 x_3 + a_4 x_4$$

其中 $x_1 = \dfrac{\mathrm{d}L}{L}$，$x_2 = \dfrac{\mathrm{d}K}{K}$，$x_3 = \dfrac{\mathrm{d}P}{P} \dfrac{P}{Y}$，$x_4 = \dfrac{\mathrm{d}P}{\mathrm{d}N} \dfrac{N}{P} \dfrac{\mathrm{d}N}{N} \dfrac{N}{Y} = \dfrac{\mathrm{d}P}{P} \dfrac{N}{Y}$，则 $a_1 = \dfrac{\partial N}{\partial L_N} \dfrac{L}{Y}$ 表示劳动在非生产性服务业部门的边际生产力与单位经济产出之比，$a_2 = \dfrac{\partial N}{\partial K_N} \dfrac{K}{Y}$ 表示资本要素在非生产性服务业部门的边际生产力与单位经济产出之比，$a_3 = \dfrac{\theta}{1+\theta}$ 表示生产性服务业对农业发展的直接贡献，$a_4 = \delta$ 表示生产性服务业对农业溢出效应。

基于数据的可得性以及分析的必要性，本书选取 2007~2013 年河南省 18 个市作为样本，即构成 $T=7$，$n=18$ 的面板数据，设定 $Y=$ 名义国内生产总值 $GDP$，$L=$ 年末就业量，$K=$ 固定资产投资总额，$P=$ 生产性服务业生产总值（以增加值形式表示）。

面板数据模型包含横截面、时间两维信息，根据截距向量和系数向量的不同可将面板数据模型分为三类：变系数模型 $y_{it} = \alpha_i + \beta_i x_{it} + u_{it}$，变截距模型 $y_{it} = m + \beta x_{it} + \alpha_{it} + u_{it}$ 和不变系数模型 $y_{it} = \alpha + \beta x_{it} + u_{it}$。

首先用协方差分析对模型设定进行检验，构造统计量 $F_1$、$F_2$ 来检验假设 $H_1$、$H_2$：

$$H_1 : \beta_1 = \beta_2 = \cdots = \beta_n$$
$$H_2 : \beta_1 = \beta_2 = \cdots = \beta_n$$
$$\alpha_1 = \alpha_2 = \cdots = \alpha_n$$

其次在每个回归统计量得到模型变参数残差平方和 $S_1 = 0.106498$，变截距残差平方和 $S_2 = 0.305102$，不变参数残差平方和 $S_3 = 0.342162$，$n = 18$ 为截面样本个数，$K = 4$ 为待估参数量，$T = 7$ 为时期数，按照如下公式进行计算：

$$F_2 = \frac{(S_3 - S_1)/[(n-1)(K+1)]}{S_1/[nT - n(K+1)]} \sim F[(n-1)(K+1), nT - n(K+1)]$$

$$F_1 = \frac{(S_2 - S_1)/[(n-1)K]}{S_1/[nT - n(K+1)]} \sim F[(n-1)K, nT - n(K+1)]$$

得到 $F_1 = \dfrac{(S_2 - S_1)/68}{S_1/36} = 0.99 < 1$，$F_2 = \dfrac{(S_3 - S_1)/85}{S_1/36} = 0.94 < 1$，在给定显著性水平上，接受 $H_2$ 和 $H_1$，即对模型的设定形式不作具体要求。运用 Eviews 软件对所建立的有个体影响的变系数模型进行 Hausman 检验（见表 4 - 2）。

表 4 - 2　Hausman 检验

| 测试汇总 | C 统计值 | 自由度 | P 值 |
| --- | --- | --- | --- |
| 随机截面 | 5.491581 | 4 | 0.2405 |

根据检验结果可知，P 值是 0.2405 大于 0.05，在 5% 的显著性水平上，接受原假设，因此采用随机效应的变系数模型。

由模型统计结果（见表 4 - 3）可以得到，$R^2 = 0.696378$，调整后的 $R^2$ 为 0.66997，说明模型对样本总体的拟合情况较好。$X_3 = 0.533292$，在 1% 的显著性水平上显著，生产性服务业增长率每增加 1%，农业增长率增加 0.533292%；而 $X_4 = 0.079092$，表明生产性服务业对农业有正向外溢效应，通过 20% 的显著性水平检验，说明现阶段，河南省生产性服务业的发展状况并不乐观，对农业的外溢功能未得到有效发挥。

表 4 – 3 溢出效应模型的估计结果

| 变量 | 系数 | 统计误差 | t 统计 | 概率 |
|---|---|---|---|---|
| $C$ | 0.09929 | 0.013666 | 7.265636 | 0.0000 |
| $X_1$ | 0.050224 | 0.11897 | 0.422153 | 0.6737 |
| $X_2$ | − 0.02623 | 0.058083 | − 0.451594 | 0.6524 |
| $X_3$ | 0.533292*** | 0.197672 | 2.697857 | 0.0080 |
| $X_4$ | 0.079092* | 0.058994 | 1.340669 | 0.1827 |
| 加权统计 | | | | |
| $R^2$ | 0.696378 | 调整后的 $R^2$ | | 0.66997 |
| F 统计检验 | 26.37606 | D – W 检验 | | 1.34899 |
| 概率（F 统计） | 0.0000 | | | |
| 非加权统计 | | | | |
| $R^2$ | 0.68847 | D – W 检验 | | 1.29232 |

注：* 表示 P < 0.1，*** 表示 P < 0.01。

# 二 生产性服务业溢出渠道的实证检验

## （一）SDA 结构分解技术的基本原理

基于上文对生产性服务业溢出效应大小的实证分析，接下来将利用 SDA 结构分解技术，将生产性服务业各关联指数的变动分解为具体的影响因素，以考察产生溢出效应的条件。根据投入产出模型，总产出和最终需求之间存在如下关系：

$$X = AX + Y \ 即\ X = (I - A)^{-1}Y = BY \qquad (12)$$

其中 $I$ 为单位矩阵，$A$ 为直接消耗系数矩阵，$A = \begin{pmatrix} a_{11} & \cdots & a_{1n} \\ \vdots & \vdots & \vdots \\ a_{n1} & \cdots & a_{nn} \end{pmatrix}$，

$B$ 是完全消耗系数矩阵，$X = [x_1, x_2, \cdots, x_n]^T$ 是生产性服务业部门总产出列向量，$Y = [y_1, y_2, \cdots, y_n]^T$ 是生产性服务业部门最终需求列向量。

令 $N$、$V$ 分别表示生产性服务业部门增加值列向量和生产性服务业部门增加值率，$V$ 为主对角矩阵，则

由式（12）可得 $N$ 与 $Y$ 得关系式，

$$N = VX = VBY \tag{13}$$

令 0 和 1 分别表示基期和报告期，$\Delta N$ 表示生产性服务业部门增加值的变化量，即

$$\Delta N = N_1 - N_0 = V_1 B_1 Y_1 - V_0 B_0 Y_0 \tag{14}$$

令 $\Delta Y$ 表示最终需求变化量，$Y_1 = \Delta Y + Y_0$；$\Delta V$ 表示生产性服务业部门增加值率的变化量，$V_1 = \Delta V + V_0$，而 $\Delta B = B_1 - B_0$，则式（14）可化为如下形式

$$
\begin{aligned}
\Delta N &= N_1 - N_0 \\
&= V_1 B_1 (\Delta Y + Y_0) - V_0 B_0 Y_0 \\
&= V_1 B_1 Y_0 - V_0 B_0 Y_0 + V_1 B_1 \Delta Y \\
&= (\Delta V + V_0) B_1 Y_0 - V_0 B_0 Y_0 + V_1 B_1 \Delta Y \\
&= \Delta V B_1 Y_0 + V_0 B_1 Y_0 - V_0 B_0 Y_0 + V_1 B_1 \Delta Y \\
&= \Delta V B_1 Y_0 + V_0 \Delta B Y_0 + V_1 B_1 \Delta Y
\end{aligned}
\tag{15}
$$

分析所得的式（15），可得生产性服务业部门变动由以下部门构成，$\Delta V B_1 Y_0$ 表示生产性服务业部门增加值率的变动效应；$V_0 \Delta B Y_0$ 表示技术进步效应；$V_1 B_1 \Delta Y$ 表示需求扩张效应。

进一步计算增加值率变动效应，技术进步效应和需求扩张效应对生产性服务业部门增长的贡献率，式（15）两边同乘以 $N_0^{-1}$，即基期生产性服务业增加值倒数的主对角矩阵 1，可得计算公式如下：

$$S_V = \Delta V B_1 Y_0 \times N_0^{-1} \times 100\%$$

$$S_T = V_0 \Delta B Y_0 \times N_0^{-1} \times 100\%$$

$$S_D = V_1 B_1 \Delta Y \times N_0^{-1} \times 100\%$$

**（二）影响生产性服务业增长因素的实证分析**

基于以上投入产出分析，下面将利用 SDA 方法对生产性服务业增长的

机理进行实证研究。鉴于数据的可得性，选取我国 2002 年、2005 年和 2007 年三个年份按照当年生产者价格计算的投入产出表为研究对象（不计通货膨胀的影响）。

从表 4－4 可以看出，随着经济的发展，增加值变动贡献率、技术进步贡献率及需求扩张贡献率随着年份的不同一直在变化。从第一列和第四列生产性服务业增加值贡献率对比看出，2005 年前除邮政业和批发零售业以外，其余部门都是负数，2005 年以后除批发零售业外其余均为正数，说明服务业增加值率的正向贡献从依靠单一部门逐步转变为大多数部门，经济结构向均衡性和协调性发展。生产性服务业增加值率的加权平均 2005 年前是－0.0193％，2005 年后是 0.0197％，由负变正，说明增加值率的变动效应逐步增强。

表 4－4　中国生产性服务业增长因素的 SDA 分析

单位：%

| 部门类别 | 2002～2005 年投入产出表 | | | 2005～2007 年投入产出表 | | |
| --- | --- | --- | --- | --- | --- | --- |
| | $S_V$ | $S_T$ | $S_D$ | $S_V$ | $S_T$ | $S_D$ |
| 交通运输及仓储业 | －0.0188 | 0.0089 | 0.1003 | 0.0109 | －0.0135 | 0.0396 |
| 邮政业 | 0.0305 | －0.0848 | 0.0913 | 0.0192 | 0.0747 | 0.0713 |
| 信息传输、计算机服务和软件业 | －0.0287 | －0.0018 | 0.0828 | 0.0269 | －0.0580 | 0.0345 |
| 批发和零售贸易业 | 0.0198 | －0.0455 | 0.0397 | －0.0113 | －0.0074 | 0.0180 |
| 金融保险业 | －0.0093 | －0.0772 | 0.1206 | 0.0347 | 0.0351 | 0.0745 |
| 租赁和商务服务业 | －0.0887 | 0.1072 | 0.1112 | 0.0262 | －0.0182 | 0.0716 |
| 科学研究事业 | －0.0289 | 0.0601 | 0.0541 | 0.0262 | 0.0089 | 0.0294 |
| 综合技术服务业 | －0.0673 | 0.0805 | 0.0575 | 0.0535 | －0.0314 | 0.0016 |
| 水利、环境和公共设施管理业 | －0.0014 | －0.0620 | －0.0074 | 0.0109 | －0.0910 | 0.0343 |
| 公共管理和社会组织 | 0.0000 | 0.0000 | 0.0000 | 0.0001 | 0.0018 | 0.0004 |
| 加权平均 | －0.0193 | －0.0014 | 0.0650 | 0.0197 | －0.0099 | 0.0375 |

注：①本表数据来源于中国投入产出学会，2002/2005/2007 年中国投入产出表；
　　②水利、环境和公共设施管理业在 2002 年投入产出表中以其他服务业代替。

进一步观察技术进步贡献率，邮政业、批发零售业、金融保险业、公共管理和社会组织的技术进步贡献率呈增加趋势，但从总体看，其加权平均值均为负数，这主要是由于生产性服务业各部门经济技术关联不密切。

两次比较中，需求扩张贡献率加权平均分别为 0.0650% 和 0.0375%，除 2005 年前的水利、环境和公共设施管理业贡献率为负数外，其余均为正数，说明需求扩张在生产性服务业增长中起着重要作用。这主要因为农业属于劳动密集型产业，技术更新相对比较缓慢。2002～2005 年生产性服务业各部门需求扩张贡献率相差较大，最高 0.1206% 和最低的 -0.0074% 相差 0.128%，而 2005～2007 年各部门需求扩张贡献率则相对均匀，这说明经济的发展促进各行业需求增加，各行业对生产性服务业的带动作用越来越强。

综上，需求扩张对生产性服务业增长影响力下降，技术进步效应的负效应也有增无减，而增加值率变动效应对生产性服务业的增长作用逐步增强，这意味着生产性服务业增长仍然不够均衡，以科技创新促进生产技术的提高迫在眉睫。

**（三）生产性服务业对农业外溢渠道的研究——基于 SFA 方法的分析**

生产性服务业对于农业的发展有着溢出效应，排除它自己发展带领农业生产值的增加之外，也有和其他行业维持着较好的产业关联和产业互动。生产性质的第三产业服务业对于农业带来的外溢效应来源于它的成长会激励农业方面的生产者主动寻找与之相匹配的各种资源。但是，考虑到提高利润与降低风险，农业方面的生产者可能会采纳服务行业外包方面的生产生活方式，如此一来，产业链接的各个不同环节内部就会实行动态配对，达到了资源相配与优势互补的好处，进而加快产业发展的速度，利于规模经济。因此，综合看来，影响生产性服务业的因素可以从以下几个方面来考虑。

**1. 经济发展水平**

近年来，随着国家经济发展水平的提高，服务业在国民经济中所占比重也呈现稳中上升的态势。一个国家经济的发达程度，与其生产性服务业发展水平密切相关。经济发展的水平有利于提高人们的收入生活水平，有利于发展多元化的生活需求。此外，它不仅可以带动农业、工业和第三产业的发展，增进它们之间的关联性，提高生产方面的服务，以达到溢出效应；而且，这种多元化的生活需求可以直接形成服务行业的多样形式，为了与市场环境相符合，服务业内部必将调整自身能力、资源配置，以实现内部结构的优化升级。

**2. 农业专业化发展**

这种农业专业化发展要求高的信息技术水平，它的好处是显而易见的，有利于体现各个区域优势资源，降低社会成本，提高农业生产效率。农业专业化发展的提高，有利于农业生产者们熟练地掌握农业信息方面的服务和管理模式，为了减少成本，降低风险和增加收益，生产者们必须向服务外包发展，如此才能提高整个农业生产过程中产业链各个环节的发展水平，充分地发挥农业生产服务行业的溢出效应。

**3. 农业生产服务行业的发展规模**

农业生产服务行业体现溢出效应的原理之一是可以根据自身的发展前景，直接导向农业生产，所以农业生产服务行业的发展规模对于自身农业获利能力的提升有着至关重要的作用。生产性服务业为农业生产提供"桥梁"，生产性服务业规模的扩大产生了规模经济效应和学习效应，通过提供更为专业的生产技术、高水平的劳动力及吸纳社会资本等，促进农业产业链的融合、组织水平和专业水平的提升，从而带动农业生产方式的转变。

**4. 城市化水平**

城市化水平的高低是衡量一个国家经济发展的重要指标，是影响服务业发展的重要因素。城市化水平与生产性服务业发挥溢出效应的关系主要体现在两个方面：一是农村人口向城市转移，农业用地更加集中，有利于规模生产，降低了生产成本，提高了组织化程度和农业抗灾抗险能力，减少了农业方面的各种损失，提高生产服务行业的效率，使农业走向专业化产业化的道路；二是提高城市化水平，为以后农业发展前景带来更好的保险、信息和科学技术服务等好处，通过城市经济的辐射作用，将农村纳入统一、开放的市场经济体系中，从而引导农民以市场需求为导向，有组织、有目的地调整农业生产结构，组织农业专业化和信息化。

**5. 劳动者思想素质**

科学技术是首要生产力，人才是创新技术的关键，劳动者的思想素质水平直接取决于创新能力水平，创新会影响和带动产出产量，特别是生产方面的服务，它需要专业化的人才和创新知识，这些都对劳动力能力要求高。持续性的创新能力对于经济发展有着很大的促进作用，另外，高的技能、好的科技能力都将促进规模经济与发展的效应，提高农业生产方面的服务行业的大幅度发展。

**6. 农业政府政策**

经济基础决定上层建筑，上层建筑和社会体制不能分开，而社会体制对经济基础具有能动作用。农业政策环境对生产性服务业具有双重作用，政府的各种政策和干预对农业生产方面服务行业有着直接的影响。政府提出的公平、诚实和有序的农业环境可以为农业服务业的前景做好铺垫，从而促进溢出效应的有效发挥。

本书将以河南省为例，研究农业生产方面服务行业通过各种溢出渠道，对农业生产技术效率的大小，现考虑采用随机前沿分析（SFA）方法，对其渠道的有效性进行检验。

随机前沿生产函数基本模型：

$$y_i = f(X_i, \beta) \exp(v_i - u_i)$$

$y_i$ 表示第 $i$ 个生产单元的单一产出，$X_i$ 表示投入要素，$v_i - u_i$ 为复合扰动项，$v_i$、$u_i$ 相互独立，$v_i$ 包含观测误差和其他无法控制的随机因素，服从标准正态分布 $v_i \sim N(0, \sigma_v^2)$，$u_i$ 是人为因素造成的误差，非负变量，服从截断正态分布 $u_i \sim N^*(M, \sigma_u^2)$。$TE_i = \dfrac{E(y_i \mid u_i, X_i)}{E(y_i \mid u_i = 0, X_i)} = \exp(-u_i)$ 表示技术效率。生产前沿函数的两种形式：C – D 函数与超越对数生产函数。

C – D 函数只考虑资本与劳动时：

$$\ln y = \beta_0 + \beta_1 \ln K + \beta_2 \ln L$$

其中 $\beta_0$、$\beta_1$ 和 $\beta_2$ 为待估参数。

超越对数生产函数考虑资本和劳动对产出的作用时：

$$\ln y = \beta_0 + \beta_1 \ln K + \beta_2 \ln L + \beta_3 (\ln K)^2 + \beta_4 (\ln L)^2 + \beta_5 \ln K \ln L$$

其中 $\beta_0$、$\beta_1$、$\beta_2$、$\beta_3$、$\beta_4$ 和 $\beta_5$ 为待估参数。

本书对河南省生产性服务业技术效率的分析，采用随机前沿生产函数：

$$\ln Y_{it} = \beta_0 + \beta_1 \ln K_{it} + \beta_2 \ln L_{it} + \beta_3 (\ln K_{it})^2 + \beta_4 (\ln L_{it})^2 + \beta_5 \ln K_{it} \ln L_{it} + v_{it} - u_{it}$$

$Y_{it}$。$K_{it}$、$L_{it}$ 分别为河南省 $i$ 市第 $t$ 年的农业实际产出，资本投入和劳动投入，$u_{it}$ 服从截断正态分布 $N^*(M, \sigma_u^2)$，$M$ 对应的技术无效率函数设定为：

$$M_{it} = \delta_0 + \eta t + \sum \delta_k Z_{kit} + \omega_{it}$$

其中，$Z_{kit}$ 表示对农业技术效率产生影响的其他变量，$\eta$ 为技术无效率的时变参数，"$\eta > 0$""$\eta < 0$"分别表示技术效率随时间递减、递增。$\delta_k$ 表示其他变量对农业产出效率影响程度，$\delta_k > 0$ 表示存在负效应；$\delta_k < 0$ 表示存在正效应，$\omega_{it}$ 为随机误差项。判断前沿生产函数有效性采用：$\gamma = \dfrac{\sigma_u^2}{\sigma_u^2 + \sigma_v^2} \in [0, 1]$，$\gamma$ 反映总体变动中由技术无效率所解释的部分。$\gamma \rightarrow 0$ 表明主要成分为随机误差，要用传统生产函数；$\gamma \rightarrow 1$ 表明主要成分是无效率项偏差，要用随机前沿生产函数。

本书选取河南省 2006～2013 年 18 个市的数据作为研究样本，$Y$ 代表农业总产值用以衡量总产出，$K$ 代表农林牧渔业的固定资产总额用以衡量资本投入，$L$ 代表就业人数用以衡量劳动投入。在分析农业生产性服务业对农业外溢效应影响时，用人均 GDP $Z_1$ 表示经济发展水平，农业机械年末拥有量与农业就业人数之比 $Z_2$ 表示农业专业化程度，生产性服务业各部门就业人数之和 $Z_3$ 表示生产性服务业发展规模，城镇人口数与总人口数之比 $Z_4$ 表示城市化水平，普通高等学校毕业生人数 $Z_5$ 表示劳动力素质，农业支出与财政预算支出之比 $Z_6$ 表示农业环境政策。

$$M_{it} = \delta_0 + \eta t + \delta_1 Z_{1it} + \delta_2 Z_{2it} + \delta_3 Z_{3it} + \delta_4 Z_{4it} + \delta_5 Z_{5it} + \delta_6 Z_{6it} + \omega_{it}$$

设 $L_0$、$L_1$ 分别为约束条件下、无约束条件下的极大似然函数值，构建单边似然率检验统计量 $LR = -2\ln\dfrac{L_0}{L_1} = -2(\ln L_0 - \ln L_1)$，$LR$ 统计量大于临界值表示拒绝原假设，否则表示接受（见表 4 - 5）。

表 4 - 5　模型假设检验

| 原假设 | 对数似然值（$\ln L_u$） | 检验统计量 LR | 临界值（$\alpha = 1\%$） |
|---|---|---|---|
| 不存在技术无效率 $u = 0$ | 98.51 | 253.08 | 6.64 |
| 函数为 C - D 生产函数 $\beta_3 = \beta_4 = \beta_5 = 0$ | 25.31 | 107.21 | 11.35 |

检验结果表明，显著性水平为 1% 时，检验统计量的值均大于临界值，因此，本书选取的超越对数的随机前沿模型是适合的。

利用 Frontier 4.1 软件对模型做出极大似然估计，得出参数结果如表 4 − 6 所示。

**表 4 − 6　随机前沿函数和技术无效函数的极大似然估计**

| 随机前沿函数 | 系数 | 标准差 | t 值 |
|---|---|---|---|
| 常数项 | 1.42 | 0.41 | 3.46 |
| $\ln K$ | 0.01 | 0.13 | 0.05 |
| $\ln L$ | 1.27 | 0.22 | 5.67 |
| $(\ln K)^2$ | − 0.01 | 0.03 | − 0.27 |
| $(\ln L)^2$ | − 0.09 | 0.04 | − 2.31 |
| $\ln K \ln L$ | 0.01 | 0.05 | 0.30 |
| 技术无效率函数 | | | |
| 常数项 | 1.452*** | 0.21 | 7.08 |
| $Z_1$ | − 0.0007** | 0.00 | 2.15 |
| $Z_2$ | − 0.0004*** | 0.00 | − 3.57 |
| $Z_3$ | − 0.029*** | 0.01 | − 3.36 |
| $Z_4$ | − 0.004*** | 0.01 | 7.92 |
| $Z_5$ | − 0.0003*** | 0.00 | 2.64 |
| $Z_6$ | − 0.851*** | 0.88 | 9.73 |
| 其他信息 | | | |
| $\eta$ 时变参数 | − 0.142*** | 0.02 | − 8.91 |
| $\sigma^2$ 总体方差 | 0.027*** | 0.00 | 7.80 |
| $\gamma$ 方差比 | 0.876*** | 0.11 | 8.18 |
| $\mu$ 无效平均值 | 0.50 | | |
| 对数似然函数值 | 64.29 | | |

注：*** 表示 P < 0.1，** 表示 P < 0.05。

观察表 4 − 6 得出，模型总体方差是 $\sigma^2 = 0.027$，在 1% 的显著性水平上显著，这表明随机误差项、技术无效率这两项在统计上是十分显著的，对农业的产出总体影响较大，方差比 $\gamma = 0.88$，也表明参数技术非效率对总体的影响较大，这和前文用 SFA 模型参数估计的结果相同。时变参数

$\eta = -0.14 < 0$，说明河南省的农业生产性服务业技术效率和时间因素呈正相关。无效平均值为 0.50，统计结果显著，表明无效率是河南省农业生产存在的主要问题。

随机前沿函数极大似然估计中，资本和劳动是河南省农产品生产产量的主要生产要素，而且都为正数，说明两要素都为农业带来正面影响。观察统计结果发现资本投入产出弹性为 0.0007，明显低于劳动投入产出弹性 1.27，而且劳动投入和资本投入的交叉项系数为 0.01，并不显著，这些表明资本要素对河南省农业发展带来的效益并不可观。然而劳动投入参数估计 t 统计量为 5.67，统计显著，这是因为河南省人口众多，主要为家庭经济生产经营模式，农业机械化水平低下，农业信息技术应用范围有限，造成河南省农业很难达到规模效益。

技术无效率函数模型中，影响技术水平的外生变量包括：$Z_1$（人均GDP）、$Z_2$（农业机械年末拥有量/农业就业人数）、$Z_3$（生产性服务业各部门就业人数之和）、$Z_4$（城镇人口数/总人口数）、$Z_5$（普通高等学校毕业生人数）、$Z_6$（农业支出/财政预算支出），这些外生变量的系数均为正，对河南省农业的技术效率产生带来正向的影响，并且都统计显著，则对河南省农业技术效率作用明显。

$Z_1 = -0.0007$，表明经济发展的程度高低给农业技术效率带来正效应。显示结果符合前方预测，但是其系数值较小，弹性小，这是因为河南省农业受到河南省原有的传统经营的影响。家庭经营、小农小户一直是河南省农业的现状，这很难推行现代农业科技来实现规模化生产，农产品在国内外市场上也缺乏竞争力。目前，我国农业正处于供给侧改革阶段，提升河南省农业技术效率是必不可少的手段，单一、独立的生产经营模式必须转变为高效的规模化生产。

$Z_2 = -0.0004$，说明农业专业化程度水平给农业技术效率带来正效应。农业服务专业化与农业产业链中的其他环节区别开来，合理配置农业资源，提高农业生产效率，从而减少整个基础农业的资源浪费状况，最终使农民获得更高的收益；除此之外，农业专业化会刺激农业中间服务行业的需求，充分发挥农业的中间附加值，提升基础农业的效益。

$Z_3 = -0.029$，表明生产性服务业发展规模对农业效率的提高有正影响。弹性并不显著，这可能是目前河南省农业中间生产性服务业并未对农

45

业发展产生明显积极效用造成的。同时，与国内外发达农业生产相比，河南省农业发展在农业生产技术、劳动力素质与现代农业科技等方面还存在着较大差距。

$Z_4 = -0.004$，说明城市化水平对农业技术效率产生正向效应。经济的发展带动中小城市的兴起与发展。一方面，生活水平的提高和城镇较多的工作机会促使农村劳动力移居到附近城镇，出现大量承包土地现象，这样一来，农业用地更加集中，为农业进行规模化生产提供了条件。另一方面，以城促农，城市的发展给农业的发展带来了充足的资金、高效的技术、便利的交通等有利条件，城市附近的农家乐、花卉基地吸引了大量的城镇消费者，带动了农业的发展，提高了农民收入。

$Z_5 = -0.0003$，表明劳动力素质的高低对农业技术效率有正效应。经济新常态的到来促使创新成为一个刺激经济的关键点。"互联网 +"广泛应用到三大产业中，极大地提高了生产效率。同时，高科技人才队伍的培养对农业发展发挥着至关重要的作用。鼓励农业知识型人才运用科学技术提升农业生产产量，完善农业产业链，整体提升农业效益。

$Z_6 = -0.851$，说明农业政策环境对农业技术效率带来积极的正效应。这比预测要高，农业政策对农业发展的作用明显快速直接。河南省为农业大省，良好的政策环境、规范化农业政策和市场竞争机制都会带来明显的积极效应，从而更好地发挥"黏合剂"的作用，提高农业生产效率，增加农民收益。

综上所述，上面 6 个变量对农业生产技术都有正效应，所以提升农业生产效率可以通过经济发展水平、农业专业化程度、生产性服务业发展规模、城市化水平、劳动力素质和农业环境政策等方面挖掘提高农业效益的手段。但是由于河南省固有的省情，使农业规模化发展面临着一系列问题，因此农业生产实现专业化、规模化和市场化是大势所趋，政府、企业和农民共同努力提高农业生产效率，提升河南省农产品竞争力。

# 第五章　影响生产性服务业发展的
# 因素分析：以河南为例

## 一　生产性服务业影响因素的理论分析

### （一）生产性服务业发展的原因

#### 1. 企业外包服务

所谓业务外包是指企业利用外部专业化资源，将日常生产经营活动中的非核心业务委托给其他经济组织的行为。

企业组织业务外包服务主要出于三个目的。一是降低业务成本，生产性服务业具有集聚效应，其发展趋向于规模经济，承包方在资源、设备、资金、技术等各方面具有绝对优势，而且随着科技的发展、知识的进步，社会分工不断细化，外包服务相对专业化。二是提升竞争力，一种产品的研发、生产和销售等诸多环节是一个企业不能独立完成的，必须和其他部门单位合作和取得支持，企业资源的有效性促使企业开展外包服务，但同时也需要集中精力，专注于自身的核心优势产品。三是分散经营风险，随着经济发展速度的增快，消费者对产品和服务的要求也越来越高。如今，产品的更新换代频率非常快，这就要求企业及时追踪，把握市场需求动向。然而企业自身能力有限，要想适应市场环境的千变万化，必须调整生产结构，利用外部资源进行合理分工和合作，以降低风险，提高经营的灵活性。

企业外包服务是社会化分工和专业化发展的必然结果，也是企业利用比较优势原理，对生产环节中产品价值增值的正确把握。生产性服务业作为中间投入环节在外包服务中发挥着"桥梁"作用,人们熟知的耐克、惠普、苹果等一些知名公司,都是通过外包加工而成长起来的。外包服务使得生产性服务业快速发展,从而对就业产生拉动作用,因此说外包是生产性服务业提升就业能力的原因之一。

**2. 专业化分工与引致需求**

随着经济的进步,专业化程度越来越高,服务业逐步从制造业中剥离。分工程度的提高主要表现在专业劳动部门人数或组织的增加,生产链和经济服务网络更加完善。生产性服务业属于资本、技术、知识密集型产业,科技水平的提高大幅度降低了生产成本。

专业化分工程度的提高对就业造成两方面的影响。一是分工专业化使得大量劳动力从制造业部门中解脱,向服务业转移。相对于劳动力来说,机械化生产提高了生产效率,成本更低,效益更高,因此制造业就业人数会明显下降,大量劳动力向服务业转移,就业结构优化。二是专业化分工促进了生产性服务业扩张,引致需求增加。所谓引致需求是指厂商对生产资料的需求,又叫派生需求,它是厂商为了生产产品满足消费者的需求而产生的对生产资料的需求,这种需求不是为了厂商自己的消费。伴随着对外开放程度的加深,市场化的深入和我国各经济部门联系的加强,生产性服务业的内在需求逐渐扩大,但生产性服务业的供给并没有达到社会各部门生产发展的要求。因此,激发生产性服务业各部门的内在潜力,使供求达到有效均衡,将有利于劳动力就业水平的提高。

**(二) 生产性服务业发展的影响因素**

基于以上对生产性服务业发展动因的分析,影响其发展的因素较为复杂,可以从经济发展水平、体制机制、市场化程度、政府对经济的干预等方面进行分析。这些因素在一定程度上制约着生产性服务业的外包规模、专业化分工程度的高低。

**1. 经济发展水平**

经济发展水平的高低是对一个地区经济发展状况的总体衡量,既包括总量上的大小、发展速度的快慢,还蕴含经济发展结构的优化和经济发展层次的高低。生产性服务业的最大特点就是其作为市场化的中间投入,与其他产业存在较强的关联性。依据市场经济理论,产业发展的动力是市场需求，只有在区域经济发展水平得到提升的情况下，工业、农业和服务业对生产性服务业的需求潜力才能得以挖掘。而区域经济发展水平的高低则是由各主要产业的产出、发展模式以及产业结构等因素决定。

第一，来自制造业的影响。工业的发展一般经历劳动密集型、资本密集型向技术密集型转变。在不同的发展阶段，对应着不同的生产性服务业发展水平。工业与生产性服务业相互影响、相互制约，共同发展。新的工业发展阶段催生出新的生产性服务行业，而新生的生产性服务分工又反过来作用于工业生产，这种相辅相成的互动关系主要表现在制造业中。欠发达地区制造业大多是低附加值、高能耗，缺乏专业的信息技术、金融等服务的支持，很大程度上限制了制造业的发展，潜在的需求无法转化为现实需求，没有有效需求，生产性服务业发展势必受到阻碍。

第二，来自农业、服务业方面的影响。自党的十一届三中全会以来，我国农业大多采用分散的个体经营模式，并未形成规模效应。农业生产的过程对生产性服务业的需求基本上采用自给模式，农业机械化水平不高。在生产方式上，对科技设备、科学知识的运用依然不足，这与农民的自身素质息息相关。目前，我国大部分农业人手处于初中及以下的知识水平，既严重制约了农业生产效率的提高，也影响了农业发展对生产性服务业的需求。服务业自身也是生产性服务业的需求主体，国内外经验数据表明，服务业对生产性服务业的需求占生产性服务业总需求的三分之一左右。

**2. 政策体制**

生产性服务业的发展之所以受政策因素的影响，是由其本身的产业特点决定的。作为高投入、高风险、高收益、高溢出效应的产业，该领域的创新需要长时间的孕育和保护。发达国家意识到这一点，都是通过构建公平公正的市场环境以促进有效竞争，设立产业扶持政策等。

由于生产性服务业产品的自然特性，诸如电信、民航、运输、电力等领域都具有垄断性质，在当前社会经济形势下，这些具有自然垄断性质的行业在某种意义上来说，实行的是政府垄断经营的管理体制。政府对生产性服务业发展造成的影响，从体制机制角度来看，主要体现在三个方面：一是政府管制限制了投资主体的进入，生产性服务业行业多是以国有企业为主体，政府的垄断经营使得民间资本难以平等地进入这些领域，这显然对拉动生产性服务业的需求造成了限制；二是政企合一现象普遍，体制不活容易导致企业缺乏活力和竞争力，过多的政府干预使得服务外包严重不足，生产性服务业中新兴行业市场化程度难以提高，造成生产性服务业领域生产率水平低，抑制了生产服务的供给；三是相关法律、法规不完善，无法形成有利于生产性服务业发展的法制环境，法律层面缺乏可操作性制约了产业向更高级化方向发展。

**3. 市场化程度**

本书主要从企业外包服务、专业化分工和引致需求三个方面来阐述生产性服务业发展的动因，这对市场竞争环境提出了严格的要求，公平竞争、优质优价的市场机制和良好的诚信环境有利于生产性服务业的发展。从目前的外部大环境来看，市场秩序混乱，外包行业制度不规范、社会信用缺失等因素，使得高附加值的生产性服务业交易成本提高，向更高层次发展举步维艰。徐学军（2008）通过调研发现，恶性竞争、信用体制缺乏、市场交易标准不明晰、不规范是造成我国生产性服务业外包程度低、结构低度化的主要原因。杨玉英（2008）在浙江温岭对当地物流服务企业调研显示，个别企业由于缺少自律规范，客户托运贵重物品时，常发生员工携款潜逃、贵重物品损坏理赔等现象，这些恶性行为严重影响了整个行业的发展。

**4. 城市化水平**

生产性服务业在空间上具有集聚效应，只有人口集聚到一定的规模才能产生对服务业的有效需求，从而拉动供给。城市是资源、人力、资本、信息、技术等生产要素的聚集地，也是产业发展的载体。一国生产性服务业发展水平的高低与城市化进程密切相关，城市化的规模直接影响着生产性服务业的市场，尤其是为高附加值部门创造了良好的发展契机。1978 年我国的城镇化率只有 17.9%，生活在城镇的人口约为 1.7 亿。2014 年，我国城镇人口占总人口的比重达到 54.77%，有将近 7.5 亿人生活在城镇（见表 5 − 1）。城镇化率的稳步提升，增强了经济发展的内在动力，使得城镇消费群体不断扩大，消费结构优化升级，也带来了城镇公共基础设施建设等巨大的投资需求，促进了生产性服务业的快速发展。数据显示，城市化水平与经济发展具有明显的正相关性。我国城市化率与 GDP 以及人均 GDP 的相关系数分别高达 0.93 和 0.94。

表 5 - 1 2011 ~ 2014 年年末人口数及其构成

单位:万人

| 指标 | 2011 年 | 2012 年 | 2013 年 | 2014 年 |
|---|---|---|---|---|
| 全国总人口 | 134735 | 135404 | 136072 | 136782 |
| 其中:城镇 | 69079 | 71182 | 73111 | 74916 |
| 乡村 | 65656 | 64222 | 62961 | 61866 |

资料来源:中华人民共和国国家统计局,www.stats.gov.cn。

**5. 人力资本与信息化水平**

生产性服务业属于知识、技术密集型产业,其发展依托高知识水平和高技术人才。无论是从国际视角还是国内视角来看,高素质人才通常流向发达地区,使得欠发达地区缺乏自主创新能力。地区技术发展水平参差不齐,使得企业竞争力严重不足,落后地区生产性服务业因此陷入恶性循环。

2013 年河南省科研和技术服务单位的区域分布中超过 1/3 的科研单位集中在郑州,形成这样局面的主要原因是省会城市汇聚了绝大部分高等教育、科研机构等,这也与政策的支持、城市发展水平的高低不可分割。郑州、洛阳、南阳等市通信、交通、教育等基础设施相对完善,是信息技术开发的必要条件,因此完备的基础设施是生产性服务业快速发展的基本前提。现代化信息使得部分服务的储备和运输成为可能,从而降低了交易成本。此外,技术创新的关键是人才,高级管理人才、科技信息人才、金融保险人才、商务服务人才等,他们承担着生产知识、创新知识的重要功能。科研技术机构的主体由院校、研究所、大型企业和政府构成,"产学研"结合的良好机制使得知识资源得以充分地开发和利用,反之则制约生产性服务业层次的提高,因而创新能力的高低直接影响着生产性服务业的发展水平。

# 二 河南省生产性服务业影响因素的实证分析

## (一) 影响因素变量选取

对生产性服务业影响因素的考察,即研究各个不确定因素对生产性服务业发展的作用。本书选用生产性服务业增加值占 GDP 的比重,来衡量生产性服务业的发展，设为变量 $Y$。基于第二章对生产性服务业范围的分析，结合中间需求率指标，将生产性服务业界定为交通运输及仓储业，邮政业，信息传输、计算机服务和软件业，批发零售贸易业，金融保险业，租赁和商务服务业，科学研究事业、综合技术服务业，公共管理和社会组织。理论分析得到，生产性服务业的影响因素主要包括经济发展水平、政策体制、市场化程度、城市化水平、人才资本与信息化水平，建立模型之前对这五个因素进行量化处理。

**1. 经济发展水平**

GDP 是宏观经济中最受关注的统计数字，也是衡量一个国家经济发展水平的重要指标。国内生产总值有三种形态：价值形态、收入形态和产品形态。从价值形态来看，GDP 是指一定时期内各单位直接创造的收入之和。本书选取人均 GDP 作为经济发展水平的衡量因素，定义为 $X_1$。

**2. 政策体制**

体制性障碍是落后地区生产性服务业发展的制约因素之一，严重影响了潜在需求向有效需求的转换。市场交易标准不明晰、竞争体制不完善、服务操作不规范等造成生产性服务业外包程度低。本书采用经济的开放程度，来衡量体制对生产性服务业的影响，选取外商直接投资额占生产总值的比重作为自变量 $X_2$。

**3. 市场化程度**

政府政策的实施很大程度上影响着生产性服务业的发展，市场经济条件下，政府的干预和宏观调控是实现资源优化配置的必要手段。本书采用政府财政支出占 GDP 的比重作为变量 $X_3$，考察政府职能的发挥对生产性服务业的作用，以进一步衡量市场化程度的高低。

**4. 城市化水平**

随着城市化水平的提高，城市聚集了大规模的人力、物力和财力。城市人口的增加直接扩大了对服务业的有效需求，城市基础设施建设的完善、通信技术的进步、公共管理商务服务水平的提高有利于生产性服务业的快速发展。据此分析，选取城市人口占总人口的比重 $X_4$、生产性服务业就业人数占就业总人数的比重 $X_5$ 来衡量城市化水平的高低对生产性服务业发展的影响。

**5. 人才资本与信息化水平**

创新是一个民族的灵魂，是国家兴旺发达的不竭动力。创新的关键是人才和技术，创新水平低、创新能力不足会阻碍欠发达地区生产性服务业的发展。生产性服务业本身属于知识、技术密集型产业，人才的缺失主要是教育培养体系和人才保护机制的不健全引起的，这两个因素与人均专利申请数息息相关，有理由相信生产性服务业与人均专利申请数呈正相关，本书选取人均专利申请数、大专以上人数占总人数的比重作为人才和技术的替代变量，分别设为 $X_6$、$X_7$。

### （二）多元线性回归分析

#### 1. 样本数据选取

本书数据来源于《河南统计年鉴》，数据的真实性、客观性能得到保障，对数据进行规范筛选，以保障研究的实际意义。基于数据的可得性限制，本书数据的分布从 2003 年至 2013 年共计 10 年，个别数据的缺失，在计算中作近似处理，对实验的客观真实性没有不利影响。

#### 2. 计量分析

本书采用多元线性回归分析模型，运用 Eviews 软件进行数据分析和计量处理。根据以上章节对变量的确定，构建生产性服务业影响因素模型如下：

$$Y = \alpha + \beta_1 X_1 + \beta_2 X_2 + \beta_3 X_3 + \beta_4 X_4 + \beta_5 X_5 + \beta_6 X_6 + \beta_7 X_7 + u$$

其中，$Y$ 为因变量，即生产性服务业增加值占 GDP 比重，$X_1$ 表示人均 GDP，$X_2$ 表示外商直接投资额占生产总值的比重，$X_3$ 表示政府财政支出占 GDP 的比重，$X_4$ 表示城市人口占总人口的比重，$X_5$ 表示生产性服务业就业人数占就业总人数的比重，$X_6$ 表示人均专利申请数，$X_7$ 表示大专以上人数占总人数的比重。

对所有指标数据进行对数化处理。在估计多元线性回归模型前，首先要对变量之间的相关性进行分析，结果见表 5 - 2。

表 5 - 2　指标相关性分析

| | $Y$ | $X_1$ | $X_2$ | $X_3$ | $X_4$ | $X_5$ | $X_6$ | $X_7$ |
|---|---|---|---|---|---|---|---|---|
| $Y$ | 1 | - 0. 12712 | - 0. 10978 | 0. 026075 | - 0. 10271 | - 0. 03775 | - 0. 0854 | - 0. 26803 |
| $X_1$ | - 0. 12712 | 1 | 0. 994946 | 0. 968694 | 0. 998535 | 0. 990323 | 0. 989441 | 0. 985419 |
| $X_2$ | - 0. 10978 | 0. 994946 | 1 | 0. 971676 | 0. 994243 | 0. 984488 | 0. 98112 | 0. 9831 |
| $X_3$ | 0. 026075 | 0. 968694 | 0. 971676 | 1 | 0. 976615 | 0. 984812 | 0. 964841 | 0. 942335 |

|  | $Y$ | $X_1$ | $X_2$ | $X_3$ | $X_4$ | $X_5$ | $X_6$ | $X_7$ |
|---|---|---|---|---|---|---|---|---|
| $X_4$ | -0.10271 | 0.998535 | 0.994243 | 0.976615 | 1 | 0.990761 | 0.988777 | 0.982112 |
| $X_5$ | -0.03775 | 0.990323 | 0.984488 | 0.984812 | 0.990761 | 1 | 0.986733 | 0.960735 |
| $X_6$ | -0.0854 | 0.989441 | 0.98112 | 0.964841 | 0.988777 | 0.986733 | 1 | 0.967985 |
| $X_7$ | -0.26803 | 0.985419 | 0.9831 | 0.942335 | 0.982112 | 0.960735 | 0.967985 | 1 |

通过指标间的相关性分析可以看出，各个解释变量之间不存在多重共线性问题，$Y$ 基本上可以被各个变量独立解释。

首先将 $Y$ 基于所有解释变量进行回归分析，得到结果如表 5 - 3 所示。

### 表 5 - 3　多元回归检验结果（1）

因变量：Y

方法：最小平方

Date：10/08/15　Time：10：00

样本：2003 - 2013

观察对象：11

| 变量 | 系数 | 统计误差 | t 值 | 概率 |
|---|---|---|---|---|
| C | -45.04189 | 17.77472 | -2.534043 | 0.0851 |
| $X_1$ | 5.350210 | 2.510908 | 2.130787 | 0.1229 |
| $X_2$ | -0.172679 | 0.452516 | -0.381598 | 0.7282 |
| $X_3$ | 4.352735 | 1.603574 | 2.714395 | 0.0729 |
| $X_4$ | -8.807309 | 5.157386 | -1.707708 | 0.1862 |
| $X_5$ | -8.951951 | 3.751442 | -2.386269 | 0.0971 |
| $X_6$ | 0.142701 | 0.183408 | 0.778055 | 0.4933 |
| $X_7$ | -2.308533 | 0.413559 | -5.582109 | 0.0114 |

| R 平方 | 0.964020 | 因变量均值 | -1.590575 |
|---|---|---|---|
| 调整后的 $R^2$ | 0.880066 | S. D. 因变量 | 0.151568 |
| S. E. 回归 | 0.052490 | 赤池信息准则 | -2.901122 |
| 残差平方和 | 0.008266 | 施瓦茨准则 | -2.611743 |
| 对数似然值 | 23.95617 | 海尼琴准则 | -3.083534 |
| F 统计 | 11.48273 | D - W 检验 | 3.376838 |
| F 统计概率 | 0.035114 |  |  |

得方程（1）：$Y = 5.35X_1 - 0.17X_2 + 4.35X_3 - 8.81X_4 - 8.95X_5 + 0.14X_6 - 2.31X_7$

由于 $X_2$ 对应的 P 值最大，故删除 $X_2$ 再次进行多元回归，结果如表 5 - 4 所示。

表 5 - 4 多元回归检验结果（2）

因变量：Y

方法：最小平方

Date：10/08/15　Time：10：26

样本：2003 - 2013

观察对象：11

| 变量 | 系数 | 统计误差 | t 值 | 概率 |
|---|---|---|---|---|
| $X_1$ | 0.404604 | 2.266862 | 0.178486 | 0.8653 |
| $X_3$ | 1.678288 | 1.708981 | 0.982040 | 0.3712 |
| $X_4$ | - 1.780539 | 6.941318 | - 0.256513 | 0.8078 |
| $X_5$ | 0.396105 | 3.078655 | 0.128662 | 0.9026 |
| $X_6$ | 0.199829 | 0.340370 | 0.587093 | 0.5826 |
| $X_7$ | - 1.007135 | 0.316206 | - 3.185062 | 0.0244 |

| R 平方 | 0.790217 | 因变量均值 | - 1.590575 |
|---|---|---|---|
| 调整后的 $R^2$ | 0.580434 | S. D. 因变量 | 0.151568 |
| S. E. 回归 | 0.098176 | 赤池信息准则 | - 1.501654 |
| 残差平方和 | 0.048193 | 施瓦茨准则 | - 1.284620 |
| 对数似然值 | 14.25909 | 海尼琴准则 | - 1.638463 |
| D - W 检验 | 1.561362 | | |

得方程（2）：$Y = 0.40X_1 + 1.68X_3 - 1.78X_4 + 0.40X_5 + 0.20X_6 - 1.01X_7$

由于 $X_5$ 对应的 P 值最大，故删除 $X_5$ 再次进行多元回归，结果如表 5 - 5 所示。

表 5 - 5 多元回归检验结果（3）

| 自变量 | 相关系数 t | 标准误 | t 值 | P 值 |
|---|---|---|---|---|
| $X_1$ | 0.621055 | 1.389269 | 0.447037 | 0.6705 |
| $X_3$ | 1.879619 | 0.628196 | 2.992088 | 0.0243 |

| 自变量 | 相关系数 t | 标准误 | t 值 | P 值 |
|---|---|---|---|---|
| $X_4$ | − 2.479811 | 3.948078 | − 0.628106 | 0.5531 |
| $X_6$ | 0.224093 | 0.259089 | 0.864925 | 0.4203 |
| $X_7$ | − 1.016778 | 0.280892 | − 3.619821 | 0.0111 |
| $R^2$ | 0.789522 | 平均相关变量 | | − 1.590575 |
| 调整后的 $R^2$ | 0.649204 | S.D. 因变量 | | 0.151568 |
| S.E. 回归 | 0.089770 | 赤池信息准则 | | − 1.680166 |
| 残差平方和 | 0.048352 | 施瓦茨准则 | | − 1.499305 |
| 可能性 | 14.24092 | 海尼琴准则 | | − 1.794174 |
| D − W 检验 | 1.532495 | | | |

得方程（3）：$Y = 0.62X_1 + 1.88X_3 - 2.48X_4 + 0.22X_6 - 1.02X_7$

通过显著性检验表明，$X_1$、$X_3$、$X_4$、$X_6$、$X_7$ 五个因素对生产性服务业发展有显著影响。从各个影响因素的系数可以得知，人均 GDP、政府财政支出占 GDP 的比重、人均专利申请数的影响系数为正，说明这几个因素对生产性服务业的发展有积极作用；而城市人口占总人口的比重、大专以上人数占总人数的比重的影响系数为负，这需要结合当前河南省作为欠发达地区的发展现状来说明。河南省要想提高人口素质必须耗费大量的教育资源，但人才流失严重，以致产业水平较低等因素造成人才高水平无法发挥；城镇人口的增加直接扩大了对服务业的有效需求，但是当前河南省城镇基础设施不完善、信息水平低等给生产性服务业发展造成了阻碍。

**（三）实证结果分析**

第一，经济发展水平对生产性服务业的影响较大。从人均 GDP 系数来看，经济发展水平的提高，能促进生产性服务业的发展。由于生产性服务业水平的提高对工业尤其是制造业的发展具有较强的依赖性，因此从人均 GDP 对解释变量的变动效应分析结果来看，经济发展对生产性服务业的拉动力度不足，河南省应改变工业低度化、资源消耗的经济发展模式，继续调整产业结构，提高产业发展水平。

第二，政府政策的实施很大程度上影响着生产性服务业的发展。当前市场经济条件下，政府的干预和宏观调控是实现资源优化配置的必要手段。政府财政支出占 GDP 的比重对解释变量的正效应很好地说明了这一点。如果政府想要增强生产性服务业的经济拉动作用，就必须加大对生产性服务业的投资和政策扶持力度。

第三，人才资本与信息化水平直接关系到地区的创新能力和水平。生产性服务业属于知识密集型产业，人均专利申请数反映了区域的创新水平。技术的提高能有效提高生产效率，从而扩大对生产性服务业的需求，也在一定程度上提高生产性服务业的供给质量和供给效率，因此加大科研投入，提高自主创新能力成为地区发展生产性服务业的关键之一。

# 第六章　生产性服务业对区域经济发展
## 研究：以河南为例

为了对生产性服务业与河南省经济发展之间的关系进行更好的研究，了解目前河南省生产性服务业与经济发展的现状十分必要。本章从经济增长、就业和固定资产投资三个方面分别分析河南省生产性服务业与经济发展的现状。

## 一　河南省生产性服务业状况

### （一）河南省生产性服务业占比变化

2015 年河南省全省生产总值达到 37010.25 亿元，实现 8.3% 的增长，其中，第三产业的增长率达到 10% 以上，依旧领跑其他产业。这与河南省在"十二五"规划期间大力发展生产性服务业密不可分。河南省总的市场经济运行良好，经营方式、经济成分多种多样，产业结构向多层次、多元化迈进。生产性服务业作为服务业的重要组成部分，而且也是服务业中增速最快的部分，其发展势必会带动河南省经济增长。由图 6-1 可知河南省第三产业的产出伴随着总产出呈逐年上升的趋势，第三产业产出自 2000 年的 1597.26 亿元增长为 2014 年的 12961.67 亿元，增长了 7 倍。生产性服务业产值总体规模较小，其发展目前还处在初级阶段。但其呈现逐年增加的趋势，其增长幅度远大于第三产业的产值增长幅度。在未来的发展中生产性服务业势必增长迅猛。

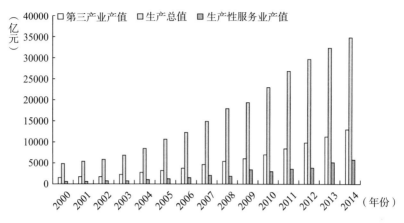

**图 6-1 河南省第三产业产值和生产总值**

资料来源：根据历年《河南统计年鉴》相关数据整理计算。

注：2000~2003 年的生产性服务业主要由交通运输、仓储和邮政业，金融业，房地产业，科学研究、技术服务四大类的总值构成，其他年份的为前文中所划分的六大类的总值。

图 6-2 展示了河南省 2004~2014 年第三产业占国民生产总值的比重为 30%~40%，其总体呈上升态势。在今后的发展中，第三产业的比重势必超过第二产业，成为河南省国民生产总值的主导行业。生产性服务业的比重在 2008 年出现下跌，出现该种情况是由于 2008 年金融危机的影响，河南省生产性服务业发展受到冲击。2009 年大幅度增加后又出现下降趋势，在下跌到 12% 时又开始呈上升态势。总的来说，生产性服务业占生产

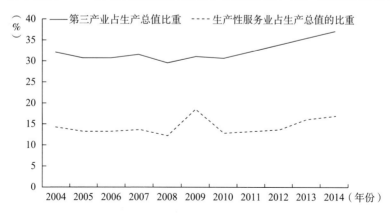

**图 6-2 河南省第三产业和生产性服务业占国民生产总值的比重**

资料来源：历年《河南统计年鉴》相关数据整理计算。

总值的比重在波动中上升。生产性服务业与第三产业占生产总值的比重基本保持相同的趋势。

## （二）生产性服务业对河南省经济增长的贡献与拉动

本节借鉴《中国统计年鉴》中关于三次产业增长率和拉动力的计算方法，计算各产业对河南省经济增长的贡献率和拉动力大小。其结果由图 6－3 和图 6－4 表示。从图中可知，第二产业对河南省生产总值的贡献

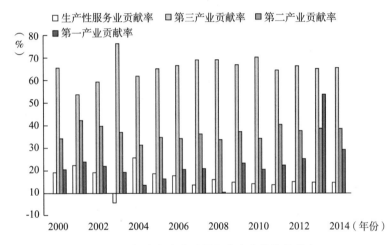

**图 6－3　河南各产业对国民生产总值的贡献率**

资料来源：根据历年《河南统计年鉴》相关数据整理计算。

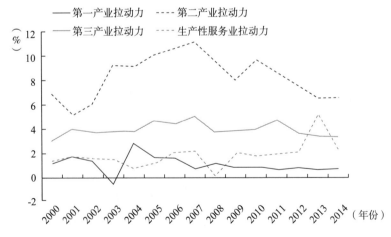

**图 6－4　河南各产业对国民生产总值的拉动力**

资料来源：根据历年《河南统计年鉴》相关数据整理计算。

率和拉动力占据主导地位，其依旧是河南省生产总值的主要构成部分，但是第二产业在贡献率和拉动力增长方面呈现下降趋势。第三产业和生产性服务业对河南省经济增长的贡献率和拉动力远超过第一产业，成为河南省经济增长的第二主力军。第三产业和生产性服务业的贡献率和拉动力增长幅度较小，这与目前河南省生产性服务业发展还处在初级阶段有关，但其总体呈现波动性的增长，其未来的发展前景巨大。在未来的发展中，服务业必将超过第二产业成为经济增长的主动力。尤其是生产性服务业的发展必将大幅度带动河南省经济增长。

### （三）河南省生产性服务业就业状况

就业一直以来被应用于衡量经济发展，因此研究生产性服务业与河南省的就业问题也是研究生产性服务业对河南省经济发展必不可少的部分。表 6-1 显示了河南省三次产业和生产性服务业各产业的从业人数。从生产性服务业从业人数总体来看，河南省生产性服务业从业人数从 2003 年的202.77 万人增长到 2014 年的 315.04 万人，增加了 112.27 万人，增长了55.40%。2014 年生产性服务业从业人数 315.04 万人，解决了约 16%的第三产业人员的就业问题，解决了河南省近 5%人员的就业问题。说明生产性服务业在河南省经济发展中能够为就业做出贡献。为河南省解决就业问题带来了新的契机。图 6-5 可以清楚地看出，生产性服务业从业人数占河南省总从业人数的比重呈逐年稳定增长态势。由 2003 年的 3.66%增长到2014 年的 4.83%，增加了 1.17 个百分点。其占第三产业从业的比重由2003 年的 18.10%下降为 2014 年的 16.82%，下降了 1.28 个百分点。从总体上看，生产性服务业带动了河南省的就业。目前由于河南省生产性服务业发展尚处于初级阶段，其对就业的带动还未呈现较大的作用。

表 6-1　河南省各产业从业人数

单位：万人

| 分类　年份 | 第一产业从业人数 | 第二产业从业人数 | 第三产业从业人数 | 生产性服务业从业人数 |
|---|---|---|---|---|
| 2003 | 3332 | 1084 | 1120 | 202.77 |
| 2004 | 3246 | 1142 | 1200 | 218.69 |

续表

| 分类<br>年份 | 第一产业<br>从业人数 | 第二产业<br>从业人数 | 第三产业<br>从业人数 | 生产性服务业<br>从业人数 |
|---|---|---|---|---|
| 2005 | 3139 | 1251 | 1272 | 226.98 |
| 2006 | 3050 | 1351 | 1318 | 229.80 |
| 2007 | 2920 | 1487 | 1366 | 242.35 |
| 2008 | 2847 | 1564 | 1424 | 249.98 |
| 2009 | 2765 | 1675 | 1509 | 259.12 |
| 2010 | 2712 | 1753 | 1577 | 268.71 |
| 2011 | 2670 | 1853 | 1675 | 281.23 |
| 2012 | 2628 | 1919 | 1740 | 290.60 |
| 2013 | 2563 | 2035 | 1789 | 314.17 |
| 2014 | 2652 | 1996 | 1873 | 315.04 |

资料来源：根据历年《河南统计年鉴》相关数据整理计算。

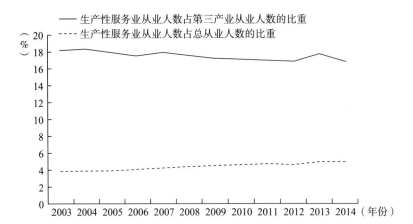

图 6 - 5　河南省生产性服务业从业人数占第三产业和总从业人数的比重

资料来源：根据历年《河南统计年鉴》相关数据整理计算。

### （四）河南省生产性服务业固定资产投资

2008～2014 年河南省生产性服务业的固定投资呈逐年增长态势，由 3019.75 亿元增长到 9029.7 亿元，增长了约 2 倍。第三产业的固定资产投资由 2008 年的 4530.67 亿元增长到 2014 年的 14212.54 亿元，增长了大约 2.1 倍。详情见表 6 - 2。

表6-2　河南省2008～2014年全社会、第三产业、生产性服务业固定资产投资

单位：亿元

| 分类 ＼ 年份 | 2008 | 2009 | 2010 | 2011 | 2012 | 2013 | 2014 |
|---|---|---|---|---|---|---|---|
| 全社会 | 10490.65 | 13704.65 | 16585.85 | 17770.51 | 21449.99 | 26087.45 | 30782.17 |
| 第三产业 | 4530.67 | 5962.67 | 7518.99 | 7922.04 | 9581.61 | 11970.56 | 14212.54 |
| 生产性服务业 | 3019.75 | 3732.30 | 4749.56 | 5415.00 | 6512.73 | 8045.42 | 9029.70 |

资料来源：根据历年《河南统计年鉴》相关数据整理计算。

从整体上看，生产性服务业占河南省全社会固定资产投资比重与占第三产业投资比重呈稳定趋势。2014 年，生产性服务业投资占全社会固定资产投资的约 30%，其在服务业固定投资中占约 64%，较 2008 年下降了 3 个百分点（见图6-6）。

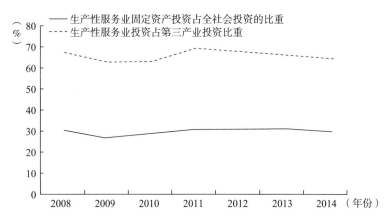

图6-6　生产性服务业占全社会、第三产业固定资产投资的比重

资料来源：根据历年《河南统计年鉴》相关数据整理计算。

### （五）河南省生产性服务业未来发展潜力

由表6-3可知，从 2010～2014 年河南省生产性服务业的产值和就业增长率与第三产业产值和就业增长率的比较中，可以了解生产性服务业未来的发展趋势。2013 年和 2014 年的生产性服务业的产值增长率大于第三产业的增长率，其中 2013 年的增长率达到了 27.92%，远大于同年的第三产业的增长率 14.66%，说明生产性服务业在这两年中的增长较快。生产

性服务业的就业增长率呈现不稳定状态，其在 2013 年达到 8.11%，在 2014 年增长不足 1%。2013 年的第三产业的就业增长率为 2.82%，远低于生产性服务业的就业增长率。根据河南省产业发展目前处于"二、三、一"阶段，服务业发展将会继续扩大，其就业在一定时期必将大量增加。生产性服务业作为服务业的重要组成部分，其规模势必继续扩大。

表 6-3　2010~2014 年河南省生产性服务业与第三产业增长率比较

单位：%

| 年份<br>分类 | 2010~2011 | 2011~2012 | 2012~2013 | 2013~2014 |
|---|---|---|---|---|
| 第三产业产值 | 22.27 | 15.66 | 14.66 | 12.95 |
| 生产性服务业产值 | 21.07 | 13.71 | 27.92 | 14.47 |
| 第三产业就业 | 6.21 | 3.88 | 2.82 | 4.70 |
| 生产性服务业就业 | 4.66 | 3.33 | 8.11 | 0.28 |

资料来源：根据历年《河南统计年鉴》相关数据整理计算。

## 二　生产性服务业对河南省经济增长的影响研究

由于经济发展不仅包含经济数量的增长，还包括经济质量的好坏，所以本书着重从数量和质量两方面反映经济发展的情况。由于反映经济质量的指标较多，本书从经济增长、就业和对其他产业的溢出效应三方面的研究反映经济发展情况。研究生产性服务业对河南省经济发展的影响，也就表现为生产性服务业对经济增长、就业和对其他产业的溢出效应的研究。

### （一）模型设定和数据说明

**1. 指标选择**

本小节为了研究生产性服务业对河南省经济增长的促进作用，分别选用产出情况和生产率的情况来分析生产性服务业的影响作用。选用河南省国民生产总值来表示产出情况。关于生产率的选择有两种，一种是劳动生产率，另一种是全要素生产率。由于全要素生产率不能直接获得，必须进行估算但其估算要求相关数据细分程度较高，目前很难估算精确。因此，本书选用劳动生产率指标表示生产率并用全员劳动率来代表。

生产性服务业依据我国统计局公布的产业划分依据与《河南统计年鉴》产业划分类别选取。鉴于河南省生产性服务业发展还处在初级阶段，部分行业发展不足，其对促进经济增长的作用不显著，本书主要选取生产性服务业占河南省服务业前三位的交通运输、仓储和邮政业，房地产业，金融业这三类生产性服务业作为指标。

由于生产性服务业是中间需求品，可以将它看作一种生产资料，出于数据可得性选用《河南统计年鉴》中全社会固定资产投资投向交通运输、仓储和邮政业，房地产业，金融业的资金作为代理变量。

**2. 模型方法**

为减少样本少带来的误差，更加精准地反映生产性服务业在生产过程中作为投入要素的作用，本书选用柯布－道格拉斯生产函数，其形式如下：

$$Y = Ak^{\alpha}L^{\beta} \tag{1}$$

式（1）中，$Y$ 代表产出，$k$、$L$ 分别为资本和人力，$\alpha$、$\beta \in (0, 1)$，$A$ 为技术、制度等因素。由生产性服务业的特征可知，它是由资本和人力构成的服务业，因此，式中的资本和人力的投入，可看作生产性服务业的投入，生产函数可变形为：

$$Y_t = AX_{1t}^{\alpha}X_{2t}^{\beta}X_{3t}^{\gamma} \tag{2}$$

将上述式（2）左右两边同时取对数进行调整，得到下面的多元回归模型一：

$$\ln Y_t = \ln A + \alpha\ln X_{1t} + \beta\ln X_{2t} + \gamma\ln X_{3t} + \mu t \tag{3}$$

$X_{1t}$、$X_{2t}$、$X_{3t}$ 生产性服务业对劳动生产率的影响，可构建模型二：

$$\ln L_t = C + \alpha\ln X_{1t} + \beta\ln X_{2t} + \gamma\ln X_{3t} + \mu t \tag{4}$$

模型一中因变量 $Y_t$ 衡量产出的指标，模型二中的因变量 $L_t$ 表示劳动生产率的指标。两个模型中的自变量相同，其中 $X_{1t}$，$X_{2t}$，$X_{3t}$ 分别为交通运输、仓储和邮政业，金融业，房地产业的投资，$\mu t$ 为随机扰动项。下标 $t$ 是指年份。$\alpha$、$\beta$、$\gamma$ 分别为交通运输、仓储和邮政业，金融业，房地产业对河南省产出、生产率的影响系数。

### 3. 数据说明

生产性服务业对经济的影响作用已经得到国内外众多学者的研究证实,其发展的阶段不同,对经济的促进作用不同。河南省对生产性服务业的发展起步较晚,对其数据的统计存在不足,本节利用 2002～2014 年的时间序列进行了实证研究。数据来源于各年的《河南统计年鉴》中固定资产投资额,选用商品零售价格指数对数据进行剔除价格因素的处理。

### (二) 实证研究及结果分析

由于研究中的变量为时间序列,为了避免"伪回归"现象和为后续研究做铺垫,则必须对数据进行平稳性检验。

### 1. ADF 检验

对模型一和模型二中的变量进行序列平稳性检验采用 ADF 检验方法,依此选含有漂移项和时间趋势项模型进行检验,滞后期数的选择依据 AIC 准则和 SC 准则。其检验结果如表 6-4 所示。

表 6-4  时间序列的平稳性检验结果

| 变量 | 检验形式 | ADF 值 | 5% 临界值 | 检验结果 |
|---|---|---|---|---|
| $\ln X_{1t}$ | (c, 0, 1) | -0.132438 | -4.121990 | 非平稳 |
| $\ln X_{2t}$ | (c, 0, 0) | -0.066257 | -3.144920 | 非平稳 |
| $\ln X_{3t}$ | (c, 0, 0) | -1.398827 | -3.144920 | 非平稳 |
| $\ln Y$ | (c, 0, 1) | -2.335968 | -3.144920 | 非平稳 |
| $L$ | (c, 0, 0) | -2.864508 | -3.144920 | 非平稳 |
| $\Delta \ln X_{1t}$ | (c, 0, 1) | -3.936839 | -3.212696 | 平稳 |
| $\Delta \ln X_{2t}$ | (c, 0, 0) | -4.395502 | -3.175352 | 平稳 |
| $\Delta \ln X_{3t}$ | (c, T, 1) | -5.405242 | -3.933364 | 平稳 |
| $\Delta \ln Y$ | (c, T, 1) | -10.82654 | -4.008157 | 平稳 |
| $\Delta L$ | (c, T, 1) | -13.42180 | -4.008157 | 平稳 |

由 ADF 检验结果表明:序列 $\ln X_{1t}$、$\ln X_{2t}$、$\ln X_{3t}$、$\ln Y$ 和 $L$ 的 ADF 统计量大于在 5% 显著水平上的临界值,说明这些变量存在单位根,是非平稳的。通过一阶差分后,$\Delta \ln X_{1t}$、$\Delta \ln X_{2t}$、$\Delta \ln Y$ 和 $\Delta L$ 在 5% 显著水平上不存在单位根,是平稳的,即变量有一阶单整性。

**2. 协整检验**

表 6 - 5 中的结果表明，两个模型中的变量均是一阶单整，即 $I$（1）。两个模型中存在协整的可能。这说明各模型中的变量之间具有长期均衡关系。接下来，运用 E - G 两步法协整检验，对模型进行回归分析，其结果如表 6 - 5 所示。

表 6 - 5　协整检验回归结果

| 变量 | 模型一 | | | 模型二 | | |
|------|--------|------|--------|--------|------|--------|
|      | 回归系数 | t 检验值 | 概率值 | 回归系数 | t 检验值 | 概率值 |
| $C$ | 4.689725 | 28.96722 | 0.0000 | 5.713826 | 36.80897 | 0.0000 |
| $X_1$ | 0.064282 | 3.365559 | 0.0083 | 0.064282 | 1.958513 | 0.0818 |
| $X_2$ | - 0.044898 | - 1.870607 | 0.0942 | - 0.064241 | - 2.791497 | 0.0210 |
| $X_3$ | 0.572666 | 25.22092 | 0.0000 | 0.556123 | 25.54451 | 0.0000 |

模型一的回归结果显示，$\overline{R}^2$ 为 0.998，F 的值也足够大，为 2560.553，说明模型的拟合度和解释力度很好。其中交通运输、仓储和邮政业，金融业，房地产业的系数均显著，说明生产性服务业交通运输、仓储和邮政业，金融业，房地产业的投入增加均能对河南省经济增长有影响。回归结果中交通运输、仓储和邮政业，房地产业的系数为正数，并且房地产业的系数最大，这与河南省现实相符。目前，房地产业是支撑河南省经济增长的主力。交通运输、仓储和邮政业对经济增长同样有正向促进作用。但是，金融业系数为负，其对河南省的经济增长的促进作用未显现出来。这可能与河南省金融业的发展还不充足，还存在滞后性相关。金融业的高效益、高收入在河南省经济发展中还未表现出来。

模型二的回归结果中，$\overline{R}^2 = 0.9982$，其 F 值为 2320.844 也是足够大的，说明回归模型的结果是可信的，模型中的自变量对因变量的影响显著。其中交通运输、仓储和邮政业，房地产业的系数显著为正数，表明它们的发展对提高劳动生产率有利。房地产业的系数同模型一中相同是最大的系数，其对劳动生产率提升效果明显。金融业的系数为负，对生产率的影响为负，这是由于它的发展目前在河南省处于起步阶段，促进作用还未得到显现。

为了更好地说明研究问题，分别对模型一和模型二中的残差项进行平稳性检验，若平稳则说明变量之间存在协整关系，若不平稳，则说明不存在协整关系。检验结果如表 6 - 6 所示。

表 6 - 6　残差的单位根检验

| 变量 | 模型一 | | 模型二 | |
|---|---|---|---|---|
| | Dickey – fuller GLS（ERS） | ADF – Fisher Chi – square | Dickey – fuller GLS（ERS） | ADF – Fisher Chi – square |
| 残差原序列 | - 4.821339*** | - 4.690272*** | - 5.239961*** | - 5.274903*** |

注：*** 表示统计值在 1% 的水平上显著。

由表 6 - 6 中的结果可知，残差项在 1% 的水平上显著平稳。说明模型一和模型二中的变量之间存在协整关系。

**3. 误差修正模型**

通过以上协整分析检验表明，国民产出和劳动生产率与生产性服务业的投入之间存在长期的均衡关系，为避免上述模型中存在共线性问题，同时也为了研究变量之间的长期和短期特征，建立误差修正模型进一步考察生产性服务业与经济增长之间的关系。$ECM_{t-1}$ 为误差修正项，其滞后期选择为 1。误差修正模型为：

$$\Delta Y_t = \alpha \Delta X_{1t} + \beta_0 \Delta X_{2t} + \gamma \Delta X_{3t} + \beta_1 ECM_{t-1} + \mu t \tag{5}$$

由误差修正模型的结果（见表 6 - 7）可知，$ECM_{t-1}$ 的系数为负，符合反向修正的原理，且通过了 1% 水平的显著性检验。由模型一可知，在短期内，变量交通运输、仓储和邮政业及房地产业对产出的促进作用显著。当前，河南省经济增长的新的切入点应加大生产性服务业的发展和进

表 6 - 7　误差修正模型结果

| 变量 | 模型一 | | 模型二 | |
|---|---|---|---|---|
| | 系数 | T 统计量 | 系数 | T 统计量 |
| $\Delta \ln X_{1t-1}$ | 0.130447*** | 3.730266 | 0.074448*** | 2.474837 |
| $\Delta \ln X_{2t-1}$ | - 0.057707*** | - 2.789191 | - 0.063269*** | - 3.261751 |
| $\ln X_{3t-1}$ | 0.576506*** | 18.55208 | 0.560535*** | 18.93058 |
| $ECM_{t-1}$ | - 1.476287*** | - 4.043208 | - 1.426859*** | - 4.232727 |

注：*** 表示统计值在 1% 的水平上显著。

一步调整生产性服务业的体系。模型二中，在短期内，生产性服务业对劳动率的提高也起到积极的作用。此外，由于短期结果与长期结果存在不同，生产性服务业对产出和劳动率的影响也存在关于时差的影响，因此，这一点对制定相关发展生产性服务业的政策具有重要的参照价值。

## 三　生产性服务业对河南省就业的影响研究

为衡量生产性服务业对河南省就业的吸纳能力，本节从直接就业影响和间接就业影响两方面来进行研究，直接影响是指本行业自身发展所吸纳的就业，间接影响是指本行业发展带动的与其有关联的行业的就业。本节采用两种不同的方法对其进行研究，一种是运用计量方法对就业弹性进行测算，这种方法研究的是直接就业效应。另一种是运用投入产出法研究行业的综合就业效应和就业吸纳空间。综合就业效应是直接就业效应和间接就业效应之和。

### （一）直接就业效应

**1. 模型选择**

借鉴已有文献中运用就业弹性这个指标，将生产性服务业的变化对就业的吸纳能力的大小进行量化，由数值的大小，反映其作用效果的大小。弹性这一概念应用较广，它是反映一个变量发生变化引起另一个变量产生变化的大小的经济指标。在经济学中，弹性的一般公式为：弹性系数 = $\frac{因变量的变动比例}{自变量的变动比例}$，就业弹性表示在一定时间内生产性服务业产值发生改变时引起就业人员或就业人数改变的大小。其公式为：

$$\varepsilon = \frac{\Delta L/L}{\Delta Y/Y} \tag{6}$$

式子左侧的 $\varepsilon$ 代表就业弹性系数，右侧的 $\Delta L/L$ 表示就业人数的变动大小，即就业变化率，$\Delta Y/Y$ 表示经济产出的变动值，即经济增长率。$\varepsilon$ 的大小就是研究所关注的，生产性服务业产值增长推动就业变动的大小。一般情况下，$\varepsilon$ 的值越大，代表了经济产出变化引起的就业数值的变动越大。

为了更容易将就业弹性计算出来，本书借鉴中科院国情分析小组建立的经济增长与就业人数之间的非线性模型，具体模型如下：

$$L = AY^{\alpha} e^{\mu} \qquad\qquad (7)$$

公式中，左侧的 $L$ 表示就业人数的多少，右侧的 $A$ 是常数，$Y$ 表示经济增加值，$\alpha$ 代表就业弹性系数，$\mu$ 是随机扰动项。为了便于得出系数值的大小，对公式进行两边同取对数的变形整理，得出如下方程：

$$\ln L = \ln A + \alpha \ln Y + \mu \qquad\qquad (8)$$

此公式就是要研究的回归模型，采用最小二乘法对相关数据进行回归分析，回归结果中的系数就是所求的就业弹性系数。

**2. 数据选择**

由于 2000 年以前的具体行业的从业人数查找不到，只能选取 2000 ~ 2014 年河南省各产业的产值数据及就业人数，并选取 1978 年为基准消除物价对经济上涨等方面的影响。数据来源于《河南统计年鉴》。

**3. 结果分析**

分别将河南省三次产业及生产性服务业和这些行业相对应的就业人数代入模型进行回归。由回归结果来看，河南省三次产业和生产性服务业的就业弹性存在差异，除第一产业系数为负数以外，第二、第三产业和生产性服务业的系数均为正值。以下就其经济意义进行分析，各产业的就业弹性反映的是河南省各个产业变化对其就业的影响。表 6 - 8 的回归结果揭示了在三次产业的就业弹性系数中，第一产业的系数值为 - 0.33，其经济含义为第一产业的产出增加时其第一产业的就业人数会随之减少。产生这种现象的原因是劳动力的转移。在工业化发展进程中，第一产业的劳动力大量涌入城镇，进而进入第二产业的领域，由于技术的进步，使从事农业的人员从第一产业转入第二产业中，就业人口相对减少。第二产业的就业系数为 0.43，说明产值每增加 1 亿元，就会带动就业人数增加 43 万人。表明目前河南省第二产业的发展还未实现工业化生产的最高生产率，人力资本的增加还是会引起工业产出的增加。同理第三产业的就业系数说明每增加 1 亿元的产值，就会带动 35 万人的就业。由系数大小可知，生产性服务业的变动引起的就业人数变动大于服务业和第二产业的就业变动。其值大小为 2.95，说明生产性服务业产值增加会带动巨大的人口就业，其在拉动就业方面发挥着举足轻重的作用。

表 6 – 8 河南省各产业就业吸纳能力回归结果

| | |
|---|---|
| $\ln L_1 = 10.14 - 0.33\ln Y_1$<br>$\quad\;\;(98.91)\quad(-20.93)$<br>$R^2 = 0.97$，Adjusted $R^2 = 0.97$ | $\ln L_2 = 3.98 + 0.43\ln Y_2$<br>$\quad\;(33.33)\quad(27.63)$<br>$R^2 = 0.98$，Adjusted $R^2 = 0.98$ |
| $\ln L_3 = 4.69 + 0.35\ln Y_3$<br>$\quad\;(91.06)\quad(49.44)$<br>$R^2 = 0.99$，Adjusted $R^2 = 0.99$ | $\ln L_4 = -9.98 + 2.95\ln Y_4$<br>$\quad\;(-17.32)\quad(28.09)$<br>$R^2 = 0.98$，Adjusted $R^2 = 0.98$ |

## （二）综合就业效应和就业吸纳空间

本节依据投入产出表对河南省生产性服务业对就业的影响进行计算，采用投入产出表能够清楚地反映各产业部门之间在一定时期内的关联，其投入产出系数较少受到社会因素的影响。投入产出表中对各行业的统计较为系统，数据准确性较强。

### 1. 分析框架与指标选择

本节依据投入产出表计算生产性服务业对就业的吸纳能力，用劳动力投入系数、综合就业系数和间接就业系数来衡量吸纳能力的大小。为得到以上指标需要用到直接消耗系数和列昂惕夫矩阵。直接消耗系数是投入产出模型中最重要的基本概念，是反映某部门生产单位产品对相关部门产品的直接消耗。公式如下：

$$a_{ij} = z_{ij}/X_j \quad i,j = 1,2,\dots,n \tag{9}$$

其中，$a_{ij}$ 就是直接消耗系数，表示 $j$ 部门生产单位产品对 $i$ 部门产品的直接消耗系数，同时它也代表了在一定的技术水平上，$j$ 部门与 $i$ 部门间的技术经济联系，也称为技术系数或投入系数。$z_{ij}$ 表示的是 $j$ 部门生产单位产品对 $i$ 部门产品的直接消耗量。$N$ 个部门的直接消耗系数可用矩阵 $A$ 表示。$X_j$ 表示 $j$ 部门的总产出（价值形式），由于河南省的投入产出表为 A 形投入产出模型结构，其在编制中对中间投入没有区分所用产品来自本省内部还是来自进口。鉴于本书是依据投入产出表分析河南省就业的情况，只有属于省内生产的部分才能带动本省的就业量，就需要对直接消耗系数做出调整。其调整依据投入产出表中行向平衡关系，中间需求 + 最终需求 + 其

他 = 省内产出 + 进口，若以 $h$ 表示生产率，第 $i$ 产业部门的生产率 $h_i =$ $\dfrac{\text{省内总产出}}{\text{中间需求} + \text{最终需求} + \text{其他}}$，经计算各部门的生产率构成矩阵 $H$，$H = diag$ $(h_1, h_2, h_3, \cdots, h_n)$。调整后的直接消耗系数矩阵用 $A^*$ 表示，$A^* = H \times A$，由此推出与之对应的反映最终需求与总产出之间关系的列昂惕夫矩阵为 $(I - A^*)^{-1}$，完全消耗系数矩阵 $B^* = (I - A^*)^{-1} - I$。依据上述分析构造衡量就业吸纳能力和就业吸纳空间的指标。

（1）劳动力投入系数

为更好地研究产出对就业的吸纳作用，以各行业就业人数表示投入产出表中第三象限的劳动者报酬向量，各行业的就业人数行向量用 $L = (L_1, L_2, L_3, \cdots, L_n)$ 表示，将劳动力投入系数定义为 $l_j = L_j / X_j$，若劳动力投入系数不变，则 $j$ 行业产出每增加一单位价值，本行业直接增加投入的劳动力数为 $l = \Delta L_j / \Delta X_j$。由于河南省第一产业存在大量剩余劳动力，其就业的增减几乎不影响产出的增减，在这里设第一产业的劳动力投入系数是 0。

（2）综合就业系数

若国民经济系统中作为最终使用的 $j$ 行业的总产出增加一单位货币价值，与之相对的劳动力投入增加并不等于 $l$。事实是，由于 $j$ 行业最终使用增加一单位货币价值，致使国民经济系统中各个部门分别增加产出为 $b_{1j}$，$b_2j$，$b_3j$，…，$1 + b_{jj}$，…，$b_{nj}$，与之相应的劳动力投入也会增加。由于 $j$ 行业最终使用增加一单位货币价值致使整个国民经济体系劳动力增加量等于各行业劳动力增加量之和。用 $C_j$ 表示 $j$ 行业的综合就业系数。则有以下式子：

$$C_j = l_1 b_{1j} + l_2 b_{2j} + l_3 b_{3j} + \ldots + l_j (1 + b_{jj}) + \ldots + l_n b_{nj} \tag{10}$$

用矩阵的形式表示为：

$$C = L + LB^* = L(I + B^*) \tag{11}$$

$$B^* = (I - A^*)^{-1} - I \tag{12}$$

$$C = L(I - A^*)^{-1} \tag{13}$$

在前文中已经提到设第一产业的农业的劳动力投入系数为 0，即 $l_1 = 0$ 则矩阵 $L = (0, l_2, l_3, \cdots, l_n)$。

（3）成本费用利税率

行业对就业的吸纳空间的衡量运用成本费用利税率指标。成本利税率指的是生产中的成本费用与所得的利税之间的比率，它反映的是所得和消耗的比，说明了各部门的投入和产出之间的关系。

成本费用直接反映了行业盈利水平的高低，费用越高，盈利越小，反之费用越低，盈利越大。由投入产出表中的第一象限和第三象限的相关数据可以计算成本费用利税率，用到的数据有行向量水平上的中间需求的最后一列数据，中间使用合计，它表示 $j$ 部门对其他部门消耗的总量，第三象限主要是用来计算利得的，它由固定资产折旧、从业人员报酬、生产税净额、营业盈余构成。

成本费用利税率的计算公式为：

$$成本费用利税率 = \frac{生产税净额 + 营业盈余}{中间使用 + 固定资产折旧 + 从业人员报酬}$$

资源的配置在完善的市场机制作用下向成本费用利税率高的行业部门流入，预示着该行业部门拥有较大的发展空间。

**2. 数据处理及计算**

本书依据河南省目前最新的 $42 \times 42$ 部门的价值型投入产出表搜集相关数据。依照我国统计局公布的产业划分依据与《河南统计年鉴》产业划分类别结合，将投入产出表合并成 $9 \times 9$ 部门，具体包括：第一产业、第二产业、生产性服务业的六大类及其他服务业。

依据合并后的投入产出表的数据计算直接消耗系数 $a_{ij} = z_{ij}/X_j$ 　 $i, j = 1, 2, \dots, n$，得到的消耗系数如表 6 - 9 所示。

表 6 - 9　河南省各行业的直接消耗系数

| | 第一产业 | 第二产业 | 交通运输、仓储和邮政业 | 信息传输软件和信息技术服务业 | 金融业 | 房地产业 | 租赁和商务服务业 | 科学研究和技术服务业 | 其他服务业 |
|---|---|---|---|---|---|---|---|---|---|
| 第一产业 | 0.192487 | 0.059717 | 0.000528 | 0.000493 | 0.000009 | 0.000098 | 0.000002 | 0.000247 | 0.013364 |
| 第二产业 | 0.210889 | 0.585701 | 0.252415 | 0.165946 | 0.186804 | 0.035339 | 0.105294 | 0.296801 | 0.204792 |
| 交通运输、仓储和邮政业 | 0.006691 | 0.023854 | 0.150022 | 0.012943 | 0.025446 | 0.007320 | 0.035185 | 0.042483 | 0.023200 |

续表

| | 第一产业 | 第二产业 | 交通运输、仓储和邮政业 | 信息传输软件和信息技术服务业 | 金融业 | 房地产业 | 租赁和商务服务业 | 科学研究和技术服务业 | 其他服务业 |
|---|---|---|---|---|---|---|---|---|---|
| 信息传输软件和信息技术服务业 | 0.000094 | 0.002416 | 0.002950 | 0.005279 | 0.050452 | 0.001173 | 0.001408 | 0.004547 | 0.004903 |
| 金融业 | 0.000041 | 0.010190 | 0.106694 | 0.000951 | 0.032200 | 0.039418 | 0.126840 | 0.008624 | 0.013638 |
| 房地产业 | 0.000001 | 0.000453 | 0.001500 | 0.032308 | 0.044329 | 0.006248 | 0.008578 | 0.006577 | 0.018264 |
| 租赁和商务服务业 | 0.000001 | 0.002895 | 0.002251 | 0.059910 | 0.044236 | 0.019672 | 0.021938 | 0.028746 | 0.004218 |
| 科学研究和技术服务业 | 0.000805 | 0.001986 | 0.000347 | 0.000008 | 0.000012 | 0.000115 | 0.000015 | 0.008464 | 0.000972 |
| 其他服务业 | 0.024607 | 0.064880 | 0.079114 | 0.110550 | 0.101818 | 0.043300 | 0.132996 | 0.156746 | 0.090434 |

资料来源：根据《河南统计年鉴2012》投入产出表整理计算。

由于表6-9中的直接消耗系数既包括河南省自产的部分也包括进口的部分，本书主要关心的是河南省自产部分的相关数据。因此，依据生产率对表6-9中的直接消耗系数进行调整，进行调整后的直接消耗系数 $A^* = H^*A$，结果如表6-10所示。

表6-10　调整后的河南省各行业的直接消耗系数

| | 第一产业 | 第二产业 | 交通运输、仓储和邮政业 | 信息传输软件和信息技术服务业 | 金融业 | 房地产业 | 租赁和商务服务业 | 科学研究和技术服务业 | 其他服务业 |
|---|---|---|---|---|---|---|---|---|---|
| 第一产业 | 0.218970 | 0.067933 | 0.000600 | 0.000560 | 0.000010 | 0.000112 | 0.000002 | 0.000281 | 0.015203 |
| 第二产业 | 0.211192 | 0.586541 | 0.252777 | 0.166184 | 0.187072 | 0.035389 | 0.105445 | 0.297226 | 0.205086 |
| 交通运输、仓储和邮政业 | 0.007714 | 0.027500 | 0.172948 | 0.014921 | 0.029335 | 0.008439 | 0.040562 | 0.048975 | 0.026746 |

续表

| | 第一产业 | 第二产业 | 交通运输、仓储和邮政业 | 信息传输软件和信息技术服务业 | 金融业 | 房地产业 | 租赁和商务服务业 | 科学研究和技术服务业 | 其他服务业 |
|---|---|---|---|---|---|---|---|---|---|
| 信息传输软件和信息技术服务业 | 0.000151 | 0.003904 | 0.004767 | 0.008532 | 0.081532 | 0.001895 | 0.002275 | 0.007348 | 0.007924 |
| 金融业 | 0.000061 | 0.014963 | 0.156666 | 0.001397 | 0.047281 | 0.057880 | 0.186248 | 0.012664 | 0.020026 |
| 房地产业 | 0.000001 | 0.000932 | 0.003086 | 0.066477 | 0.091211 | 0.012855 | 0.017650 | 0.013534 | 0.037580 |
| 租赁和商务服务业 | 0.000002 | 0.004182 | 0.003252 | 0.086539 | 0.063897 | 0.028416 | 0.031689 | 0.041522 | 0.006092 |
| 科学研究和技术服务业 | 0.001127 | 0.002781 | 0.000486 | 0.000012 | 0.000017 | 0.000162 | 0.000020 | 0.011851 | 0.001360 |
| 其他服务业 | 0.028969 | 0.076381 | 0.093138 | 0.130146 | 0.119866 | 0.050975 | 0.156571 | 0.184531 | 0.106464 |

资料来源：根据《河南统计年鉴 2012》投入产出表整理计算。

依据调整后的省内产出的直接消耗系数矩阵 $A^*$ 计算列昂惕夫矩阵 $(I-A^*)^{-1}$，计算结果如表 6-11 所示。

表 6-11 河南省各产业直接消耗系数推出的列昂惕夫矩阵数据

| | 第一产业 | 第二产业 | 交通运输、仓储和邮政业 | 信息传输软件和信息技术服务业 | 金融业 | 房地产业 | 租赁和商务服务业 | 科学研究和技术服务业 | 其他服务业 |
|---|---|---|---|---|---|---|---|---|---|
| 第一产业 | 1.352268 | 0.249660 | 0.101931 | 0.062333 | 0.074492 | 0.020711 | 0.060385 | 0.101022 | 0.087021 |
| 第二产业 | 0.798575 | 2.806668 | 1.098824 | 0.653432 | 0.795225 | 0.213895 | 0.627986 | 1.079451 | 0.729206 |
| 交通运输、仓储和邮政业 | 0.044818 | 0.109470 | 1.266759 | 0.056296 | 0.082563 | 0.025903 | 0.092475 | 0.114149 | 0.068048 |
| 信息传输软件和信息技术服务业 | 0.006634 | 0.020069 | 0.032539 | 1.018011 | 0.097116 | 0.010353 | 0.027647 | 0.021048 | 0.017553 |
| 金融业 | 0.024546 | 0.073752 | 0.239936 | 0.051146 | 1.106576 | 0.079472 | 0.241368 | 0.070123 | 0.054876 |

续表

| | 第一产业 | 第二产业 | 交通运输、仓储和邮政业 | 信息传输软件和信息技术服务业 | 金融业 | 房地产业 | 租赁和商务服务业 | 科学研究和技术服务业 | 其他服务业 |
|---|---|---|---|---|---|---|---|---|---|
| 房地产业 | 0.008495 | 0.022296 | 0.040429 | 0.085133 | 0.121545 | 1.025814 | 0.055054 | 0.037262 | 0.053527 |
| 租赁和商务服务业 | 0.007012 | 0.021930 | 0.030837 | 0.101486 | 0.090765 | 0.037948 | 1.057691 | 0.058353 | 0.017906 |
| 科学研究和技术服务业 | 0.003983 | 0.008627 | 0.004222 | 0.002300 | 0.002770 | 0.000945 | 0.002317 | 1.015682 | 0.003859 |
| 其他服务业 | 0.123572 | 0.279137 | 0.274783 | 0.241998 | 0.264999 | 0.099190 | 0.290638 | 0.342027 | 1.208304 |

资料来源：根据《河南统计年鉴2012》投入产出表整理计算。

各行业的从业人数数据来源于《河南统计年鉴2013》中历年分行业从业人数，从中对比投入产出表，查找相对应的产业的2012年的从业人数。由以上数据对综合就业系数、劳动力投入系数和间接就业系数进行计算，结果如表6－12所示。

表6－12　河南省生产性服务业对各行业间接就业吸纳能力

| 行业 | 劳动投入系数 | 排序 | 综合就业系数 | 排序 | 间接就业系数 | 排序 |
|---|---|---|---|---|---|---|
| 第一产业 | 0.004205 | 2 | 0.018185 | 4 | 0.013980 | 8 |
| 第二产业 | 0.022768 | 1 | 0.063908 | 1 | 0.041140 | 1 |
| 交通运输、仓储和邮政业 | 0.000008 | 4 | 0.025033 | 2 | 0.025026 | 2 |
| 信息传输软件和信息技术服务业 | 0.000006 | 5 | 0.014889 | 7 | 0.014883 | 6 |
| 金融业 | 0.000001 | 9 | 0.018114 | 5 | 0.018112 | 4 |
| 房地产业 | 0.000002 | 8 | 0.004874 | 9 | 0.004872 | 9 |
| 租赁和商务服务业 | 0.000006 | 6 | 0.014311 | 8 | 0.014305 | 7 |
| 科学研究和技术服务业 | 0.000004 | 7 | 0.024589 | 3 | 0.024584 | 3 |
| 其他服务业 | 0.000017 | 3 | 0.016624 | 6 | 0.016607 | 5 |

资料来源：根据《河南统计年鉴2012》的投入产出表，利用劳动力系数和综合就业系数计算公式计算所得，间接就业系数＝综合就业系数－劳动投入系数。

依据投入产出表第一象限的中间需求合计和第三象限的固定资产折旧、从业人员报酬、生产税净额和营业盈余计算出河南省各产业的成本费用利税率如表 6-13 所示。

表 6-13　河南省各产业的成本费用利税率

| | 第一产业 | 第二产业 | 交通运输、仓储和邮政业 | 信息传输软件和信息技术服务业 | 金融业 | 房地产业 | 租赁和商务服务业 | 科学研究和技术服务业 | 其他服务业 |
|---|---|---|---|---|---|---|---|---|---|
| 成本费用利税率 | 0.10% | 17.50% | 6.47% | 26.93% | 43.12% | 28.84% | 17.62% | 27.53% | 11.19% |
| 排序 | 9 | 6 | 8 | 4 | 1 | 2 | 5 | 3 | 7 |

资料来源：根据《河南统计年鉴 2012》投入产出表整理计算。

### 3. 结果分析

由表 6-12、表 6-13 中的结果和排序可知，河南省各行业对就业的吸纳能力大小和就业空间的大小。表 6-12 中的综合就业系数和间接就业系数中排名第一的产业均是第二产业，说明河南省第二产业的发展对就业的吸纳能力还是较强的，也从侧面反映了河南省目前还处在工业化发展的中期阶段，第二产业仍然占据河南省经济的主导地位。排名第二位的是属于生产性服务业的交通运输、仓储和邮政业，它的综合就业系数为0.025033，表示的经济含义是每增加 1 万元的交通运输、仓储和邮政业的最终使用，引起直接和间接就业人数增加 250.33 人。排名第三位的是科学研究和技术服务业，它的综合就业系数和间接就业系数几乎相等，分别为0.024589 和 0.024584，说明科学研究和技术服务业吸纳就业主要是通过间接效应。金融业的综合就业系数排名第五，间接就业系数排名第四，这主要是由于金融业是资本密集型产业，对资本依赖较高。在前五位排名中属于生产性服务业的行业较多，说明生产性服务业对河南省的就业影响较显著，它的发展能够带动就业的增加。房地产业的综合就业系数和间接就业系数值较小均排在末位，这主要是由于河南省房地产业处在"数量扩张"的发展阶段，主要依靠物质和资本拉动经济增长，就产生了劳动力投入系数、综合就业系数和间接就业系数较低的情形。虽然房地产业综合就业系数很低（0.004874），但同其劳动力投入系数（0.000002）相比高出好多倍，说明房地产业与其他行业之间的关联性较强，能够较强地带动对其他行业的就业。

表6-13中的结果是对各行业成本费用利税率的计算，是衡量各行业的就业空间的指标，数值越大，就预示着该行业未来的就业空间越大。排名第一位的是金融业，它的成本费用利税率值为43.12%，高出其他行业很多，可知金融业有极大的就业吸纳空间。排名第二和第三位的分别是房地产业以及科学研究和技术服务业，它们的就业吸纳空间为28.84%和27.53%。由成本费用利税率表可知，排名在前五位的均是生产性服务业。说明生产性服务业对就业的吸纳空间很大，带动就业的能力较大。

## 四 生产性服务业对其他产业的溢出效应的实证分析

外溢效应又称为外部性或外部经济，它指个人或群体在采取行动或决策时对另外的个人或群体的福利损益的影响。在经济中的外部性是指经济主体包括厂商和个人的经济活动使他人或社会受损或者受益的影响。当某一个人或某个群体产生的经济行为使其他个人或群体受益，而这个人或群体产生这种经济行为的成本大于使其他个人或群体受益的实际成本，也就是说个人从中获得的效益小于社会效益，则这种行为就具有正的外部性，就是外部经济。

### （一）模型的选取及数据说明

#### 1. 模型的选取

菲德模型是1983年由菲德提出的主要研究出口对经济增长的作用的模型，在进行研究时将社会经济看作只有出口、非出口两个部门组成的经济，在开放经济下，国际的竞争来自出口，这就迫使出口的部门为了获得优势不得不通过技术创新和完善管理来提高生产效益，在该市场竞争中最终也促使非出口部门应用出口部门的新技术、专业的管理等方法提高自身生产效益，出口部门的进步不仅提高自身效益也促使非出口部门受益，这种关系就是外溢效应。本节借鉴菲德模型研究生产性服务业对其他产业的溢出效应。假设国内的经济部门只有生产性服务业和非生产性服务业两个部门，其中三次产业中除去生产性服务业的部分划为非生产性服务业部门。所有的劳动力和资本均投入这两个部门之中。由生产函数原理得到两部门的生产方程如下：

$$S = S(L_s, K_s) \tag{14}$$

$$N = N(L_n, K_n, S) \tag{15}$$

其中，$S$、$N$ 分别表示生产性服务业部门和非生产性服务业部门的产出。$L_s$、$L_n$ 分别表示投入两部门的劳动力。$K_s$、$K_n$ 分别为投入两部门的资本量。

由方程（15）表示形式可知，非生产性服务业部门的产出 $N$ 会受生产性服务业部门 $S$ 的影响，也就是外溢效应。为使研究更容易一些，假设生产性服务业部门对非生产性服务业部门存在溢出效应且效应维持不变。令总产出由 $Y$ 表示，总劳动力和总的资本量分别由 $L$、$K$ 表示，得到如下表达式：

$$Y = S + N \tag{16}$$

$$L = L_s + L_n \tag{17}$$

$$K = K_s + K_n \tag{18}$$

同时，假设两部门边际劳动力和边际资本之比相等，且两个部门的要素边际生产力之间有差异，这种差异用 $\sigma$ 表示。

其表达式如下：

$$\sigma = \frac{\partial S/\partial L_s}{\partial N/\partial L_n} - 1 = \frac{\partial S/\partial K_s}{\partial N/\partial K_n} - 1 \tag{19}$$

其中 $\sigma$ 的值一般取 $-1 \sim 0$，若差异越小，其值越靠近 0，相反差异越大，越接近 $-1$。对式（16）两边求微分，将式（14）、式（15）、式（17）、式（18）带入，整理得到以下形式：

$$dY = (\partial S/\partial L_s) \times dL_s + (\partial S/\partial K_s) \times dK_s + (\partial N/\partial L_n) \times dL_n + (\partial N/\partial K_n) \times dK_n + (\partial N/\partial S) \times dS \tag{20}$$

将式（19）进行整理带入式（20）整理为如下形式：

$$dY = (\partial N/\partial L_n) \times dL + (\partial N/\partial K_n) \times dK + [\sigma/(1+\sigma) + (\partial N/\partial S)] \times dS \tag{21}$$

将式（21）的两边同时除以 $Y$ 得到：

$$\mathrm{d}Y/Y = (\partial N/\partial L_n) \times \mathrm{d}L/Y + (\partial N/\partial K_n) \times \mathrm{d}K/Y + [\sigma/(1+\sigma) + (\partial N/\partial S)] \times \mathrm{d}S/Y \tag{22}$$

对上述式子进行整理：

$$\frac{\mathrm{d}Y}{Y} = \lambda \frac{\mathrm{d}L}{L} + \gamma \frac{\mathrm{d}K}{K} + \left(\frac{\delta}{1+\delta} + \frac{\partial N}{\partial S}\right) \times \frac{S}{Y} \times \frac{\mathrm{d}S}{S} \tag{23}$$

其中 $\lambda = \frac{\partial N}{\partial L_n} \times \frac{L}{Y}$，可近似表示为非生产性服务业变动引起劳动力变化，$\gamma = \frac{\partial N}{\partial K_n} \times \frac{K}{Y}$，可看作非生产性服务的改变引起资本的变动。$\left(\frac{\delta}{1+\delta} + \frac{\partial N}{\partial S}\right) \times \frac{S}{Y}$ 则表示生产性服务业改变带动经济的全部作用，$\frac{\delta}{1+\delta}$ 表示生产性服务业部门和非生产性服务业部门之间边际产出差异对经济增长的影响，$\frac{\partial N}{\partial S}$ 表示的就是本节所研究的生产性服务业对非生产性服务业的外溢作用。$\frac{S}{Y}$ 表示的是生产性服务业的产出与总产出的比。

为了便于研究溢出效应和两部门的边际产出差异，假设非生产性服务业部门的产出弹性是不变的：

$$N = E_\varphi^\alpha(K_n, L_n) = N(K_n, L_n, S) \tag{24}$$

式（24）中的参数 $\alpha$ 就是外溢效应：

$$\frac{\partial N}{\partial S} = \alpha\left(\frac{N}{S}\right) \tag{25}$$

将式（24）、式（25）变形带入式（23）可以得出如下的回归方程：

$$\frac{\mathrm{d}Y}{Y} = \lambda \frac{\mathrm{d}L}{L} + \gamma \frac{\mathrm{d}K}{K} + \left(\frac{\delta}{1+\delta} - \alpha\right) \times \frac{S}{Y} \times \frac{\mathrm{d}S}{S} \tag{26}$$

由上述式（23）和式（26）建立以下回归模型：

$$\frac{\mathrm{d}Y}{Y} = \lambda \frac{\mathrm{d}L}{L} + \gamma \frac{\mathrm{d}K}{K} + \left(\frac{\delta}{1+\delta} - \alpha\right) \times \frac{S}{Y} \times \frac{\mathrm{d}S}{S} + \alpha \frac{\mathrm{d}S}{S} + \psi \tag{27}$$

$$\frac{\mathrm{d}Y}{Y} = \lambda \frac{\mathrm{d}L}{L} + \gamma \frac{\mathrm{d}K}{K} + \left(\frac{\delta}{1+\delta} + \frac{\partial N}{\partial S}\right) \times \frac{S}{Y} \times \frac{\mathrm{d}S}{S} + \varepsilon \tag{28}$$

其中 $\psi$ 为随机扰动项。

**2. 数据说明**

由推导过程可知 $\dfrac{\mathrm{d}Y}{Y}$、$\dfrac{\mathrm{d}L}{L}$、$\dfrac{\mathrm{d}K}{K}$、$\dfrac{\mathrm{d}S}{S}$ 分别代表总产出、劳动力、资本量、生产性服务业产出等的增长率。本节的数据选用 2000 ~ 2013 年的相关数据进行相关运算处理得到，其中 $Y$ 表示按当年价格计算的河南省生产总值，$L$ 表示就业总人数，$K$ 表示全社会固定资产投资，$S$ 表示由在生产性服务业比重排前三位的交通运输、仓储及邮政业，金融业和房地产业的产出之和来表示的生产性服务业。$\dfrac{S}{Y}$ 表示生产性服务业与河南省国民生产总值的比。

**（二）实证研究及结果分析**

将数据代入公式（27）和公式（28）进行回归得到如下结果：

$$\frac{\mathrm{d}Y}{Y} = 0.076 + \underset{(0.151)}{0.023} \frac{\mathrm{d}L}{L} + \underset{(4.45)}{0.146} \frac{\mathrm{d}K}{K} - \underset{(-2.1)}{2.743} \times \frac{S}{Y} \times \frac{\mathrm{d}S}{S} + \underset{(1.92)}{0.402} \frac{\mathrm{d}S}{S}$$

$$R^2 = 0.83, DW = 2.22, F = 12.22$$

$$\frac{\mathrm{d}Y}{Y} = 0.0728 + \underset{(0.1572)}{0.027} \frac{\mathrm{d}L}{L} + \underset{(5.56)}{0.1776} \frac{\mathrm{d}K}{K} - \underset{(-0.95)}{0.279} \times \frac{S}{Y} \times \frac{\mathrm{d}S}{S}$$

$$R^2 = 0.77, DW = 1.92, F = 12.06$$

由以上回归结果可知 $\alpha = 0.402$，$\dfrac{\delta}{1+\delta} + \dfrac{\partial N}{\partial S} = -0.279$。

两个方程的 $R^2$ 都高于 70%，表明拟合较好，自变量能解释因变量的 70% 以上，F 值足够大，且伴随概率分别为 0.00727、0.000839，两者均小于 0.05，说明模型在置信区间为 95% 水平上显著成立，回归方程较显著。

回归结果说明了以下两点。第一，投入要素人力和资本对提升经济的作用效果有限。其中，资本的投入产出增长率系数为 0.15，且通过了 t 检验，这意味资本投入产出比提高 1%，能促使经济增长 0.15 个百分点。劳动力增长率 $\mathrm{d}L/L$ 系数为 0.02，且并未通过 10% 显著水平的 t 检验，这可能受河南省存在大量劳动力剩余的影响。

第二，河南省生产性服务业能够表现出对其他产业有溢出效应，但该效应的作用效果较弱。由上述回归结果可知，河南省生产性服务业对非生产性服务业的溢出效应的参数 $\alpha$ 为 0.402，通过了 10% 的显著性水平检验。尽管生产性服务业投入每增加 1 单位，带动非生产性服务业部门增长 0.4 个单位，增长作用效果微弱。这可能是由于河南省生产性服务业目前处在初级发展阶段，未能完全显现出生产性服务业对其他产业较强的溢出效应。由回归结果计算的 $\frac{\delta}{1+\delta} + \frac{\partial N}{\partial S} = -0.279 < 0$ 表明生产性服务业对河南省经济增长的作用与上一小节得出的生产性服务业促进经济增长的结论相悖，产生这一结果的可能原因是河南省生产性服务业目前处于起步阶段，对经济增长的促进作用不明显。另外，由于研究的数据样本太少，产生了误差。此外，可能是由于上述部分系数的结果并不显著通过检验，因此计算出的这一数值存在偏差。

# 五　结论及建议

本书通过实证研究了生产性服务业对河南省经济发展的影响，得出以下结论。

生产性服务业对河南省国民产出和生产率在短期和长期内均有促进作用。通过多元回归分析得出，河南省的国民产出和劳动生产率与生产性服务业的投入之间存在长期的均衡关系，其中的交通运输、仓储和邮政业，房地产业对经济增长的促进作用为正向显著，并且房地产业对河南省经济增长的作用最大。河南省的金融业对经济增长的影响为负数，这可能与河南省金融业的发展还不充足，还存在滞后性相关。通过误差修正模型得出在短期内，生产性服务业对劳动率和产出的提高作用也起到积极的影响。

运用就业弹性和投入产出分析了生产性服务业对河南省就业的吸纳能力。通过就业弹性的测算得出，生产性服务业的就业弹性在三次产业中是最大的，它对就业的变动影响最大。利用投入产出表得出的综合就业效应和成本费用利税率，说明了生产性服务业对就业的吸纳能力较强，并且其就业吸纳空间大。其中交通运输、仓储和邮政业，科学研究和技术服务业的综合就业系数和间接就业系数位列第二、第三位，仅次于第二产业，其未来吸纳就业的空间远大于第二产业。尽管金融业综合就业和间接就业系数较小，但其成本费用利税率位列第一，其未来吸纳就业的潜力巨大。

通过菲德模型研究发现生产性服务业对其他产业发展有溢出效应，与其理论分析一致。由于河南省现阶段的生产性服务业发展处在起步阶段，其对其他产业的溢出效应影响较弱，仅为0.4。但随着生产性服务业的不断发展，其溢出效应将会大大增加。

通过上文的实证研究得出生产性服务业对促进经济增长、提高生产率、增加就业方带动其他产业发展方面均有显著影响。因此，促进生产性服务业的大力发展，对河南省经济发展尤为重要，同时也是解决河南省就业问题的新路径。结合目前河南省生产性服务业发展情况，就河南省如何发展生产性服务业方面提出如下建议。

（1）政府要引导和支持企业发展服务业。现阶段河南省生产性服务业发展还处在初级阶段，产业之间发展不平衡，其对经济增长作用还未完全显现出来。通过研究国外发达国家和地区生产性服务业发展经验，发现政府在其中起到举足轻重的作用，一个产业的迅猛繁荣发展离不开政府的主导与支持。河南省若要促进生产性服务业的发展，政府的作用不容忽视。第一，转变经济发展观念，营造出一个适合发展服务业的宏观环境。河南省政府要明确地认识生产性服务业对提升经济发展的作用，将以工业发展为主的观念转变成大力发展服务业的观念，重视营造发展生产性服务业的宏观环境。第二，将生产性服务业发展的重点行业进行合理地规划，推动产业内部结构的优化。在发展生产性服务业的同时，不仅要关注其主体产业的发展，而且也要注重发展具有高产业带动力的重点领域。第三，对发展生产性服务业的企业给予一定的税收减免或补贴，增加企业投身发展生产性服务业的积极性。

（2）注重人才培养。生产性服务业是以知识与技术密集型产业为主的产业，所以对专业型人才的培养是生产性服务业发展的重中之重。通过对国外经验的借鉴，建立完备的多层次、科学合理的人才培训以及开发利用体系。可以依托当地现有的高校、研究所等培养人才的机构，建立一些关于生产性服务业的学科，培养专业性人才；也可通过其他多种途径引进具有高素养、高技术的专业性人才。同时加强对在职岗位人员的培训，制定和完善从事生产性服务业人员的资格的认证，保证从业人员的职业素质和业务水平。

（3）完善市场运行机制，加大开放力度。由生产性服务业中的具体行业可知，交通运输、仓储和邮政业，金融业等这些行业大多是具有国有性质的企业，它们的垄断性经营程度较大，造成行业之间的竞争性不强，对更好地提升服务产品的供给和质量有一定限制。从事科学研究技术服务的行业大多是政府附属机关，具有较严重的行政性垄断问题，工作效率较低。因此，亟须对这些行业进行深化改革，开放市场，降低一些相关行业的进入门槛，引进更多的参与者公平竞争，促进工作效率的提高。

# 第七章 发达国家农业生产性服务业的比较及借鉴

## 一 美国农业生产性服务业及其借鉴

美国是一个农业强国，美国用不到全球农业总劳动力的3‰，生产出世界上绝大多数的农产品。美国是世界上最早实现农业现代化的国家。其农业之所以发达，究其原因不仅是美国的农业生产实现了专业化、规模化和机械化，还与其高度发达的农业现代服务业密切相关。吕韬和陈俊红（2011）、于爱红（2010）对发达国家农业生产性服务业的发展进行了研究，并对我国农业生产性服务业发展提出了政策建议。美国农业现代服务业体系已非常成熟，其农业现代生产性服务业发展有许多经验值得我国学习和借鉴。

### （一）美国基本情况

#### 1. 美国本土情况

美国是一个高度发达的资本主义超级大国，美国的国土面积位居世界第四，但是用于耕种的面积只占总面积的五分之一，美国总人口3.1亿（截至2012年2月），其人均耕地面积较少，从事农业的人口也较少。但是，美国农业的发展却在世界上处于领先水平。这离不开其先天优越的自然条件。美国的气候属于大陆性气候，南部属亚热带气候，大部分地区的降雨量比较充沛而且分布比较平均。美国的农业高度发达，机械化程度很高。2010年，世界粮食总产量的16.5%来自美国，2011年美国的农产品出口总额也突破了千亿美元的大关，出口产品包括大豆、棉花、坚果和毛皮等。农、林、渔等部门就业人数约占总就业人口的 0.7%。在自然条件、社会条件和国际大环境的影响下，经过长期的发展，美国的农业已经实现现代化，成为世界上农业发达国家之一。种植业和畜牧业是美国农业发展的两种主要类型。它们在农业中所占比重基本持平。土地经营以规模化的家庭农场经营模式为主，土地单产量很高，美国农业不仅在生产技术、管理方面实现了现代化，而且使农业生产形成了产业化、专业化的生产模式。尽管美国农业在本国 GDP 中的份额很小，但是对美国的经济发展发挥了重要作用。这使美国成为世界上重要的农产品生产国之一，也是世界最大的农产品出口国。美国处在第三产业的服务业体系完备阶段，2011 年为美国创造的产值约占 GDP 的 80%。从事服务业的人员多于总就业人口的 70%。高度发达的服务业为促进农业实现现代化提供支持。

**2. 美国农业现代服务业概况**

（1）政府的干预、调控

美国农业现代化的实现与政府的干预联系紧密。自建国以来美国政府从未放松对农业的监管和政策支持。美国之前主要依靠"看不见的手"使资源实现合理配置，直到 20 世纪 30 年代，出现了农业危机，迫使政府开始干预农业。自此虽然农业在经济结构中的比例有所缩减，但为保障其基础地位，政府出台的农业政策依旧不减。美国政府主要从以下两方面着手调控。一是成立专门的职能机构——农业部进行调控。农业部所辖部门包括食品和营养局、销售和检验局和负责农业的机构。这些机构相互配合，各自发挥自己的职能，从宣传、检验、监控、防治、推广等方面全方位地管理农业。还成立了对农业现状与未来进行分析和展望、提供经济社会方面支持的研究部门。二是资金倾向农业。美国的农场主可通过以农产品为抵押的方法获得贷款，或者是依靠政府提供的信用保障，以较低的利率获得资金，并且在税收方面也有优惠。

（2）完善的政策体系

美国在农业发展方面建立并不断完善政策体系，从农产品生产、销售、出口等各个方面支持农业发展。不仅形成了多种农业支付的方式支持价格和收入，而且同时从生产者、消费者两方面对农产品进行补贴。对农业生产中的产品销售、基础设施的建设等一般服务业提供大力支持。完备的农业保障体系，极大地促进了农业的发展。

（3）法律法规

美国在农业的发展中，制定了大量的法律法规，以确保农业发展中各项政策得到贯彻实施。同时也使其在制定政策的过程中有法可依。从美国颁布农业法至今，已经有百部与农业相关的法律法规，为确保农业持续发展，这些法律也会与时俱进。美国完备的法律体系为农业的发展保驾护航。

（4）基础设施、公共事业

农业基础设施的建设自美国建国以来就一直受到政府的关注，最初主要集中在交通运输的建设上，使得铁路、公路等交通基础设施得到很大改善。后期建设主要集中在两个方面：一是农业灌溉设施的建设，许多大型水利工程在这一期间竣工；二是农业信息的宣传、推广。

（5）信息化农业

美国的信息化农业主要受益于美国建立了完善的信息网络体系。具体表现在以下方面。第一，信息体系的建立。美国政府每年都会投入大笔资金用于农业信息体系的建设，并且和其他国家其他州进行合作，以便农民第一时间接收到有用的信息。第二，在农业信息的资源组织方面，美国关于农业信息的搜集、整理、分析等形成了从上到下的一体化体系。第三，在农业信息的应用方面，农业信息技术的应用使得农业技术经验型与分散型趋于定量化、规范化和集成化。美国运用现代化的信息从精准预测、报道等方面及时监管农业生产，利用信息网络体系及时发现问题。

（6）推广农业教育

关于农业的教育主要是州立大学——农学院负责。农学院的教授不仅负责教授知识，研究关于农业生产的新技术，而且要大力推广宣传自己的科研成果。让农业生产第一时间获得最新的生产科技，并且能够第一时间接收到农民生产过程中的问题，及时做出反馈并改进。

（7）互联网应用

美国的互联网普及率极高，为农业的发展开辟了新道路。合理使用电子信息等现代信息技术，发展"互联网＋"模式。农场主不仅可以利用互联网自主销售商品，降低交易成本，而且便于了解市场的需求调整农业生产。消费者可以按自己的要求与农场主签订订单，使农业生产实现订单生产。

（8）农村金融服务

金融服务业对农业的生产发展作用尤其突出。要想实现农业的现代化，金融服务业的发展至关重要。随着生产性服务业脱离出来并独立发展壮大，金融服务业也逐渐发展起来。其中，政策性农贷机构是在国家对农业的扶持作用下建立的，由政府提供资金、预算拨款、贷款周转金和对外借款等。它是政府为农业活动提供资金、调控农业发展的机构。为确保金融政策的执行，美国政府主导设立农贷专业银行，确保农业和农村经济的可持续发展。农村合作金融体系也是由政府主导设立的农贷专业银行，与其基层机构组成信贷系统。例如联邦中期信用银行、联邦土地银行，它们的主要目的是为与农业相关的组织、发展项目发放贷款，增加了农业可用资金的来源，同时使农民收入增多。

（9）机械化生产的农业

美国的农产品实现生产、加工、销售、服务各环节的全面机械化，大大提高了美国农业在世界上的竞争力。它的机械化的实现主要缘于以下几方面因素。第一，政府的相关机构加强了农业生产的科技研发体系的建设和机械研发力度。第二，拥有发达的农业装备制造业，在美国国内有许多从事农业机械生产的大型跨国农机公司，如约翰迪尔公司、凯斯万国公司等，这些公司为农业生产提供一流的机械设备，操作方便。加上美国发达的化工和航空航天工业这些有利条件为美国农业生产供应安全、放心的农用肥料和先进的设备。第三，独具一格的科研体系——农业教学、科研和推广三结合的体系，保障了农业机械化的发展。第四，以完善的农业机械化政策支持农业机械化。具体政策有：一是逐年增加农业科研费用；二是支持农业信贷。

（10）其他的农业服务组织

美国的农场主在19世纪末就形成了各种各样的农业组织，它们的规模有大有小，都代表了农民的利益，它们致力于为农民提供各种各样的农业技术咨询、教育与推广服务。随着社会的进步，该组织所承担的职能也越来越多。但唯一不变的是它们代表美国农民的利益，代表农民与政府打交道，协调农民与政府之间的矛盾，以解决农民在生产生活方面的问题。它们甚至可以影响立法机构从而保护农民和农业。它们还起到监督政府农业技术推广工作的作用，帮助政府将资金送达农民手中。此外，一些社会团体包括基金和私企也为农业的发展献出了一份力量。

美国的农业合作社历史悠久，发展至今已经具有相当规模，在美国农业现代化的进程中起着功不可没的作用。合作社是美国农业中最显著的服务机构，它是由农民自己组建，不具有营利特点，提供的服务涉及各个领域。合作社大致可以分为运销、供应和服务三大类。其中之一的运销合作社的核心是销售农副产品，提供的是农副产品的销售服务，它的业务几乎涵盖了农副产品的流通全过程，包括分级、加工、包装、仓储等一系列活动。供应合作社主要是为社员提供各种各样的生产资料或生活物品。例如，种植用的种子、肥料等物品。它通过大批量地采购或规模生产，降低了生产成本。它也分为专业性和综合性，专业性是为专业化的生产服务提供的专项物资供给，综合性是从原材料的采购到制造为成品到销售给消费者的一体化的服务。一些农业合作社扩大了业务领域延伸到了为农民提供生活用品。美国这些合作社的出现是市场经济发展到一定阶段的产物，它是连接农民与市场之间的一条纽带，使得美国的农业服务业在促进农业的发展中能够成功运行，成为实现美国农业现代化的又一支重要力量。

### （二）美国农业现代服务业的内容和特点

美国农业现代化的实现与其市场经济的发展也有紧密关系。市场经济的高度发展使得商品农业应运而生，进一步促进了农业现代化服务体系的不断完善。美国农业现代服务业体系早期萌芽开始于从自给自足的形式向商品型农业形式进行转变。农业现代服务业的成熟发展时期是在20世纪40年代，美国的农业步入工业化高速发展的阶段，这一阶段为美国现代农业经济的发展奠定了坚实的基础，成为现代农业的重要组成部分。经过一百多年的发展，美国的农业现代服务体系已经比较完善，形成了"农前、农中、农后"包含方方面面富有成效的农业服务体系。美国实行的是家庭农场制度，其中主要的形式为个人农场、合伙农场、公司农场。这种制度能够适应规模经济扩大经营规模，是农业现代化发展的组织基础。美国政府从成立以来从未放松对农业发展的重视以及政策扶持。本杰明·富兰克林在位时就积极为美国引进优良的种子与植物，并传播与农业相关的书籍，甚至还提出了为减少农民受自然灾害的损失推行农作物保险的想法。政府对农业生产的基础建设大力支持，而且提供大量的资金作为保障。同时为稳定农产品价格，政府还设立了商品信贷公司，向农场主发放一些抵押贷款。为提高农产品价格，政府限制种植面积并发放政府补贴作为补偿。不仅为条件差的农场主提供信用担保，而且还帮助经济作物的生产者获得贷款。美国成立的政府机构——农业部，它主管与农业发展相关的一切事务。政府重视农业信息的收集和发布。此外，政府还注重对农村金融体系的建设、促进农业的机械化生产，发展农业电子商务。

### （三）美国农业现代服务业建设的经验及借鉴

**1. 对农业的扶持政策力度大**

综观美国的农业发展历程，美国政府无时无刻不在关注农业的发展，稳定农业的基础地位。政府不仅重视改善农业发展的基础设施，而且注重农业信息的宣传推广。在财政上对农业给予大力支持。这一点，我国政府已经意识到了，近年来中央下达的一系列文件中，都提出了对农业的发展和改革，而且对农业的补贴力度也在不断加强。

**2. 建立健全法律体系**

在美国的农业发展中，联邦政府颁布了一系列的法令，保证农业政策在制定和执行过程中有法可依、有法可循。美国对农业的保护力度极强，尤其是在立法方面。自农业法确立至今，已有百部关于农业发展的法律，并随着经济社会的发展适时做出相应的调整。美国农业现代化的实现与其完善的法律法规体系密不可分。

**3. 重视农业高新技术的研发、推广**

美国政府不仅重视科技的研发创新，而且重视将先进的技术运用于农业生产中去。这对农业发展起到决定性的作用。州立大学设立的农学院，主要用来研发农业科技和技术推广。在里面任教的教授不仅从事科研还兼职农业科技的推广工作。科技进步对美国农业的贡献率达到80%，这为美国农业居于全球领先地位起了巨大作用。

**4. 搜集和发布农业信息体系**

美国成立了以联邦政府为主的和各州合作的关于搜集农业信息的体系，并为农民提供中立性、即时性和可靠性的关于天气、农产品的销售、拍卖以及最新的科研成果等一系列关于农业的信息，使农民能够根据信息做出生产调整，极大地便利了农业生产。

**5. 重视对农村金融体系的建设**

政府提供资金支持，在原有金融服务业的基础上，支持创建了一批为农业活动提供服务的金融机构，极大地促进了金融体系的建设，保障了农业生产的资金来源，降低了农户承担的农业风险。

总之，美国农业现代化实现的过程中，一直都重视生产性服务业的发展。可见，大力发展农业生产性服务业是美国农业实现农业现代化的重中之重，也是美国市场经济发展的必然产物，它充分证明了将农业与服务业融合在一起的发展方式是可行的。因此，我国要想使农业发展实现现代化必须注重将三次产业相互融合，共同发展，互相促进，实现共赢。

借鉴美国农业现代服务业的发展经验，我国政府应加大对农业技术的研发和推广的投入，积极开展农业职业教育，积极构建农业服务业的信息平台，鼓励农业保险和金融业的发展，同时努力实现我国农业的规模化、机械化生产。

# 二 澳大利亚农业生产性服务业及其借鉴

澳大利亚是农业发达国家之一，其农业现代服务业的发展程度较高，有许多值得中国学习和借鉴的地方。

## （一）澳大利亚基本概况

澳大利亚是个地广人稀、资源丰富的国家，面积 769.2 万平方公里，人口 2355 万人（截至 2014 年 8 月）。气候自北向南分别属于热带、亚热带、温带，大部分地区干旱少雨、炎热干燥，其光能充足，但淡水资源比较缺乏。

澳大利亚是个传统农业大国，农牧业比较发达，农牧产品的生产和出口在国民经济中占有重要地位，也具有较强的国际竞争力。其农业用地约4.37 亿公顷，农作物品类主要包括小麦、大麦、棉花、甘蔗等。畜产品主要有牛羊肉、羊毛、乳制品等，羊毛出口量占世界贸易量的 63.6%。农业人口不足 80 万，约占全国人口的 3.3%。

由于自然条件、社会条件以及国际大环境的影响，在长期的发展中，澳大利亚形成了具有自己特色的农业。农业由以畜牧业为主，转向畜牧业和种植业并举发展；土地经营属于规模化的大农场经营模式，粗放与集约并存，虽然土地单产较低，但其劳动率很高；农业经营方向由混合向专业化方向发展，专业化产业、专业化地带明显；农业生产方式先进，信息化、技术化、现代化程度很高；农业产品的商品率很高，属于外向型的农业发展战略，农业受国际市场的影响较大；虽然近年来农业在国民经济中的比重在下降，但农业的产量、产值以及效益却在提高。

服务业在澳大利亚很受重视，经过 30 多年的发展，已经成为支柱产业。数据显示，2012 年其服务业产值约为 9066 亿美元，在 GDP 中的比重高达 72.6%，在国民经济中占据重要地位。

### （二） 澳大利亚发展农业现代服务业的主要情况

#### 1. 多样化的政府支持

澳大利亚农业现代服务业的发展成就，不仅与其丰富的农业资源、发达的经济背景有关，还与政府对农业现代化的高度重视与多样化支持息息相关。澳大利亚政府基于本国的实际情况，结合国际大环境，灵活运用市场调节和政府职能，从多个方面，如法律法规方面，社会保障方面，管理体制方面，农业标准体系方面，基础设施、公共事业方面，援助救济方面，可持续发展方面，WTO 框架下保护方面，等等，对农业现代化的发展给予了多样化有力支持，这些多样化的政府支持非常有利于农业现代服务业的健康快速发展。

法律法规方面：澳大利亚是个联邦制国家，由六个州和两个地区组成，它的联邦政府和各州、各地区政府都非常重视农业法律法规的建设，制定了多个保障农业发展的法律法规，如《农产品法》《营销法》《出口控制法》《澳新食品标准法》《规范食品法》《肉类及家畜产业法》《农药兽药管理法》，以及各州各地区根据联邦法律制定的相应规章等。这些法律法规的制定为农业现代服务业的发展提供了较完善的法律保障。

社会保障方面：澳大利亚建立了全民型的社会保障体系，覆盖农民在内的所有民众，社会保障制度稳定且高福利。在澳大利亚，农村人口可以自由流动，不管去到哪里，去到何方，都能享受到稳定的、同质的社会保障福利；全民型的社会保障体系为流动性的农业作业、农业现代服务作业提供了福利保障，更有利于农业现代服务业的建设和发展。

管理体制方面：澳大利亚的农产品外向性较强，出口也大都集中在附加值不高的传统农业和初级产品上。随着经济全球化的进程加快，在出口国方面，欧美等其他国家也在激烈地争夺世界农业出口的市场份额；而在进口国方面，对进口农产品的检疫也越来越严格。在多重逼迫下，澳大利亚面临着越来越大的农产品生产和出口压力。为了应对环境变化、适应国际竞争，澳大利亚进行了农业管理体制改革。1996年，澳大利亚将初级产业与能源部调整为农渔林部，根据市场情况增加和强化了农产品加工、食品安全、农产品质量标准制定等管理职能。对于过去一些拥有特权的机构，澳大利亚也进行了相应的强有力的改革。如国家小麦局，为了放开市场经营，澳大利亚政府取消了国家小麦局对国内市场的控制权，后来还将其改革成股份制公司，农民可以入股参与经营，提高了农民的生产积极性。改革促使政府让位于市场，改革完成后农民拥有充分的自主经营权，政府、市场、农户的协调配合，会有利于建设农业现代服务业。

农业标准体系方面：由于澳大利亚是农产品外向型国家，其农产品质量必须达到国际市场标准，为此澳大利亚政府非常重视其农产品质量，建立了较完善的农业标准体系。按照其强制程度，主要将产品标准分为强制类标准和非强制类标准两大类。前者强制程度较高，由国家管理部门管理规范；后者强制程度较低，是农业标准体系的主体，由政府委托的或自律性的各行业协会和组织，如澳洲小麦局、大豆协会、谷物协会、谷物研发机构等制定和管理，是普遍得到社会认可的技术性管理规范。农业标准体系给农业提供了生产和服务的质量标准，有利于农业现代服务业的发展。

基础设施、公共事业方面：澳大利亚政府对农村基础设施和公共事业十分重视，将其统一纳入国家的公共服务体系中，并很早就开始建设。18世纪兴建铁路，20世纪修建公路，还大力修建电力、信息化等方面的设施，如电线、电缆、高频发射器等，使得手机、电脑等现代化工具在农村很快普及起来。政府还出资建设城镇，重视教育、卫生、文化等公共事业的发展。在澳大利亚，基本每个城镇都建有学校和医疗服务机构，如果100~200公里内没有学校，就采取远程教学的方式。中小学由州政府提供资金并管理，大学由联邦拨款，并由州政府管理。完善的基础设施和公共事业体系为农业现代服务业的发展打下了一个坚实的基础。

　　援助救济方面：澳大利亚政府采取了不直接干预市场的政策措施，减少甚至取消了对农业的补贴，倾向于采用间接方式，如支援最低保障、费用减免等。当农业遭受严重自然灾害时，政府通过援助和救济农民恢复生产所需要的最低保障，或者减免农民公共服务费用等间接方式，让利于农民，使农业生产尽快恢复和发展。政府不直接干预市场的援助救济政策，给农业现代服务业创造了一个自由化、市场化的发展空间。

　　可持续发展方面：澳大利亚非常重视农业的可持续发展，为此政府采取了多项有效措施。如调整农村经济结构，加大环保农业科学研发力度，重视农业资源保护管理，加强农产品病虫防治，加强农业污染治理等。澳大利亚政府很重视土地、水体等重要资源的保护和管理，运用立法、市场调节等多种手段予以保障，如立法限制土地开垦、核定农场用水额度、使用价格杠杆等。

　　WTO 框架下保护方面：同中国一样，澳大利亚也是 WTO 成员，许多政策的制定和实施都受到 WTO 的限制和约束。作为农产品外向型国家，澳大利亚一直以来都积极倡导国际贸易自由化，它的关税保护程度也很低。在这种情况下，澳大利亚充分利用 WTO 框架下的农业保护空间，采取积极措施发展本国农业，提高其竞争优势。在国际方面，澳大利亚利用 WTO 中有关保护本国农业安全条款的不确定性，建立了极其严格的农产品检疫制度，以限制国外农产品与本土产品的竞争；在国内方面，澳大利亚政府制订保护农业的支持计划，如安排必要资金、进行农业补贴等。在 WTO 框架下采取的这些积极措施给农业现代服务业的发展创造了很大空间。

### 2. 发达的农业信息化

　　发达的农业信息化使澳大利亚受益匪浅，本部分我们主要从农业信息基础、农业信息资源、农业信息咨询、农业信息应用、农业电子商务等方面考察澳大利亚的农业信息化。

　　农业信息基础方面：澳大利亚是较早进行信息化建设的国家，它的计算机网络普及率在世界范围内都排名靠前，无论是人均计算机拥有量，还是人均互联网连接量都卓有成效。基本每个农场都有自己的互联网网址，农场主的计算机拥有量以及农村的上网人数都非常可观。根据 1998～2002 年的数据，澳大利亚农场主的计算机拥有量从 40% 增加到了 58%，上网人数从 11% 增加到了 38%，势头甚至超过了同时期的美国。澳大利亚大力鼓励农民使用计算机、应用信息技术，它的维多利亚图书馆以及 900 多个学校都免费向社会开放计算机室。澳大利亚政府专门编印了"澳大利亚农民 Internet 指南"以帮助农民尽快掌握网络使用技能，还委托通信公司对边远地区的农民提供"双向卫星系统"服务以帮助农民使用网上服务。有了计算机和网络，农民就可以非常方便地从网上获取有关农业的信息，可谓"足不出户，尽知天下农业事"。

农业信息资源方面：澳大利亚拥有非常丰富并且便于获取的农业信息资源。澳大利亚政府、各类涉农组织、公司等都特别重视信息的挖掘、加工、处理、建库等工作，许多机构、网络都能够为农民提供丰富准确的农业信息资源。如澳农业信息网络 CISC，它提供了各类农业信息，不只是有关生产和价格的一些数据，还包括国内外的市场动态、农业政策、法规、科技、气象等方面的信息。根据这些丰富且便于获取的农业信息资源，农民可以及时准确地了解世界市场的信息，随时调整自己的生产计划，使农业活动处在明确、有序、高效的状态。

农业信息咨询方面：澳大利亚具有较发达的信息咨询业务，能提供许多准确信息。在澳大利亚，信息咨询服务是需要承担法律责任的，因此农民能够放心地咨询各方面的问题，如法律、技术、投资等。有些农民为了便于咨询，还常年雇用一位市场顾问。农民也可以通过互联网与农协或其他农业部门、涉农组织进行联系，咨询问题、获取信息甚至还可以得到技术指导。生产是需要根据市场需求进行的，发达、负责任的信息咨询业便于农民获取大量准确的市场信息，这对于解决问题、发展农业非常有利。

农业信息应用方面：农业信息化发达的标志不是硬件设施，而是应用水平。澳大利亚政府特别鼓励农业信息技术的应用，农民也乐于接受新技术来科学管理农业生产，大型的农场主还经常主动请一些农业专家到农场来指导他们将各种先进的信息技术应用到农业生产的各个环节，以实现农业生产、管理和经营的信息化。澳大利亚农业信息技术的应用主要包括以下几个方面。第一，利用计算机和信息技术发展农业。不同地区的农业资源是有差异的，如土地质量、水资源等，利用计算机和信息技术针对差别管理农业，能够科学准确地经营操作。如先利用计算机设计出理想的虚拟作物、禽、畜、鱼等，再利用生物技术研究出来，以此促进农业的发展。

第二，利用专家系统管理农场。澳大利亚非常重视农业专家系统的研究和应用，开发出多个不同应用的专家系统，主要有作物施肥、灌溉、栽培、保护管理专家系统，也有禽畜、水产饲养管理专家系统，还有农村决策支持系统等。农场主利用这些专家系统管理农场，可达到科学化、自动化、智能化的效果。如某农场主利用禽畜专家系统管理奶牛场，数据库中就有奶牛的头数、重量等记录，他再利用决策支持系统管理牛场的财务，数据库中就会有流通的现金账目等记录，应用这些专家系统，就能把农场管理得井井有条。第三，利用 3S 和 3M 技术管理农业生产。目前，澳大利亚已经将 3S 和 3M 技术应用到农业生产上。如土壤含盐量监控，动植物生长监控，农产品储存、加工、保鲜、运输等全过程实时监控等，都可以通过 3S 和 3M 技术来完成。

农业电子商务方面：农民进行农业活动需要采购农用物资和销售自己的产品，比起其他人，他们对电子商务更有需求。同时，发展电子商务可以减少中间环节，不仅增强了其农产品的竞争力，还有利于增加农民收入。因此，澳大利亚相当重视农业电子商务的发展。澳大利亚有许多涉农机构，如"农协"、农产品销售集团、公司等，这些涉农机构非常重视农业电子商务的发展，它们通过为农场主提供各种信息和技术服务，提供各类商机以及功能齐全的网上商业服务，以促进大规模农业电子商务的实现。如全球商业网络巨头澳大利亚 MRI 公司，它正在构建一个涉及美、加、英、法、德、日、澳、中等国的全球商品和农产品交易市场。目前，澳大利亚已经拥有大规模的农业电子商务，这对于其农业发展非常有利。

**3. 完备的农村金融服务体系**

澳大利亚的农村金融服务体系由银行、保险和政府组成。银行和保险是农村金融服务的主力军，属于市场化服务；政府在农村金融服务中起引导和辅助的作用。

银行方面：银行具有全方位市场化金融服务的特征，主要为客户提供存贷款、资产融资、理财服务、并购、重组、商务服务等业务。在澳大利亚占据市场主导地位的四大银行分别是联邦银行（CBA）、澳新银行（ANZ）、澳大利亚国民银行（NAB）和西太平洋银行（WESTPAC）。这四大银行都设有独立的农业金融业务部门，其涉农信贷市场份额占全国的70%，涉农贷款一直保持较高增长。

保险方面：澳大利亚的保险服务主要是按照市场化原则提供的。涉农方面的保险主要包括火灾、闪电、暴雨、冰雹、风暴、地震等险种。澳大利亚主要有 9 家保险公司提供农、林、牧、渔等方面的保险服务，其中 4 家为代理公司，5 家为直保公司。

澳大利亚农场都是专业化经营，主要包括异常情况援助、农村金融咨询、农业金融论坛等项目，如援助和救济遭受自然灾害的农民等。州和地区政府可通过立法的形式授权本地区主管农村金融的机构、部门或公司，使其代表州或地区政府采取各项农村金融服务措施，如通过提供利率低于银行贷款利率、最长还款期限达 20 年的长期贷款来支持农业企业的升级 、转型，以及地方农业经济的可持续发展。

**4. 健全的农业服务组织**

健全的农业服务组织，有利于农业现代服务业的发展。澳大利亚有许多农业服务组织，包括合作社、协会、农产品销售集团、公司等。

合作社和协会在澳大利亚的农业生产中占据非常重要的地位。在澳大利亚，农场都是专业化经营的，合作社由相同产业的农场组成，合作社可加入各级行业协会，各级协会之间相互渗透形成了多层次的网络式协会体系。合作社和协会的工作效率提高，可通过自己的刊物、热线电话以及网站等与农民沟通、解决农业问题、发布农业信息等，在维护农民合法权益，推广普及农牧新品种、新技术，开拓国内外市场，维护农产品价格链等方面发挥着非常大的作用，可说是农民利益的代言人，不仅游说政府制定一些惠农政策，还与商家商讨价格让利于农民。如"农协"，在澳大利亚有 10 个国家级、50 个州级协会，在 67 个国家和地区都有分支机构，它有自己的刊物、热线电话和网站，必要时还可以召开会议直接见面，为农民提供各种技术、信息等服务。

除了合作社和协会外，还有一些其他的农业服务组织，如小麦局、羊毛局，以及一些农产品销售集团、公司，如澳大利亚 MRI 公司等。

**5. 完善的农业科研服务体系**

澳大利亚拥有较完善的农业科研服务体系。它以市场为导向，形成的科研服务体系贯穿农业产业全链条，涵盖科学研究、农食品生产、市场营销等多领域，涉及品种选育、疾病防治、检疫检测、产品保鲜供应等多方面。

澳大利亚很重视农业研发及应用。澳大利亚的农业研发工作由州政府、联邦政府、高等院校和商业企业共同承担，州政府承担约一半。其中，受农村研究公司委托而进行的研发工作约占总数的 30%。政府法案规定，澳大利亚农民每年都要向行业研究公司缴纳约为农民生产产值 0.5% 的研发费用，同时，联邦政府也按 1:1 的比例配给研发经费。澳大利亚每年用于公共农业的科研经费稳定保持在农业产值的 3%～5%。澳大利亚还建立了 50 多个不同类型的联合研究中心，这些联合研究中心由联邦政府、州政府和企业等联合承担，由科研结构共同享用。澳大利亚的农业科研成果具有很高的应用率，3S 和 3M 技术、专家系统技术、保护性耕作技术、喷灌、滴灌等节水灌溉技术，自动控制等牲畜饲养技术等农业科研成果普遍应用到农业生产和服务中，提升了农产业的科技化水平，提高了农产品的附加价值。

**6. 著名的农业生态旅游**

农业旅游是一种很有前景的新兴产业，它将现代农业和服务业相结合，利用农业景观、乡村风情、农产品等农业资源招揽游客，是一种新型的农业经营形态。澳大利亚是世界上著名的农牧生态旅游国家，知名的葡萄酒旅游资源、发达的畜牧业旅游资源、魅惑的异域风情、天然的田园风光，使澳大利亚的农业生态旅游条件得天独厚。

葡萄酒旅游：2004 年澳大利亚共有 1798 家酿酒厂，其中 78% 涉及旅游业务。2008 年，澳大利亚成为世界第六大葡萄酒生产国和第四大葡萄酒出口国。2009 年，有 410 万国内游客和 66 万国际游客，创收巨大，高达 48.9 亿澳元。澳大利亚有许多著名的葡萄酒产区、葡萄酒酿制区，如巴罗莎谷、亚拉河谷、猎人谷、天鹅谷等。其中，仅巴罗莎谷就拥有 150 处葡萄园和超过 70 个酒窖。澳大利亚大部分的葡萄酒庄园都具有出色的旅游服务，游客来此可以观光、采酿、品酒及学习品酒知识等。

农场、庄园休闲旅游：澳大利亚拥有许多农场，风格不同、大小不等，传统与现代兼具。农场内有作物、苗圃、花卉、牛、羊、马等各种动植物资源。游客来到这里，可以亲身感受澳大利亚农庄的独特之处。乘坐改装过的拖拉机畅游野外，欣赏湖光、草原、田园之美色；进入农场，可以采摘水果蔬菜、喂养动物、制果酱、剪羊毛、挤牛奶、甩羊鞭、吃烧烤，都是极尽酣畅淋漓之乐事。在澳大利亚，天堂农庄便是其典型代表。

据统计，澳大利亚的牧场旅游收入占所有旅游的 35% 。

"内陆赶牛大行动"特色主题旅游："内陆赶牛大行动"是项特色主题旅游活动，参加这个活动，可以欣赏美妙自然风光、缅怀英雄主义情怀、体验彪悍粗犷生活方式。可以戴上牛仔帽，穿好靴子，驱赶几百头牲畜，沿着 200 多年前拓荒者前行的沙漠古道，途经平原、沙丘、泉河，穿越 400km 人烟稀少的内陆地区，从乌德纳达塔到达马里。人类是自然的一部分，应该与自然和谐共处，"内陆赶牛大行动"不仅带给游客体验、深思，也带动澳大利亚农业发展、经济增长。

专项农业旅游：提起澳大利亚专项农业旅游活动，就不得不说澳大利亚皇家农展会，它将传统、特产、特技、游乐结合在一起，是澳大利亚的一项独特且传统的大型国家级农业展览会。农展会在奥林匹克公园内举行，每年从四月上旬开始，为期两周，不仅有极具农牧特色的剪羊毛竞赛、挤牛奶竞赛、土特产展、土著艺术展等传统娱乐和展览销售项目，而且还有极富现代化的各种大型游乐活动，吸引游客前去游玩。

**7. 健全的农机服务社会化体系**

澳大利亚的农机服务社会化体系比较健全，主要包括农机作业服务社会化和农机售前售后服务社会化。澳大利亚的农场规模一般较大，农业机械化程度也比较高，虽然各农场拥有不少农业机械，可以进行一些农场作业，但是那些成本较高、使用时间较短的农机作业服务主要由其他社会组织提供，如农机专业服务组织、农业合作协会等，这些社会化组织根据农场需要为其提供租赁、直接作业、旧机回收等服务。在澳大利亚，大多是由机具经销商提供农机售前售后服务的。如美国约翰迪尔农机公司在澳大利亚设立的一个地区代理机构，该机构有 9 名员工，4 辆技术服务车，它的主要精力是与农民联系，了解市场、传授技术、宣传新产品以及进行售后机械跟踪服务，其服务范围颇广，可覆盖方圆 100km 的地区。

**8. 多层次的农业教育培训**

研究表明，高农业劳动生产率与劳动者的综合素质息息相关，为此，澳大利亚政府特别重视农业教育。澳大利亚农业教育分为三级：高等农业教育、中等农业教育和农业职业教育。由于澳大利亚地广人稀，农户住得相当分散，所以其政府还特别重视农业远程教育。根据市场需要，政府还会委托不同院校和培训机构对农民进行多内容、多层次、具有实用性和可操作性的培训。通过建立新型培训体制、设置行业能力水平标准、实行教育培训终身制、给予培训资助等措施实现多层次的农业教育培训。

### （三）澳大利亚发展农业现代服务业经验借鉴

澳大利亚在农业现代服务业的发展过程中积累了很多值得我国学习的经验，总的概括起来有以下几点值得借鉴的地方。

第一，澳大利亚政府对农业现代化的高度重视以及采取的多样化支持。包括重视农村法律法规的建设，建立全民型的社会保障体系，进行农业管理体制改革，完善农业标准体系，加强农村基础设施、公共事业建设，进行农业援助和救济，重视农业的可持续发展，以及利用 WTO 框架下对农业的保护空间等。政府的重视和支持非常有利于农业现代服务业的发展。

第二，澳大利亚十分注重农业信息化建设。澳大利亚不断加强农业信息基础建设、丰富农业信息资源、发展农业信息咨询、加强农业信息应用、促进农业电子商务发展等，这为发展农业现代服务业提供了丰富的信息支持。

第三，澳大利亚相当重视农村金融服务体系的构建和完善。澳大利亚从银行、保险和政府三方面架构农村金融服务体系，引导资金流向农村，为农民提供现代化金融服务，满足了农民的融资需求，给予了农民承受灾害的风险保障。

第四，澳大利亚在农业现代服务业发展的过程中，很注重发挥第三组织的辅助支持作用，建立健全了农业服务组织。澳大利亚的农业服务组织包括合作社、协会、农产品销售集团、公司等，一些大专院校、新闻媒体等也从不同角度积极服务于农业。这些农业服务组织为农民提供信息、技术等方面的支持，像"农协"，作为农民利益的代言人，上游说政府，下谈判商家，积极为农民争取利益。

第五，澳大利亚还建立了完善的农业科研服务体系，为农业生产、营销等提供一系列的科研支持。

第六，澳大利亚拥有著名的农业生态旅游。这种将现代农业与现代旅游业相结合形成的新型农业经营，对于拉动农业发展、促进农业现代服务业建设十分有利，在中国也很有发展前景。

第七，澳大利亚还建立了农机服务社会化体系，服务农业生产，提高农业机械化水平。

第八，澳大利亚高度重视对农业的教育培训工作，并不断改进完善其培训体制。

### （四）发展我国农业现代服务业的政策建议

#### 1. 转变传统观念，重视农业现代服务业

发展一个产业，首先要抛开传统落后的观念，从思想上重视它。要发展农业现代服务业，我国应先解放思想，转变落后的观念，改变传统的小农生产服务意识，树立先进的市场化、规模化、效率化观念，为高效率发展农业现代服务业奠定思想基础。

#### 2. 深化体制改革，扩大市场开放

参考澳大利亚的发展经验，从我国国情出发，为发展我国农业现代服务业，政府应充分发挥其职能，进一步加大农业支持力度，深化体制改革，扩大市场开放。总体来说，我国应完善农业法律法规建设，将农业现代服务业纳入法治化轨道；完善农民社会福利保障建设，健全社保体系；加强农村基础设施、公共事业建设；规范农用产品标准，健全农业标准体系，保证农产品质量安全；进行土地、水体等农业资源管理，实现农业可持续发展；深化管理体制改革，减少政府对市场的直接干预；实行多样化农业保护和管理政策。

#### 3. 完善农业信息服务体系

通过澳大利亚的发展情况，我们认识到农业信息服务是十分重要的。我国在发展的过程中，应加快建设农业信息服务体系，通过对农业信息基础、农业信息资源、农业信息咨询、农业信息应用、农业电子商务等多方面的不断建设和完善，尽快形成具有丰富性、便捷性、国际性的高效农业信息网络，加快农业信息在农业现代化、农业现代服务业发展中的应用步伐，推进农业电子商务改造活动的大规模进行。

#### 4. 推动农村金融服务体系建设

根据澳大利亚的农村金融服务体系构架，我国要完善农村金融服务体系，可以从三个方面着手：银行、保险和政府。银行方面，需要进一步增加涉农业务、涉农信贷比例，并根据需要适当补充一些与农业现代服务业

发展相关的服务业务。保险方面，需要在农村进一步普及以提高它的存在感，使其真正发挥风险抗衡的作用，另外，还需适当增加与农业现代服务业相关的保险险种。政府方面，需要进一步发挥其在农村金融服务体系中的引导和辅助作用，促进银行和保险在此领域的积极发展。

**5. 建立健全农业服务组织**

澳大利亚以合作社、协会、农产品销售集团、公司等农业服务组织为主体形成的网络化农业服务体系，在它的农业现代服务业发展方面发挥了重大的作用。我国学习澳大利亚的发展经验，应积极建立健全一些大规模、高效率、多方位功效的农业服务组织。像澳大利亚的"农协"，这些组织成为农民的利益代言人，既能游说政府、谈判商家，还能为农民提供信息及技术指导、促进市场交易等服务，帮助现代农业、农业现代服务业发展。另外，还鼓励其发展一些企业组织，实现农机服务的社会化。

**6. 完善农业科研服务体系，加强农业教育培训**

科研创新和科技推广是增强建设农业现代服务业的钥匙。通过借鉴澳大利亚的经验，我国应加大对农业科研的投入，提高科研成果的应用转化率，构建服务整个农业生产、营销、现代服务的科研体系。重视对农民的教育培训，提高农民素质，促进农业发展。

**7. 发展特色农业生态旅游**

农业旅游对农业现代服务业增值很有帮助。但农业旅游并不是简单的农业开发加旅游，需要融入一些特色和创意。我国发展农业生态旅游应以产业融合理论为指导，注重现代农业与现代旅游业的产业融合效应，并注重加入一些中国特色和独到创意，就如澳大利亚的葡萄旅游加入了葡萄农业的创意一样。另外，我国还需要打造品牌农业旅游项目，以吸引游客眼球。

# 三 法国农业生产服务业及其借鉴

法国在欧洲有第一大农业强国之称，它的农产品每年的出口量也是惊人，这些成果大部分缘于法国农业现代化。1945 年后，法国政府制定了很多有利于提高农业经济的方法，仅仅实施了几十年就让法国的农业快速走上了现代化，就目前来看它比较特色之处就是不断地改进生产技术、加强分工协作、完善农业经济和改善劳动生产率等几个方面，这对目前中国的发展，具有借鉴意义。

### （一）法国的基本情况

法国处于欧洲的西部，有着 5500 万公顷的国土面积，其中 3300 万公顷是农业用地面积，是法国国土面积的一半，其农业用地是欧盟农业用地的 33%。法国大部分地区是温带海洋性气候，南部是地中海亚热带气候，境内有 30 多条河流，水资源丰富。

法国具有丰厚的农业底蕴，是传统的农业强国，也是世界贸易大国。主要产品有小麦、大麦、玉米、葡萄、奶产品，甜菜、油籽、猪肉、牛肉、禽肉、水果和蔬菜。由于农业机械化水平的改善，农业占据主导地位，土地得到了很大的开发，专业化商品日益增加，农业、工业和商业已经合为一体，共同发展。服务业在法国国民经济中占有举足轻重的地位，占国内生产总值的 75% 以上。包括的主要部门是金融、保险、旅游。特别是法国的观光农业，它是一项零污染并且经济效益突出的现代农业模式，有着"绿色朝阳产业"之称。

### （二）法国农业服务业的基本特征

#### 1. 完善的农业服务业政府政策

就全世界而言，法国的几个重要的农产品出口国在世界上占主要地位，事实上，法国各级政府在农业方面的政策实施上扮演着重要的角色。政府实施策略的同时，本国的农业现代服务业更是多姿多彩，满足国内各种需求，大幅度地提高农产品的出口量，适当降低农产品成本和畅销农产品价格，改善人民的生活质量。这主要表现在农业补贴政策、农业土地政策、农产品贸易政策等方面，具有很高的效益。

（1）农业补贴政策

农业补贴政策是法国财政资助的一项行之有效的政策，对法国农业现代服务业的发展起着非常重要的作用。法国实行以补贴为中心的政策，增加农业投入。政府利用农业补贴政策促进农产品的生产，完善农村的绿色发展以及实现农业的可持续发展。农业补贴政策主要包含两个部分：一个是身为欧盟的成员国之一，法国实施的欧洲共同农业政策促进着农业补贴政策的发展；另一个是身为欧盟中的主权国家，法国政府还制定了一些符合法国农业发展国情的特色农业补贴政策。法国各项农业补贴政策和各项农业补贴项目都是处在共同农业政策的大背景之下并且都通过了国家公共权力机关的批准。

（2）农业土地政策

法国在农业土地政策方面，通过集中土地来扩大农业现代化生产面积和规模。以往的零碎的土地或者农业管辖区域有限都会限制农业现代化服务业生产技术的崛起和发展，更不利于农产品产出数量和农产品生产效率的提高，同时还在农业的现代服务业、土地建设和开发利用方面带来很多限制。最近几十年以来，法国实施了大规模增加农场经营规模面积、加快土地集中的方法。法国在土地整治方面，由政府通过向银行贷款从个人手里买取土地，通过整顿，然后用较低的价格卖给家里规模较少的农民。为了促进那些生产力比较低下的小规模农业经济发展，改善一些农业生产率较低地区的经济前景和防止贫富差距过大，法国政府还支持中农政策。经过法国对土地产权市场的管制，改革之前的农场生产模式，并把重点放在那些之前已具有一定规模的青壮年农民身上。此外，法国的一些地方政府还可以借助调整土地面积来限制村民土地价格，从而摆脱农业的一些补贴政策，达到使一些年迈的农场主放弃经营的程度。

（3）农产品贸易政策

法国是位于美国之后的世界第二大农产品出口国，同时也是欧洲最大的农产品出口国，法国农产品大部分出口到其他的一些欧盟国家，特色的出口产品是猪肉、家禽、小麦、牛肉和奶类产品等。法国是世界贸易大国，法国葡萄酒享誉全球，酒类出口占世界出口的一半。对外贸易主要集中在欧洲地区，法国在欧盟内贸易略有减少，与亚洲等地区的贸易不断扩大，法国对外农产品贸易总体上是平衡的。法国是欧盟最早机构——欧洲共同市场的创始国，在贸易管理体制上，遵循欧盟的共同政策。这里与贸易有着紧密联系的政策是：共同农业政策、共同贸易政策、共同消费者保护政策和共同渔业政策等。法国实行欧盟共同关税制度：关税水平、关税管理制度。法国实行欧盟的进口管理制度：一般进口配额管理、农产品进口配额管理、进口监管措施、边境检查管理、原产地规则。法国实行欧盟的出口管理制度，鼓励出口政策：发展出口优惠贷款、用发展援助推动出口、强化出口产品质量、充分发挥中介组织的作用。普惠制、贸易救济措施、消费者保护政策。

**2. 完备的农业金融体系**

（1）完备的农业互助保险体系

农业作为弱质产业，具有很多不确定因素，可能会遭遇一些自然风险、科学技术方面落后风险，也可能遭遇市场上带来的各种风险，这些都促进了农民加强农业保险的意识。保险业是将风险性和金融性相结合的行业，很多国家都实施了高标准的监管措施。法国政府对农业保险制度建设十分重视。法国是一个保险法制与市场监管比较完善的国家。互助保险社主要承担冰雹、火灾、牲畜意外死亡险，像旱灾、洪灾类的互助保险社无法承担的较大风险交由政府和社会管理。此外农民还享有互助保险社的一些税收优惠待遇，在收入和财产方面免征赋税。为了实施整体明确的保险组织体系，呈"金字塔"形的法国互助保险机构应运而生，经营管理相对明晰。第一层是位于"金字塔"顶峰的中央保险公司，它用来实施管理措施，并对下级保险公司制定双层保险。第二层是位于"金字塔"中间的下级保险公司，其不仅要逐一开展管理活动，还要对基层的农业保险社制定双保险，使其在中央保险公司和农业保险社之间起到链接的作用。第三层是位于"金字塔"底部的农业互助保险社。法国农业保险最底层的管理公司就是农业互助保险社，数目众多，且分布分散，大部分用来为农民提供各种保险服务。另外，法国农业互助保险社在经营上十分审慎。

（2）信用贷款

法国在农业信用贷款方面的各种设施比较齐全，这为农业现代化服务业提供了方便。主要表现在环境污染和污水治理方面，实施行之有效的农业产品保险、农产品价格保险（主要表现在农业的期货交易）等措施。法国农业信贷银行的资金运作在农产品的多样性和农业生产结构方面表现得尤为明显，另外在农产品生产过程中和服务范围内的措施性信贷资金运作方面也表现得较为集中。以上信用贷款的各种资金运营全都是在法国潜在的市场价格模式下有效完成的。法国农业信用贷款都是以互助合作保险为核心，各个阶层之间并无固定的资本股份，各个员工之间也是依据损失的程度给予支付。法国政府除了通过发放津贴补贴提供廉价的信贷、提供双保险、提供比较严重灾害补偿等措施给予互助合作保险业支持外，还建立了关于农业技术方面的网站，它在世界范围内比较强大。法国的农民也开始涉及科学技术方面的运用，他们深刻体会到计算机带来的便利，只要收集和掌握一些农产品方面的数据并向相关软件输入该数据，就可以快速知道将来一段时间内的气候情况，以便选择有利时间施肥。这样便提高了农民农产品的收入水平，增大了农民享受服务的幅度，同时也稳固了银行资金。法国的信用贷款银行具备了齐全的用处和功能。综合运营、方式多样化对于法国来说是一大优势。另外农业信贷银行还有着一整套完备的科学管理信贷体系，这都为法国农业的发展奠定了基础。

**3. 信息化下的精准农业**

法国政府高度重视农业信息化。本部分主要从农业信息基础、农业信息资源、农业信息咨询、农业信息应用等方面考察法国的农业信息化。为协助年轻农民学会运用计算机，法国的各级政府几度提供免费全新的计算机，以便农民查询和掌握天气预报、各种自然风险、交通风险和市场风险，从而使农民更加了解计算机，走上互联网时代，促进农业的快速发展。在农业信息化进程中，网络信息和产品制造商也发挥了重要作用。制造商用较低的价格、精心的服务促使村民们买取这些先进的信息网络设备。开发商们恰到好处地开发并引进一些比较亲民好用的应用软件。

**4. 合作共赢的农村合作社**

最近几年里，在农业方面的各种合作社也开始快速地向法国农业现代化服务业的产前、产中和产后的整个过程发展。法国的农村合作社类型丰富多彩，更是提供各种各样的服务，其中就包括在农业方面，整个运营过程中的生产、收集和供销。首先，在法国的农村合作社实施过程中，采取很多先进的技术，对农业现代化服务业有着极大的帮助，还培养了一批管理人才，最终都是要保证质量领先。其次，农村合作社还指导村民们采取合理有效的农业战略决策，规避农业生产过剩或者供不应求的风险，保证稳定的供应。最后，农村合作社要主动积极和其他各级政府或者相关部门建立联系，共同商讨，共同发展，促进农业现代化服务业的发展。

**5. 生态休闲的观光旅游农业**

法国是世界上著名的农业生态休闲旅游国家之一，著名的葡萄酒旅游资源、发达的畜牧业旅游资源、魅惑的异域风情、天然的田园风光，使法国的农业生态旅游别具风格。在农业与旅游业边缘交叉的新型产业——观光农业应运而生。观光农业就是一项零污染并且经济效益突出的现代农业模式，有着"绿色朝阳产业"之称。法国很多地方的庄园，比如葡萄酒庄园，都会让自己的有利优势与第三产业相结合，更多的是与旅游业结合，从而发挥出最大的优势。游客来到葡萄酒庄园，感觉就像身临世外桃源一般，清幽美丽的葡萄酒庄园会让游客们流连忘返，此外，还可以亲眼看见葡萄酒制作的整个过程，还可以学到品酒及学习品酒知识等。法国还拥有许多农场，风格不同、大小不等，传统与现代兼具。农场内有作物、苗圃、花卉、牛、羊、马等各种动植物资源。游客来到这里，可以亲身感受法国农庄的独特之处。这些都对农业现代服务业的发展有着极大的促进作用。

**6. 强大的农业科学研究**

法国建立了数量庞大、结构不同的强大的农业科学研究机构，并且科研人员也在不断增加。这对法国农业现代服务业的未来发展有着巨大的促进作用。法国农业科研成果在农业生产、服务中具有极高应用率，主要表现在施肥、育种、土壤墒情分析、休耕轮作、食品安全、销售运输等方面，农业科研成果运用范围广大。专家系统技术、保护性耕作技术、喷灌、滴灌等节水灌溉技术、自动控制等牲畜饲养技术等农业科研成果普遍应用到农业生产和服务中，可以提高农业到商业的机械化、科学技术化、信息科技化。如此一来农产品的使用价值也相应提高，整个农业现代化服务业的价值水平也在提高。

**7. 农业教育培训**

法国农业教育历史悠久，体系完整，特点鲜明，这有助于法国农业现代化服务业的发展。法国各阶层农业教育的发展由农业部门管辖，农业教育井然有序，条理清晰，还与农业发展的实际情况紧密相连，开办学校，种类多种多样，设备齐全。同时还实施鼓励激励措施，目的是让更多的农民了解农业，还规定持有农业相关证书的学者才能被雇佣。由于法国地广人稀，农户住得相当分散，所以政府还特别重视农业远程教育。根据市场需要，政府还会委托不同院校和培训机构对农民进行多内容、多层次培训。政府还会给予一定培训费用资助，政府部门、大学、培训学院或私人培训机构等承担培训工作。法国还对村民的教育体制采取终身培育制度，知识科技在不断进步，人的大脑里所储备的知识也需随时更新，跟上时代的步伐。这些都有助于法国农业现代化服务业的有效发展。

**8. 多渠道农业电子商务**

农民进行农业活动需要采购农用物资和销售自己的产品，比起其他人，他们对电子商务更有需求。同时，发展电子商务可以减少中间环节，不仅有利于其农产品的激烈竞争，还可以改善农民的生活水平。为此，法国非常重视农业方面电子商务的发展。法国有许多涉农机构，法国 P2P 平台与银行商讨合作、法国农博会家禽牲畜成主角等都是在农协会上得以发展，这些涉农机构非常重视农业电子商务的发展，它们通过为农场主提供各种信息和技术服务，提供各类商机以及功能齐全的网上商业服务，以促进大规模农业电子商务的实现。目前，法国已经拥有大规模的农业电子商务，这对于其农业现代服务业的发展非常有利。

**9. 有利的期货市场**

近几年，法国农业发展立竿见影，在农产品期货市场方面是一个重要的表现，有利的期货市场使农产品的价格更加稳定，使农业发展中的各种风险降到最低。这些都主要表现在：法国采用期货市场来分散各种农业风险和使用套期保值转嫁风险，让农产品进入农业市场更加便利；此外，还利用农产品期货市场的价格去不断调整稳固供求关系，最终稳定农产品价格；最后，有利于保证农产品的质量，质量是关键，要确保农产品质量统一。这些也同样有利于法国农业现代化服务业的发展。

**10. 创意农业**

法国的创意农业是以农业技术的创新发展的形式将农业功能的拓展、观光农业、休闲农业、精致农业和生态农业结合，一起发展，凭借着创意农业这个理念的构想，法国农民可以将科学技术与这种理念思想同时纳入法国农业发展中，加强扩大农业生产规模的力度，开发土地资源，还可以有效利用传统农业发展，将它与创意农业结合起来发展，体现法国本土特色，还利用现代科学技术、地方特色、本地文化、创意水平发展适合法国的农业。根据农业的生产发展整个过程到加工处理成农产品，发展第三产业服务业，发展本土特色的观光旅游服务，让农业与第三产业紧密相连，实现创意特色。同时，还可以发展一些特色创意农产品、创意的第三产业和创意的文化水平，从而有利于整体农业发展，并起到一定的带动作用，既满足了人们的生活水平，也丰富了人们的精神生活。法国的这种创意农业可以达到生活、精神、生态相统一的水平，这将带动现代农业服务业的快速发展。

### （三）法国发展农业现代服务业的主要经验及借鉴

#### 1. 法国农业现代服务业的主要经验

法国在农业现代服务业的发展过程中积累了很多值得我国学习的经验，总的概括起来有以下几点。第一，各级政府和相关部门的高度重视和及时有效的政策为法国农业现代服务业提供了帮助。第二，通过提供优惠信贷，鼓励土地适度集中。第三，先进的科学信息技术和管理人才，为实现农业现代服务业打下基础。第四，实行各种农产品补贴政策。法国具有有利的期货市场，利用套期转嫁风险和规避风险，从而稳定农产品的价格，各级政府和国家实施税收和关税来保护本国农产品，并稳定其价格，避免从事农产品的从业人员从中受到伤害。第五，实行以合作社为主体的农业社会化服务和积极发挥农业协会组织的作用。第六，法国拥有著名的农业生态旅游。这种将现代服务农业与现代旅游服务业相结合形成的新型农业经营，对于拉动农业发展、促进农业现代服务业建设十分有利，在中国也很有发展的前景。第七，法国十分注重农业科技信息技术的建设。法国加强农业科技信息技术基础建设、开发农业信息的各种有利资源、发展农业信息咨询、加强农业信息应用、促进农业电子商务发展等，这些为发展农业现代服务业提供了丰富的信息支持。

#### 2. 发展我国农业现代服务业的政策建议

（1）摒弃传统观念，重视农业现代服务业

一成不变的秉承传统观念，是不会在该领域发展下去的，法国的各种农业现代服务业的发展就告诉我们首先要抛开传统落后的观念，从思想上重视它。要发展农业现代服务业，我国应先解放思想，摒弃落后的观念，改变传统的小农生产服务意识，树立先进的市场化、规模化、效率化观念，为高效率发展农业现代服务业奠定思想基础。

（2）政府要高度重视，大力发展现代服务业

在这个日益激烈的国际竞争市场上，各级政府和相关部门的重视对于农业现代服务业非常重要。换句话说，假如没有政府的参与，法国的农业现代服务业是不可能达到一定的高度的。对于我国来说，就需要政府的正

确引导，而不是任由农业或市场自由发展，政府的大力支持起到非常关键的作用。另外，还有政府的各种补贴，对于那些落后的农业有着一定的帮助作用，法国的种种有利之处都值得我们借鉴，特别是政府的大力支持，还应该向法国学习培养青年人士，青少年更是国家的栋梁之材。丰富他们的农业基础知识，培养农业科技人才。

（3）完善农村金融服务体系建设

从法国农村金融服务体系的建立中，得出我国需要完善农村金融服务体系建设，特别是信贷银行和保险。信贷银行方面，需要进一步增加涉农业务、涉农信贷比例，并根据需要适当补充一些与农业现代服务业发展相关的服务业务。保险方面，需要在农村进一步普及并提高它的存在感，使其真正发挥风险抗衡的作用，另外，还需适当增加与农业现代服务业相关的保险险种。再加上政府需要进一步发挥其在农村金融服务体系中的引导和辅助作用，促进信贷银行和保险在现代服务业领域的积极发展。

（4）建设完善的农业信息服务体系

法国的发展经验告诉我们，信息对发展农业现代服务业十分重要。我国在发展的过程中，要实现农业信息化，主要有以下几点：第一，加强宏观调控和政策引导，营造有利于农业信息化的良好环境；第二，要加快信息基础设施建设；第三，要研究开发实用型、智能化的农业专家系统和决策系统；第四，要培育和完善农村信息市场；第五，要有效解决农业信息化"最后一公里问题"；第六，要重视优秀人才的培养和研究基地建设。

（5）建立健全农业合作社

法国的农业合作社形式多样，有公共的、集体的和私人的合作社，不同形式都为农业现代化服务提供很多便利。合作社是法国农业社会化服务的主体，我国应该像法国那样要多建立一些形式多样的合作社。首先，要建立农业生产方面的合作社，提供各种设备和科技信息技术。其次，建立供应链方面的合作社，在采购、加工、处理和供销方面发挥作用。最后，要提高分工协作的能力，使得农产品更加专业化，保证其质量，加强每一环节分工协作的能力，从而提高其效率，保证其质量。这些都将促进我国农业现代化服务业的发展。

（6）发展有特色的农业生态旅游和创意农业

农业旅游对农业现代服务业增值很有帮助。但农业旅游并不是简单的农业开发加旅游，需要融入一些特色和创意。我国应该把农业、生态旅游和创意产业相融合，注重现代农业与现代旅游业的产业融合效应，并注重加入一些中国特色和独到创意，就像法国的果园庄园旅游加入了各种水果农业的创意一样。最后，立足长远打造品牌创意农业，让广大的游客喜欢。

（7）完善农业现代化科研服务，完善农业现代服务教育培训

科学研究创新和科学技术大力发展是实现农业现代服务业的捷径。借鉴法国的经验，我国在科学研究方面应加大重视程度，提高科研在现代服务业中的成效，构建服务整个农业生产、营销、现代服务的科研体系。另外我国应该积极主动向法国学习，学习它们先进的教育体制，总结经验，不断深化改革我国农业现代化服务业，完善教育体制，开办各种培训机构，使我国的农业现代化服务业实现质的飞跃。

# 第八章　我国农业生产性服务业发展现状、问题及改进路径

## 一　农业物流业发展现状、影响机理及实证分析

### （一）我国农业对农业物流需求的分析

随着我国农业的发展，其对物流的需求也不断增加。现代农业对物流的需求可分为农业产前供给物流需求、产后的销售物流需求以及回收物流等。产前供给物流包括种子、肥料、农业机械的采购等。产后销售物流包括产品的简单加工、储存和销售等。具体需求类型包括：农业生产资料的供给物流、农业产品的销售物流和农业相关产品的回收物流。

农业对主要机械供给的物流需求量，具体见表 8 - 1；农业对化肥供给的物流需求量，具体见表 8 - 2；农业产品需要销售或运输的物流需求量，具体见表 8 - 3。

表 8 - 1　主要农业机械拥有量（年底数）

| 年份 | 农用机械总动力（万千瓦） | 农用大中型拖拉机 | | 小型拖拉机 | | 农用排灌柴油机 |
|---|---|---|---|---|---|---|
| | | 数量（台） | 配套农具（部） | 数量（台） | 配套农具（部） | 数量（台） |
| 1978 | 11749.9 | 557358 | 1192000 | 1373000 | 1454000 | 2657000 |
| 1980 | 14745.7 | 744865 | 1369000 | 1874000 | 2191000 | 2899000 |
| 1985 | 20912.5 | 852357 | 1128000 | 3824000 | 3202000 | 2865000 |

续表

| 年份 | 农用机械总动力（万千瓦） | 农用大中型拖拉机 | | 小型拖拉机 | | 农用排灌柴油机 |
| | | 数量（台） | 配套农具（部） | 数量（台） | 配套农具（部） | 数量（台） |
|---|---|---|---|---|---|---|
| 1990 | 28707.7 | 813521 | 974000 | 6981000 | 6488000 | 4111000 |
| 1991 | 29388.6 | 784466 | 991000 | 7304000 | 7327000 | 4330000 |
| 1992 | 30308.4 | 758904 | 1044000 | 7507000 | 8308000 | 4377000 |
| 1993 | 31816.6 | 721216 | 1001000 | 7883400 | 8657000 | 4554275 |
| 1994 | 33802.5 | 693154 | 979719 | 8236687 | 8662000 | 4711516 |
| 1995 | 36118.1 | 671846 | 991220 | 8646356 | 9579774 | 4912068 |
| 1996 | 38546.9 | 670848 | 1049900 | 9189200 | 10911500 | 5092934 |
| 1997 | 42015.6 | 689051 | 1157316 | 10484813 | 12530020 | 5461235 |
| 1998 | 45207.7 | 725215 | 1203687 | 11220551 | 14378324 | 5816118 |
| 1999 | 48996.1 | 784216 | 1320429 | 12002509 | 16210408 | 6449528 |
| 2000 | 52573.6 | 974547 | 1399886 | 12643696 | 17887868 | 6881174 |
| 2001 | 55172.1 | 829900 | 1469355 | 13050840 | 18821829 | 7285693 |
| 2002 | 57929.9 | 911670 | 1578861 | 13393884 | 20033634 | 7506066 |
| 2003 | 60386.5 | 980560 | 1698436 | 13777056 | 21171505 | 7495652 |
| 2004 | 64027.9 | 1118636 | 1887110 | 14549279 | 23096911 | 7775427 |
| 2005 | 68397.8 | 1395981 | 2262004 | 15268916 | 24649726 | 8099100 |
| 2006 | 72522.1 | 1718247 | 2615014 | 15678995 | 26265699 | 8363525 |
| 2007 | 76589.6 | 2062731 | 3082785 | 16191147 | 27329552 | 8614952 |
| 2008 | 82190.4 | 2995214 | 4353649 | 17224101 | 27945401 | 8983851 |
| 2009 | 87496.1 | 3515757 | 5420586 | 17509031 | 28805621 | 9249167 |
| 2010 | 92780.5 | 3921723 | 6128598 | 17857921 | 29925485 | 9462526 |
| 2011 | 97734.7 | 4406471 | 6989501 | 18112663 | 30620134 | 9683914 |
| 2012 | 102559.0 | 4852400 | 7635200 | 17972300 | 30806220 | 9823100 |

表 8 - 2　农业对化肥施用量的需求

| 年份 | 有效灌溉面积（千公顷） | 化肥施用量（万吨） | 氮肥（万吨） | 磷肥（万吨） | 钾肥（万吨） | 复合肥（万吨） |
|---|---|---|---|---|---|---|
| 1978 | 44965.0 | 884.0 | — | — | — | — |
| 1980 | 44888.1 | 1269.4 | 934.2 | 273.3 | 34.6 | 27.2 |
| 1985 | 44035.9 | 1775.8 | 1204.9 | 310.9 | 80.4 | 179.6 |

| 年份 | 有效灌溉面积<br>（千公顷） | 化肥施用量<br>（万吨） | 氮肥<br>（万吨） | 磷肥<br>（万吨） | 钾肥<br>（万吨） | 复合肥<br>（万吨） |
|---|---|---|---|---|---|---|
| 1990 | 47403.1 | 2590.3 | 1638.4 | 462.4 | 147.9 | 341.6 |
| 1991 | 47822.1 | 2805.1 | 1726.1 | 499.6 | 173.9 | 405.5 |
| 1992 | 48590.1 | 2930.2 | 1756.1 | 515.7 | 196.0 | 462.4 |
| 1993 | 48727.9 | 3151.9 | 1835.1 | 575.1 | 212.3 | 529.4 |
| 1994 | 48759.1 | 3317.9 | 1882.0 | 600.7 | 234.8 | 600.6 |
| 1995 | 49281.2 | 3593.7 | 2021.9 | 632.4 | 268.5 | 670.8 |
| 1996 | 50381.4 | 3827.9 | 2145.3 | 658.4 | 289.6 | 734.7 |
| 1997 | 51238.5 | 3980.7 | 2171.7 | 689.1 | 322.0 | 798.1 |
| 1998 | 52295.6 | 4083.7 | 2233.3 | 682.5 | 345.7 | 822.0 |
| 1999 | 53158.4 | 4124.3 | 2180.9 | 697.8 | 365.6 | 880.5 |
| 2000 | 53820.3 | 4146.4 | 2161.5 | 690.5 | 376.5 | 917.9 |
| 2001 | 54249.4 | 4253.8 | 2164.1 | 705.7 | 399.6 | 983.7 |
| 2002 | 54354.9 | 4339.4 | 2157.3 | 712.2 | 422.4 | 1040.4 |
| 2003 | 54014.2 | 4411.6 | 2149.9 | 713.9 | 438.0 | 1109.8 |
| 2004 | 54478.4 | 4636.6 | 2221.9 | 736.0 | 467.3 | 1204.0 |
| 2005 | 55029.3 | 4766.2 | 2229.3 | 743.8 | 489.5 | 1303.2 |
| 2006 | 55750.5 | 4927.7 | 2262.5 | 769.5 | 509.7 | 1385.9 |
| 2007 | 56518.3 | 5107.8 | 2297.2 | 773.0 | 533.6 | 1503.0 |
| 2008 | 58471.7 | 5239.0 | 2302.9 | 780.1 | 545.2 | 1608.6 |
| 2009 | 59261.4 | 5404.4 | 2329.9 | 797.7 | 564.3 | 1698.7 |
| 2010 | 60347.7 | 5561.7 | 2353.7 | 805.6 | 586.4 | 1798.5 |
| 2011 | 61681.6 | 5704.2 | 2381.4 | 819.2 | 605.1 | 1895.1 |
| 2012 | 63036.4 | 5838.8 | 2399.9 | 828.6 | 617.7 | 1990.0 |

表 8-3  历年的粮食

单位：万吨

| 年份 | 粮食 | 谷物 | 稻谷 | 小麦 | 玉米 | 豆类 | 薯类 |
|---|---|---|---|---|---|---|---|
| 1978 | 30476.5 | — | 13693.0 | 5384.0 | 5594.5 | — | 3174.0 |
| 1980 | 32055.5 | — | 13990.5 | 5520.5 | 6260.0 | — | 2872.5 |
| 1985 | 37910.8 | — | 16856.9 | 8580.5 | 6382.6 | — | 2603.6 |
| 1990 | 44624.3 | — | 18933.1 | 9822.9 | 9681.9 | — | 2743.3 |
| 1991 | 43529.3 | 39566.3 | 18381.3 | 9595.3 | 9877.3 | 1247.1 | 2715.9 |

续表

| 年份 | 粮食 | 谷物 | 稻谷 | 小麦 | 玉米 | 豆类 | 薯类 |
|------|------|------|------|------|------|------|------|
| 1992 | 44265.8 | 40169.6 | 18622.2 | 10158.7 | 9538.3 | 1252.0 | 2844.2 |
| 1993 | 45648.8 | 40517.4 | 17751.4 | 10639.0 | 10270.4 | 1950.4 | 3181.1 |
| 1994 | 44510.1 | 39389.1 | 17593.3 | 9929.7 | 9927.5 | 2095.6 | 3025.4 |
| 1995 | 46661.8 | 41611.6 | 18522.6 | 10220.7 | 11198.6 | 1787.5 | 3262.6 |
| 1996 | 50453.5 | 45127.1 | 19510.3 | 11056.9 | 12747.1 | 1790.3 | 3536.0 |
| 1997 | 49417.1 | 44349.3 | 20073.5 | 12328.9 | 10430.9 | 1875.5 | 3192.3 |
| 1998 | 51229.5 | 45624.7 | 19871.3 | 10972.6 | 13295.4 | 2000.6 | 3604.2 |
| 1999 | 50838.6 | 45304.1 | 19848.7 | 11388.0 | 12808.6 | 1894.0 | 3640.6 |
| 2000 | 46217.5 | 40522.4 | 18790.8 | 9963.6 | 10600.0 | 2010.0 | 3685.2 |
| 2001 | 45263.7 | 39648.2 | 17758.0 | 9387.3 | 11408.8 | 2052.8 | 3563.1 |
| 2002 | 45705.8 | 39798.7 | 17453.9 | 9029.0 | 12130.8 | 2241.2 | 3665.9 |
| 2003 | 43069.5 | 37428.7 | 16065.6 | 8648.8 | 11583.0 | 2127.5 | 3513.3 |
| 2004 | 46946.9 | 41157.2 | 17908.8 | 9195.2 | 13028.7 | 2232.1 | 3557.7 |
| 2005 | 48402.2 | 42776.9 | 18058.8 | 9744.5 | 13936.5 | 2157.7 | 3468.5 |
| 2006 | 49804.2 | 45099.2 | 18171.8 | 10846.6 | 15160.3 | 2003.7 | 2701.3 |
| 2007 | 50160.3 | 45632.4 | 18603.4 | 10929.8 | 15230.0 | 1720.1 | 2807.8 |
| 2008 | 52870.9 | 47847.4 | 19189.6 | 11246.4 | 16591.4 | 2043.3 | 2980.2 |
| 2009 | 53082.1 | 48156.3 | 19510.3 | 11511.5 | 16397.4 | 1930.3 | 2995.5 |
| 2010 | 54647.7 | 49637.1 | 19576.1 | 11518.1 | 17724.5 | 1896.5 | 3114.1 |
| 2011 | 57120.8 | 51939.4 | 20100.1 | 11740.1 | 19278.1 | 1908.4 | 3273.1 |
| 2012 | 58958.0 | 53934.7 | 20423.6 | 12102.3 | 20561.4 | 1730.5 | 3292.8 |

资料来源：《中国统计年鉴2013》。

通过表8－1、表8－2、表8－3数据，不难看出，随着农业的发展，对农业种子、化肥、农药、农业机械的供给物流需求以及农产品的销售物流需求逐年增加。现代物流业如运输、仓储、简单加工等对农业的发展起到越来越重要的作用。那么，现代物流业到底对农业发展的影响程度如何，下面尝试对其进行计量分析。

**（二）现代农区物流业的特点及存在的问题分析**

**1. 现代农业物流的特点**

第一，物流量大。以2012年农产品产量为例，粮食产量58958万吨，棉花产量 683.6 万吨，油料产量 3436.8 万吨。这些农产品除了自用之外，都要经过物流渠道进入下游生产或消费领域。第二，物流难度大。农产品在物流过程中有一大部分需要处理加工，如一些水果、蔬菜、海鲜等，它们都需要低温和保鲜效果，所以，这其中需要很多特殊的环节，比如河南新郑的新鲜大枣就是需要经过采摘、冷藏以及自选商场的冷柜、消费者冰箱冷藏等环节。第三，物流时空要求高。许多农产品季节性生产，全年消费；地域性生产，全国消费。农业物流时空间的要求较高。第四，农业物流是一个双向物流系统。双向物流解决的是农民的"卖难"和"买难"问题。另外，双向物流需要构建农业物流的供应链、价值链与服务链。

**2. 目前农业物流存在的问题**

（1）农产品物流信息体系不健全

目前，我国的农产品物流信息体系并不健全，农产品信息传播渠道非常少。加之企业之间的监管环节标准不同，导致农产品的控制和监管信息缺乏共享机制，最终消费者对上游监管信息无法反馈，上游机构不能对农产品流向监管，整个体系之间不系统。另外，农产品供应没有统一的标准，农产品交易成本较高、效率较低，不利于农产品安全质量监控。

（2）农产品物流环节损失率高

农产品是有生命的动物性或植物性产品，在物流过程中存在很多的运输问题。现在，我国农产品物流运输过程中缺乏一些先进的冷冻技术处理，可能会导致一些需要冷冻保鲜的食物坏掉，这样导致损失越来越严重，损失率已经达到发达国家的两倍以上。美国蔬菜水果物流形成的冷冻链，损失率仅在 1.5% 左右。

（3）农产品物流成本高

2003 年，我国粮食的物流成本在整个成本构成中占 40% 以上，鲜活产品占 60% 左右甚至更多，而发达国家的物流成本一般控制在 10% 左右。此后农产品的物流发展一直不容乐观，成本高成为一大难题，如此发展下去将直接影响我国农业服务业的发展。

（4）物流过程增值能力弱

我国对农产品生产投入较多，但产后投入明显不足。特别是在出口别国食品的方面，因为税收和关税方面我们已经承担很大的压力了，再不提高物流过程增值能力，我们很难在市场上立足。而我国在物流增值能力方面体现出来的就特别弱，平均下来的产品所剩利润很有可能会亏损。

### （三）政策建议

**1. 加大政府推动力度**

在这个日益激烈的国际竞争市场上，各级政府和相关部门的重视对于物流发展非常重要。换句话说，假如没有政府的参与，我国的农业物流是不可能达到一定高度的。对于我国来说，需要政府的正确引导，而不是任由农业或市场自由发展，政府的大力支持起到非常关键的作用。对于那些微弱的农业物流更是有着一定的帮助作用。

**2. 构建城乡一体化物流体系**

统筹农业物流双向流通体系，分地区、分时间、有步骤、有计划地实现 4 大板块一体化运作。要想建立这种物流体系的一体化，必定要围绕着城市发展并向农村扩展，最终达到城市带动农村发展这样的一体化物流体系。

**3. 大幅度提高农作物物流载体**

鼓励农业运营过程中的一切合理做法，从耕作到收割，从加工处理到供市场营销都需要物流公司，为此，农业到商业转化过程中的物流我们可以实施分工协作，提高农业物流效率，形成各种各样的农业方面的物流供应链和农业物流供应链的管理。

**4. 大幅度开发食品冷冻供应链物流，保证食品质量**

冷冻供应链物流是整个农业物流最主要的内容，很多食品像海鲜等都是与时间和温度有很大联系的，因此冷链物流特别重要，应当引起人们的重视。冷链物流的各个环节也是不能小觑，主要包括冷冻加工处理、冷冻储存收藏、冷冻运输、冷冻配送和最终的冷冻售出 5 个环节。它具有高科技、高投资、严管理的特点。

**5. 提供农业物流方面的运用基金**

在农业物流方面我们可以建立专项运用基金，这种农业物流专项运用基金主要的功能是建设好农业物流的一些基础设施，建设农业物流的科学技术信息化体系，建设冷冻供应链物流的研发项目工程，建设农产品的质量检验系统，培养农业物流管理人才等。

### 6. 建立粮食或食品物流系统

根据产销地的具体情况，建设储备库、调节库。逐步实现物流运输的网络化、信息化、标准化和现代化。建设粮食或食品的农业物流公司，提高运输配送过程中的增值服务。

### 7. 设立农产品的各种应急物流体系

农产品在物流方面存在的问题是人们生活和生存都必须经历的，各种各样食品的供给需要有一个完整的应急体系，此外还需要建立一个跨地区的敏感调整发送体系，以及多种多样的运输形式和物流公司共同运营的农产品应急物流体系。

### 8. 设立农业物流融资扶植体系

无可置疑，农业物流也会存在资金问题，这就需要相关金融部门的大力支持，主要包括银行、证券、保险和租赁等。农业物流的发展需要农业融资方面的大力支撑。

## 二 农业批发零售业现状、问题及对策

### （一）引言

农产品批发市场是农产品经营者之间进行大规模农副产品批量交易的场所。它是农产品流通体系的中心环节，是贯通城乡、地区之间的一条重要渠道，它能够有效地衔接农商，使参加市场的买主和卖主及时了解到市场的行情和信息，快速对农产品价格及供求变化做出反应，节省农产品流通费用。农产品零售市场是农产品的最终交易场所。它反映着农产品市场中生产者、加工者、经营者和消费者多方面的经济关系。目前我国的零售市场发展主要向着超市、物流、配送等方面发展。由于农产品具有很强的分散性和季节性，农产品批发、零售市场要想能够适应各种农产品产销季节和产地的差异必须具备适应农产品收购、加工、整理、打包的各种不同的先进技术和设备的能力。如水果、蔬菜、水产品具有鲜活性，容易变质、腐烂，需要及时处理、运输，减少损耗。

纵览我国的农业发展历程，不难看出，我国农产品批发、零售市场由

于适应我国农产品生产、流通的特点，在促进农业发展、拉动经济增长和维护社会稳定等方面都起到了非常重要的作用。随着我国社会主义市场经济的发展，批发、零售市场在农产品流通中的作用越来越重要。我国的农产品批发市场作为农产品流通体系的关键环节，它的不断发展不仅有利于提高农产品流通速度，而且对于推进我国农业现代化和发展农村经济方面也起到了不容小觑的作用。

中国是一个拥有近 13.68 亿人口的特大型消费国家，仅 2013 年，我国农产品批发市场的成交额就达到 13760.76 亿元，农产品零售市场成交额为823.32 亿元，因而农产品批发、零售市场的建设对我国的经济发展和社会稳定具有举足轻重的作用。经过多年不断的发展，先后涌现出山东寿光、深圳布吉等大型农产品批发市场，为全国的农产品批发市场树立了典范。

**（二）国内外文献综述**

一直以来，国内外专家学者从不同方向和层次分析了农产品批发、零售市场的流通模式、发展现状以及存在问题。

第一，从流通体制角度进行的研究：小林康平和甲斐谕（1995）运用侧重分析方法对政府的决策对农产品流通的作用进行了分析；温思美、罗必良（2001）采用理论与实证相结合的方法，阐明了"布吉模式"的理论价值，提出了中国农产品流通体制改革的一些建议。

第二，从流通模式方面进行的研究：马承霈（2003）分析了美国农产品批发市场的结构和现状；王彬（2008）归纳了我国鲜活农产品的流通模式演变及演变过程中存在的障碍。

第三，从信息共享视角进行的研究：黄祖辉（2003）提出，不断加强对批发市场的信息共享力度，最终建立以农产品批发市场为核心、超市为零售终端的新型流通模式；赵元凤（2003）研究了国外农产品市场的信息系统建设以及发展特点，并根据我国的现状指出了中国农产品市场信息系统建设和发展的方向；刘雯、张浩、安玉发（2010）认为批发市场是农产品供应链中的主体，在提供供求信息、农产品集散等方面起着重大的作用。

但是，现存文献关于零售市场问题涉及较少，研究主要集中在批发市场的流通模式上，没有对批发、零售市场建设进行系统深入研究。另外，对农产品批发、零售市场的研究存在着诸多问题，很多是对生鲜超市的研究，把研究的侧重点放在了超市的经营和管理方面，并没有从城镇居民的角度分析并对农产品批发、零售业提出改进对策。还有，国外的农产品市场多以超市化方式经营，由于农产品市场改造方式和途径不同，国外学者对农产品市场的研究主要是从国际视野研究超级市场经营鲜活农产品所带来的影响。鉴于国情和消费环境的不同，他们所提出的对策和建议对我国农产品批发、零售市场的建设缺乏现实性的指导意义。

### （三）我国农产品批发、零售市场的历史演进

**1. 我国农产品批发市场的历史演进**

伴随农业生产商品化和市场化发展，我国的农产品批发市场相应而生，它是我国交易制度的一种创新。农产品批发市场由 1986 年的 892 家、年成交额 28.35 亿元，发展到 2013 年的 4476 家、年成交总额 37414.4 亿元，总共经历了 6 个发展阶段，其发展趋势是由多到少，由民间自发组织到政府部门专门引导规范。具体分为以下几个阶段。

萌芽阶段（1978~1984 年）：我国实行改革开放以后，政府逐步放开农产品集贸市场限制，农产品集贸市场逐渐恢复，非主要农产品的批发市场开始诞生。到 1984 年末全国已经建立了 2248 个城市贸易中心，农产品贸易中心占 753 个。这一时期还出现了以山东寿光蔬菜批发市场为标志的大型农产品批发市场。

发展阶段（1985~1991 年）：1985 年我国开始采用合同订购和议价销售，新兴批发市场逐渐取代国营和合作社批发，自由产销的批发市场初步形成，批发市场开始成为农产品流通的主渠道。农产品批发市场数量和成交额都有了很大的提高。

繁荣阶段（1992~1995 年）：1992 年开始国家出台农产品流动体制市场化改革政策，提出"菜篮子"工程，批发市场全面发展。1995 年农产品批发市场在短短几年时间内增加近 1.3 倍，高达 3517 个。与此同时盲目发展开始盛行，加上市场管理出现问题，一些地方出现有场无市的现象，成为"空壳市场"。

规范阶段（1996~2001 年）：1996 年前后由于流通渠道不畅，农产品供过于求激化了地方保护主义。国家为解决市场分割对批发市场造成的破坏便对批发市场进行大规模规范化整顿。2001 年农产品批发市场数量为

4351 个，增长不多，批发市场的数量发展渐趋平稳。

质量提升阶段（2002～2008 年）：加入 WTO 之后我国的市场开放程度逐渐加大，进一步要求我国农产品批发市场朝着规范化和制度化方向发展，农产品批发市场步入质的提升阶段。2002 年开始，商务部开始实施"标准化市场工程""双百市场工程"等一系列工程提升农产品批发市场的质量。《农副产品绿色批发市场》等国家标准开始颁布实施。

集团化发展阶段（2009 年至今）：2009 年以后，一些综合实力强的批发市场开始通过多种方式在全国各地投资兴建物流园，农产品批发出现集团化发展的新特征。尤其是鼓励鲜活农产品流通企业跨地区兼并重组和投资合作的意见的提出，为批发市场集团化发展提供了政策支持。较为典型的是深圳农产品股份有限公司，它的市场数量目前已经达到了 32 家。

**2. 中国农产品零售市场的演变**

20 世纪 80 年代以来，我国的农产品零售行业发生了巨大变化。农产品零售市场的演变大致可分为以下几个阶段。

国营菜场阶段（1980～1984 年）。在农产品统购统销的政策影响下，国营商业公司牢牢控制着这一时期的农产品市场经营权。水果、蔬菜等生鲜农产品都由国营的专门公司进行统一经营。

农贸市场阶段（1985～1995 年）。1985 年后国家实行合同订购和议价销售，放开了蔬菜、水果等大部分生鲜农产品的统购统销政策，形成了以自由产销的批发市场为主渠道，以城乡集贸市场为终端的新的农产品流通体系。需要指出的是，我国的农产品批发市场并不是严格意义上纯粹的批发市场，一般是批零兼营的市场，所以此阶段的农产品批发市场也作为中国农产品零售市场的一部分。

超市快速发展阶段（1996 年至今）。20 世纪 90 年代连锁超市作为一种新型零售模式在我国出现。超市最开始主营业务是经营日常生活用品，随着竞争加剧，1996 年我国超市在吸收借鉴家乐福等国外超市模式的基础上，开始经营零售生鲜农产品，随后，农产品超市经营发展迅猛。到了 2000 年，在一些大城市中超市经营农产品的销售额已经达到 20% 以上。2003 年全国 74 万家超市水果和蔬菜等生鲜农产品销售额约为 1250 亿元。2000 年以来，北京、上海等大城市先后制定了推进农贸市场超市化改革的相关政策，在这一政策的推动下超市发展迅速。2004 年中央发布 1 号文件，在文件中指出："加快发展农产品连锁、超市、配送经营，鼓励有条件的地方将城市农贸市场改建成超市，支持农业龙头企业到城市开办农产品超市。"虽然现在我国由超市经营农产品的模式还处于初级阶段，但在消费需求和政府政策的双重推动之下，超市经营取得了显著成效，从超市购买生鲜农产品已经逐渐成为我国居民的一种新的消费行为。

**（四）国内外农产品的流通模式**

**1. 国外农产品流通模式**

国外的农产品流通模式由于开始较早，经过不断的发展，已经逐渐形成了适应现代化大生产发展要求的一整套完整的运行和管理体系。在农产品流通领域中批发业的主导地位渐渐被削弱，批发商不断向零售领域扩展，批发业不断朝着规模化、大型化、连锁化的方向发展。由于体制政策、社会经济水平等方面的不同，国外农产品流通模式大致分为三种：北美模式、欧洲模式和东亚模式。

（1）北美模式

北美模式的代表是美国，表现方式为农产品流通模式主要是以直销模式为主，实现农产品生产与零售直接对接，由产地批发市场直接向零售商出售，营销渠道较短，有利于减少流通环节，提高流通效率。由于美国实行农场规模化经营，机械化程度高，形成了农业化大生产的格局。再加上超市和连锁经营的规模迅速扩大，零售商的势力也不断增大，零售商对货源和供货方式有了更高的要求。为了适应这种要求，产地直销模式应运而生，农产品流通模式由以前的农产品批发市场为主体转换为现在以直销为核心的流通模式。目前美国产地直销占果蔬类农产品市场流通的80%以上。

美国的农产品生产区域化集中程度较高，农产品产地市场集中。产地市场是指农产品由生产者包装处理后直接向配送中心和批发市场配送，不经过任何中间环节。在美国的一些州形成了专业化的蔬菜、水果等产地，因而农产品产地市场集中，美国的产地批发市场流通在农产品流通渠道中占主导地位，经由产地批发市场实现与零售商的交易在90%以上。

美国以产地直销模式为主，农产品流通渠道环节少，流通渠道短，流通速度快，能够降低流通成本。美国80%左右的农产品经由产地批发市场，实现直接配送至零售商。美国的交通运输基础设施完善，公路、铁路、水路、航空运输十分便捷，一些地方还有专门为农产品收购站和加工厂建立的铁路线。便利的交通既提高了流通效率，又降低了农产品的成本和流通损失，有利于实现农产品直销的发展。

美国为提高农产品流通效率，逐步完善社会化服务体系，建立了装卸公司、运输公司、分类配送中心等专门为农产品流通交易服务的服务性流通组织。服务性组织作为第三方物流的介入，提高了农产品的流通效率，增强了市场竞争力。

（2）欧洲模式

欧洲模式以法国为代表，这种模式实现了批发市场与超市直销共同发展、差异经营。法国的农产品流通形成了一个较为完整的体系，由生产者、农业合作社、加工企业、农产品批发市场、大型连锁超市和消费者构成。

一方面，欧盟国家生产组织化程度高，大都有大型农产品批发市场并且坚持公益性原则，批发市场的发展稳定。另一方面，伴随零售业和连锁经营的迅速发展，形成许多大型连锁集团。它们自己建立统一的配送中心，与产地实行直销，扩大了农产品直销规模。鼓励产、加、销一体化发展，实现农业生产标准化。

法国模式最明显的特征就是农业合作社在农产品流通体系中起主导作用。农业合作社在法国的农产品流通中具有非常重要的影响。农业合作社先将农民手中的农副产品收购，再把农产品直接销售给加工企业、批发商或者零售商，也有些农业合作社会对农产品进行简单加工后出售。农业合作社还为农户提供信息、科技、培训等方面的服务，这有利于提高组织化程度，维护农民的利益。农业合作社的另一项功能是帮助农户进行贷款融资。

大部分蔬菜水果等农副产品加工企业都与农业合作社有购销合同，它们先对收购的农产品进行分类、加工、包装处理，然后再把成品运送给批发商和大型超市。在法国农产品流通主要采取批发市场的方式，因为法国规定农民不能直接把生产的鲜活农产品拿到市场出售。批发市场是连接供求双方的纽带，作为农产品批发商和零售商之间的媒介，既能够缓和农产品市场的矛盾，又可以降低交易成本，提高流通效率。一些规模较大的、开放性的批发市场还承担着为交易者提供农产品数量、价格和供求等各方面信息的任务。法国消费者购买所需的生鲜农产品主要通过大型超市和连锁店，法国有专门的部门负责规划地区商业网点布局，并且每个网点的建设都需要经过严格审批。

（3）东亚模式

东亚模式以日本为代表，由批发市场来对农产品进行销售流通。日本地处东亚，人多地少，土地经营规模小，小农经济占主导，农业生产方式是以家庭为单位的小规模生产。这样的自然、社会条件和生产方式下形成了以批发市场为核心的农产品流通模式，批发市场是鲜活农产品流通的主要渠道。日本的农产品批发市场发展得比较规范，形成了一套完整的管理体系，指导着批发市场的建设和管理。目前，日本的农产品批发市场基本上覆盖了全国城乡，发挥着服务生鲜农产品的流通，保障供需、稳定市场，促进社会经济发展的作用。日本的农产品的流通模式由市场内流通与市场外流通组成。市场内流通是以批发市场为主渠道的交易方式。市场外流通是指农产品产销直接对接，不经由批发市场，减少中间环节，降低农产品价格的交易方式。

日本的农产品流通中间环节多，流通成本较高。农产品一般需要经过两级或者两级以上批发环节，才能最终流转到零售商那里。日本的《批发市场法》对市场参与者的各项行为有着明确的规定，禁止中间商从事批发性质的业务，因此大部分的农产品都需要经过多级批发市场的交易，这样无疑提高了农产品的流通成本。日本的《零售法》保证零售商的利益，一些零售商为了获取更多的利润常常把零售价格定得非常高。虽然流通中间环节多，但是日本的流通模式规范化、法制化。批发市场采用公开拍卖的方式，价格比较公正。同时，日本《市场法实施规则》规定除手续费外批发商不得接受其他任何形式的报酬。

现在日本大城市批发市场的主渠道作用开始变小，由批发市场经营鲜活农产品的流通量比重逐渐下降，而农产品市场外流通的数量比重开始上升，市场外流通发展迅速。通过市场外流通，生产者将生产的农产品经过分选、包装处理后，直接运送供应消费地零售点，实现直接运销，减少了流通环节，降低了流通成本，增加了生产者和消费者的利益。日本农产品产地直销的方式很多，包括早市、直销所、地头销售、合同销售等销售方式。另外，由于日本对海外生鲜农产品的需求增多，也出现了大型连锁超市与海外农产品生产基地合作的直销模式。

信息化时代的到来,借助互联网技术的迅猛发展,日本鲜活农产品的流通信息化也有了快速发展。POS、EOS 系统的发展与普及,为连锁店和大型零售店的交易提供了便利。零售店能够快速掌握每个商店的销售情况,及时合理调整每种商品的供求时间,很大程度上加快了进货、库存周转速度,提升了流通效率。同时日本批发市场已能发挥集中市场信息的信息中心功能。鲜活农产品网络销售开始流行,消费者可以网上订购农产品,不必出门就能购买需要的农产品。

**2. 我国的农产品流通模式**

我国的农产品流通模式不同于欧美模式,欧美的市场外流通规模较大,因为欧美的农业生产大多生产规模大,产销一体化的大型超级市场取代了农产品批发市场的许多功能。比较之下,东亚模式更符合我国现阶段的国情,更加适合我国农产品流通的现状。我国的农产品流通还处于初级阶段,参照东亚模式建设我国农产品市场体系有利于促进我国农产品批发市场的规范化和现代化。我国人多地少,农业生产者规模小,综合性的大型超市功能不健全,农产品的流通需要通过批发市场来进行。农产品批发市场公平、高效的市场竞争规则有效节约了交易农产品的时间和费用,增加农业生产者和消费者的利益。把规范化的批发市场作为农产品流通主渠道可以为服务我国农产品流通、维护市场稳定和促进农业经济发展提供强大的支撑和保障。

**(五) 中国农产品批发、零售市场现状**

**1. 中国农产品批发市场现状**

(1) 农产品批发市场类型

批发市场经过逐渐发展演变,按照不同的方式分为不同的类型。农产品批发市场按交易方式分为综合市场和专业市场。综合市场是指一般意义上各类农产品总的批发市场;专业市场是指只提供一种或者一类农产品的批发市场,例如蔬菜市场、水果市场等。截至 2013 年,我国综合市场数量1381 个,其中农产品综合市场数量 689 个;专业市场数量 3708 个,其中农产品市场数量 1019 个,蔬菜市场数量 312 个,干鲜果品市场数量 137个。具体如图 8 - 1 所示。

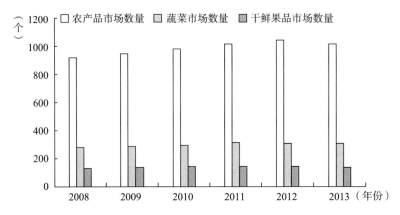

**图 8 - 1  2008～2013 年我国农产品市场数量**

资料来源：历年《中国统计年鉴》。

按市场所处位置和承担职能农产品批发市场可以分为：产地批发市场、销地批发市场和区域中转批发市场。产地批发市场是指在农产品生产比较集中的地区形成的市场，交易设施简陋，主要功能是集货、分货交易。我国产地市场较为典型的是山东寿光蔬菜批发市场。销地批发市场是为了满足广大城市的农产品消费需求在农产品消费量较大的地区建立的农产品交易市场。主要功能有集散、交易、结算和物流配送。销地批发市场内的农产品来自全国各地，北京市场三分之一的蔬菜来自山东寿光。区域中转批发市场也称集散型批发市场，是凭借区位优势、交通条件、集聚效应等为长途运输提供集散和中转的市场。典型的是深圳布吉农产品中心批发市场，它的蔬菜、水果不仅用于满足深圳居民的生活，还能够辐射整个华南地区甚至全国，并与国外市场建立密切的贸易关系。

（2）农产品批发市场的发展现状

我国的农产品批发、零售市场初步形成以各级批发市场为主，农对超（农产品市场与超市直接对接）、直配（农产品直接配送）等一些新型流通模式为辅的新型流通体系。这种新型农产品流通体系在促进农产品流通、满足居民消费等各方面起到了非常重要的作用。

批发市场是我国农产品流通的主渠道。目前我国农产品批发市场的交易规模已呈现平稳发展的态势，大部分农产品批发市场逐渐形成以中心批发市场为中心，区域性与专业性批发市场互为补充的网状流通体系。全国农产品批发市场年成交额由 2008 年的 7199.89 亿元增加到 2013 年的 13760.8 亿元，增加了将近一倍。其中 2008～2013 年，蔬菜批发市场成交额由 1888.67 亿元增加到 3703.63 亿元，干鲜果品批发市场成交额由 1150.72 亿元增加到 2316.49 亿元。我国的农产品批发市场提供着全国 70% 以上的鲜活农产品。具体如图 8-2 所示。

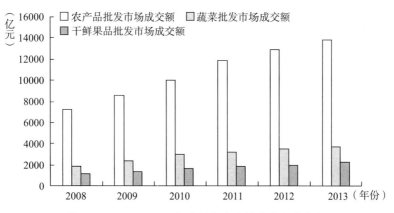

**图 8-2 2008～2013 年中国农产品批发市场成交额**

资料来源：历年《中国统计年鉴》。

我国农产品批发市场发展迅速。近几年专业农产品批发市场持续占据我国农产品批发市场的主导地位，超大型现代化农产品批发市场在快速增长之中，市场数量、摊位数、营业面积稳步增加，交易规模不断扩大。2008～2013 年，我国农产品市场摊位数由 485533 个增加到 576657 个，农产品综合市场摊位数由 372615 个变化为 422586 个，蔬菜市场摊位数由 195753 个增长到 223435 个，干鲜果品市场摊位数由 59948 个增长为 69102 个。具体如图 8-3 所示。

国内农产品批发市场的市场集中度不断提高。伴随城镇化的速度加快，不断涌现大批规模化的全国性大型批发市场。其中，北京、上海等地的农产品市场体系建设取得了显著成效。例如北京的 9 个大型农产品批发市场，在保障本地市场需求的同时，还为带动整个华北地区农产品流通的发展做出了巨大贡献。

农产品批发市场的功能有所转换。伴随社会、经济环境的变化，农产品流通体制的变革，农产品批发市场的市场功能由原来的产品集散流通功

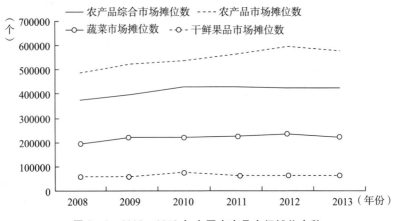

**图8-3 2008~2013年中国农产品市场摊位个数**

资料来源:历年《中国统计年鉴》。

能向价格决定、质量监控等方向发展。批发市场汇集了大量来自全国的批发商,这些批发商与供应商之间的价格协商最终决定产品价格。随着城市化进程推进,居民的生活水平明显提高,批发市场功能扩展到检测农产品的质量安全。另外,农产品市场的批发价格又决定了它的零售价格。

农产品季节性市场的迅速发展为产地市场注入了更多的活力。农产品朝着区域化方向生产,产地批发市场进入一个崭新的发展阶段。2010年我国季节性农产品批发市场成交额为527.29亿元,比上一年增加了36.3%。

农产品批发市场以初、中级市场为主,封闭式市场发展迅速。初、中级市场目前仍然是我国农产品批发市场的主要市场,成交额数量巨大。与露天市场相比,2010年我国封闭式农产品批发市场增速较快,交易总额达8953.22亿元。

农产品批发市场发展更趋专业化。蔬菜市场在农产品市场中所占比重较大,其次是干鲜果品市场。2013年蔬菜类批发市场312个,成交额5694.13亿元,干鲜果品类批发市场137个,成交额4736.14亿元。

农产品批发市场存在明显的区域分布差异。东部地区由于城市化进程发展较快,农业产业化发展较为成熟,因此农产品批发市场产生了规模效应。农产品批发成交额超过千亿元的6个省市(山东、浙江、江苏、广东、北京、河北)都在东部地区。

农产品批发市场的市场管理水平有了很大的提升。我国逐步提升管理规范，兴建标准化菜市场，加快冷链物流业发展速度，把食品安全作为重中之重，开始重视对废弃物的处理工作，改造和创新先进的监督检测设备，提高市场交易的现代化水平，并且密切与加强同其他零售业的互补关系，协调发展。这些都为农民收入的增加，经济的高速发展，居民"菜篮子"的稳定提供了保障。一些地方实施的农产品安全追溯系统对于保证农产品质量安全、提高居民对农产品安全的信心起到了重大作用。

**2. 中国农产品零售市场现状**

我国的农产品零售市场消费方式呈多元化的发展趋势。至 2013 年底，我国农产品零售市场成交额达 823.32 亿元，其中蔬菜零售市场成交额 134.62 亿元，干鲜果品零售市场成交额 21.4 亿元。根据《中国统计年鉴》统计，2013 年我国已建成蔬菜市场 312 个，蔬菜市场摊位 223435 个，蔬菜市场年成交额 3838.25 亿元，蔬菜市场营业面积 1596.24 万平方米，蔬菜零售市场成交额 134.62 亿元。同时，生鲜超市、社区菜店、网上菜市场等多种农产品零售经营方式也在飞速发展之中。具体如图 8-4 所示。

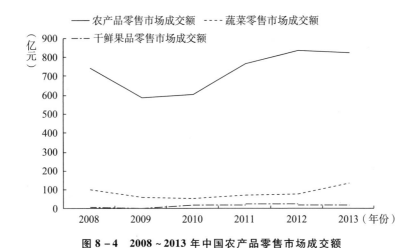

**图 8-4 2008~2013 年中国农产品零售市场成交额**

资料来源：历年《中国统计年鉴》。

农贸市场是农产品零售的核心。20 世纪 70 年代末，我国由计划经济转向市场经济，这个时期开始形成了以农贸市场为主体的农产品零售业体系。截至 2013 年，全国亿元以上农贸市场数量超过 1000 个，农贸市场依然是居民采购各类农产品的主要渠道。

连锁方式经营农产品的超市有了迅速发展。1990年超市作为一种新型零售业态进入我国，凭借品牌、良好的购物环境、安全保证等优势，由超市经营的农产品销售额快速上升，逐渐发展成为农贸市场的有力竞争对手。随着居民消费水平的不断提高，生活方式有了很大的变化，超市成为很多居民购买生鲜农产品的主要选择，大、中、小型综合型超市遍布在我国的各个城市、城镇、乡镇等地方，在农产品零售市场中所占份额越来越大。2009年我国超市连锁门店数量就已经达到3.5717万家。但是目前由大型连锁超市经营生鲜农产品对于我国的大部分地区来说，还是处于初级阶段，在北京、上海这样的大城市，农产品批发市场的发展也仍然处于一个提升阶段。即使在那些发达国家，超市发展较为完善，已经成为零售生鲜农产品的主要渠道，但是农产品批发市场的地位也依然无法被取代，仍然在农产品的流通领域起着关键作用。例如英国农场80%以上的蔬菜水果依然还是通过批发市场进入流通领域，美国北加州干果蔬菜批发市场的干果蔬菜供应量占全美的1/3。

直销模式逐渐成为国际农产品流通的主要方式。面对日益国际化的趋势，我国在世界各国中的地位变得越来越重要，我国农产品批发市场也必将成为未来国际物流的采购中心，同时也是我国向国外展示综合实力的重要窗口。但是我们现在与国外先进的农产品批发零售市场仍有很大的差距，这迫切地要求我们加快对农产品批发市场进行改革的步伐，借鉴直销模式，努力寻找建设完善农产品批发市场的途径。

互联网和电子商务的飞速发展使农产品网上交易成为一种新的零售渠道。信息技术的广泛传播与应用尤其是网络营销、电子商务的发展为农产品零售行业的发展提供了更加广阔的空间。

### （六）中国农产品批发、零售市场面临的挑战

我国的农产品批发、零售发展过程中需要面对很多来自各方的挑战。

第一，供应与消费之间存在"悖论"。生产供应地并不是农产品的主要消费地，农产品的主要消费地并不生产它。由于人口数量与农产品消费量成正比，我国的许多大城市人口数量庞大，因而农产品消费需求大。但是由于大城市本地生产供应自给率低，大多农产品都需要从外省市进购。因此农产品批发、零售市场需要建立大市场、大流通体系来保障农产品市

场机制的正常运行。

第二，消费需求呈现多样化，维持供需均衡的难度系数增大。消费群体需求水平差异增大趋势明显，满足不同消费对象的需求的压力变大。蔬菜、水果等鲜活农产品的产量和运输容易受到天气、季节、节假日等因素的影响。尤其是春节等节假日对农产品的需求影响较大，致使出现阶段性农产品短缺现象，维持农产品供需均衡的复杂度增加。

第三，市场因素对价格变化影响增大。全球一体化进程加快，国际市场联系日益紧密，国外农产品的价格波动对我国的农产品市场的价格变化也有了一定程度的影响。这样无疑加大了维持我国农产品市场稳定的难度。

第四，食品安全问题的隐患没有完全消除。虽然国家出台了一系列法律法规要求规范农产品生产源头和流通环节，但是由于监督力度不够，管理化水平较低，导致我国的农产品质量安全依然存在一定的隐患。

第五，农产品市场交易以现货、现金为主，批零兼营普遍。现阶段我国的农产品批发市场大多是以实物交易为主，用现金进行收付结算。由于交易对象是成品，现货交易导致交易信息起不到指导商品生产的作用。农产品批发业务交易数量大，采取现金收付需要支付大量的现金，而交易过程中可能出现假币、抢劫等不法行为，这增加了交易的风险，也限制了批发市场的大规模扩展。批零兼营在我国农产品批发市场上是一种很普遍的现象。由于人们的传统交易习惯和单纯的批发交易难以维持市场运营，因此严格意义上的批发市场很少，很多农产品批发市场都存在着零售摊点。这也导致我国大量的农产品批发市场缺乏现代批发市场应有的规范，如同放大版的传统集贸市场。

### （七）中国农产品批发、零售市场存在的问题

目前我国的农产品批发、零售市场虽然有了较好的发展，但是仍然存在着许多不足之处。

#### 1. 基础设施落后，交易规模过小、经营水平较低

基础设施建设是市场进行交易的基础条件。目前，我国农产品批发市场还存在着市场水电基础配套设备落后，农产品的保鲜、加工和销售环节落后，农产品检疫检测系统滞后等问题，导致生产成本过高，进而引起农

产品市场价格提高。配送设施建设不够完善，农产品的流通渠道并不畅通，从供应地到消费地的配送大部分并不透明，导致物流运输缓慢。

许多农产品市场批零兼营，交易规模过小，容易造成运作不规范、流通效率低下的后果。各地区的专业化发展程度不够高，许多地方还存在着地方保护主义，它们盲目追求各自利益过度竞争最终导致市场分割，交易规模缩小。我国很多的农产品批发市场由于自身经济实力有限，不能进行有效地淡储旺销，缺乏市场趋势把控，没有强有力的资金支持大规模农产品流通，应对风险能力较低，无法保障农产品的销路和价格。另外，中国批发市场管理松散，入场资格审查不严格，不利于市场的稳定。

**2. 服务功能单一、大型连锁超市冲击加剧**

目前我国的农产品批发市场大多不具有检验加工、结算购销、代办保险等功能，很多只是停留在单纯作为一个买卖场所上，忽略了为交易者提供良好的服务设施。场内缺乏银行、运输公司等一些必要的服务机构。

随着大型综合性超市的不断发展，功能的不断健全，加快涉足生鲜农产品，大型连锁超市开始逐渐取代农产品批发市场的一些功能，使农产品脱离批发市场的控制，减少了农产品在流通中的一些环节，使它们越来越成为生鲜配送中心的重要组成部分。大型连锁超市的快速发展，尤其是介入生鲜农产品产业链后，给未来农产品批发市场的发展提出了更为严峻的挑战。从 2008 年引进农超对接、产地直营模式之后，超市的蔬菜水果销售价格有了很大幅度的降低，超市经营农产品零售相对于农贸市场有了更加明显的优势，消费者经由超市购买果蔬类农产品的份额逐渐增加。仅以北京物美集团为例，2010 年 6 月物美超市从基地直接采购的蔬菜水果有 40 多种，蔬菜水果产品的销量每日超过 200 吨。从基地直接采购降低了成本，从而售价降低，增强了竞争力。在大型超市等一些新型流通组织的强势冲击之下，农产品批发市场的核心地位作用没能够得到全面发挥。

**3. 信息网络建设落后，交易方式滞后**

面对信息化时代，我国的农业部信息网采集的信息面不广而且传播渠道狭窄，不能发挥其应有效用。一些农产品批发市场没有建立自己的网站，不能及时获取大型交易中心的市场信息。另外一些批发市场虽然建设了网络，但是由于市场人员的知识水平有限不能很好地进行操作运用导致信息不畅，产生不公平交易。国外农产品批发市场已充分运用互联网技术，传递市场信息，增加经济利润。美国、德国已进入农业信息化时代，截至 2015 年美国的农业信息化强度已经高达 81.6%。我国农产品批发市场的交易方式则主要是以现货交易为主，这种一对一的谈判协商形成的价格不透明，容易造成价格不公正，农产品批发市场迫切面临二次升级的重要任务。

**4. 信息不对称情况严重**

农产品批发市场信息不对称情况严重，主要影响分为对生产者的影响和对消费者的影响。对于生产者来说，由于信息不对称造成需求信息不确定，导致农产品的供求出现不平衡，不利于降低生产者的市场风险。从消费者的角度看，信息不对称带来的供给信息不确定容易引起信任危机，会让消费者失去对产品质量的信任。这样双向影响的存在不利于农产品批发市场的发展与完善。另外，由于信息不对称还会引发市场失灵，甚至在市场中出现劣货驱逐良货的情况，例如在大型超市中经常出现的绿色有机农产品很难出现在批发市场。

**5. 法律法规缺失、零售价格过高**

与西方发达国家相比，中国的农产品批发市场法律法规建设不健全，农产品批发市场得到的国家法律保护不够。有的法规由于出台时间短或执行力度不够得不到贯彻落实，难以解决现有批发市场存在的许多实际问题。农产品从批发市场到消费者的手中大致需要经过以下几个阶段：种植户、包装、短途运输、批发市场、运输、零售终端，或者种植户、包装、运输、产地批发市场、长途运输、销地批发市场、短途运输、零售终端。农产品零售终端又以农贸市场、超市、社区菜店为主，这些零售终端的农产品价格较之批发市场价格要高。以超市为例，由于零供关系日益紧张，超市收费高、扣点高等导致当前超市零售的农产品价格高。又以社区菜店为例，商户经营菜店租赁的房子或摊位需要给付高额的租金，为了除却这些成本之外赚取一定的利润，经营者一般都采取提高农产品的零售价格的方式。

**（八）中国农产品批发、零售市场的发展对策**

**1. 加强基础设施建设，推进标准化市场建设和管理**

农产品市场的建设要有前瞻性。在市场硬件配套基础设施方面，满足批发市场的建设用地需求，加强对农产品分级、加工、包装、储藏、保鲜、运输等基础设施改造升级，转变市场脏、乱、差的现状。在市场内设立农产品质检中心，提高市场农产品的农药残留检验标准，严厉追究提供的农药化肥含量超标农产品的入市者责任，同时确保完善市场的消防安全和环保制度。在软件方面，加强计算机信息网络建设，运用现代化信息交易系统对农产品市场进行科学化运作管理，真正实现农产品批发市场之间网络信息资源的交流与共享。严格制定各项标准，加强执法监管力度，以现代化的标准管理制度实行优胜劣汰，规范市场。强化相关政府对批发市场的规划与实施力度，推进标准化菜市场的二次改造。另外，有计划地对农产品应急保障供应体系进行细化改造。

在农产品批发市场实行股份制，推进以国有经济为主的多元化市场投资和经营。采取由国家带头积极吸收多方投资的方式兴办国家级中央大型批发市场，通过控股、参股等形式，发挥国家在经营管理中的骨干作用。以地方国有经济为主导，根据市场经营主体多元化的模式对批发市场实行改造，支持农产品批发零售市场的市场所有权和经营权分离。国有经济采用政府投资或者国有企业投资的形式，这样既保证了国家对农产品市场的有效调控，又有利于解决批发市场一直存在的资金短缺问题。通过完善市场经营的绩效和奖励机制，增添市场活力。

**2. 延伸农产品市场功能，寻求与大型连锁超市的合作**

农产品批发市场应在生产和消费两个领域进行双向延伸，强化其在市场供求和货物集散等方面的重要作用。生产领域向农村延伸，实现产、供、销一体化，加速发展"订单农业"。推动农批对接、农超对接、农餐对接等新型业态。积极扩大加工业，对农产品进行保鲜和加工，增加产品的附加值。消费领域联合连锁超市、仓储式商场和便利店，为其配送商品，农产品批发市场也可以建立自己的连锁超市，这样不仅可以扩大商品的流通规模，而且能够减少流转中转环节，降低流通成本。鼓励批发市场、农产品生产基地直接建立社区农产品直销点。

大型连锁超市的发展与农产品批发市场间存在着许多的合作。农产品批发市场是农产品流通中的主力军，拥有强大的集散功能，批发零售的数量更为庞大，经营者具有丰富的农产品经营经验。批发市场控制着大部分的生鲜农产品，特别是瓜果、蔬菜等农产品，因此批发市场在生鲜农产品的流通中起着举足轻重的作用。面对挑战农产品批发、零售市场应该顺应时势，积极改革，建设新型现代化农产品批发、零售市场。加快推进"农改超"进程，实现农产品批发市场与超市等新型零售方式的高效合作。

**3. 创新服务体系，发展电子商务模式**

农产品批发市场应提高市场经营管理水平，规范服务管理体系，为客户提供全面的生活服务和管理服务，以帮助客户成交、减少交易费用、节省交易时间、提高运行效率为宗旨。市场信息部门应随时对所收集到的信息进行综合分析，将商品的产销量、流通方向、供求量、价格及时传递给交易双方，进行市场信息服务，开拓货源，沟通供求渠道，"引缺销压"。在交易过程中对检验、运输、装卸、仓储、包装、入市等环节设立专项服务，还可以为参加交易的客户提供食宿、车票预订、娱乐、旅游等相关生活服务。

农产品批发市场应积极发展电子商务模式，引进拍卖交易、期货交易等其他交易方式，提高农产品批发市场的交易效率和交易额。推进发展网上拍卖交易可以有效地解决地域交通的限制问题，充分发挥资源配置功能，同时还可以规范批发市场价格形成机制。加快各大型农产品批发市场的联网建设，搭建农业信息平台，建立统一的农产品市场信息网络，组织专门人员利用互联网技术，整合各种信息资源，公布各种市场信息，实现网络交易。积极发展农产品在线拍卖、订货、电子化结算等功能。当前我国涉农电子商务平台数量超过 3000 个，2014 年，我国农产品的网络交易额超过 1000 亿元，占农产品销售额的 3%。这些都表明发展农产品行业的电子商务模式在我国的前景十分广阔。

**4. 加强品牌营销建设与教育培养力度**

品牌建设已经成为现代市场竞争中的重要组成部分。经过几十年的发展，农产品市场需求已由强调量向追求质方向转化。品牌建设是一个漫长持久的建设过程，农产品批发市场需要根据当地特色合理定位，开发引进新品种，提高产品质量，着力发展名优特、无公害绿色产品，强化自己的品牌建设。品牌建设以消费者满意为建设宗旨，培育市场的品牌特色。如山东寿光蔬菜批发市场在市场化竞争中较早建立自己的品牌，取得了非常良好的成效。

采用专业化市场经营团队，依托优秀管理团队经营农产品的专业化经营优势，引导经营管理，形成完善的市场管理机制，保持市场的良好经营秩序。加大教育培训投入力度，与高校合作培养批发市场管理、技术人才，对员工进行计算机操作应用培训，提高员工的知识能力水平。通过专业化培训，培育专业人才，形成在国内外有竞争力的品牌企业。经常组织高级管理人员对国内外先进的农产品批发市场进行学习考察，与国际现代化接轨，提升管理水平。通过培训，提高农产品批发零售市场从业者的职业道德水平，增加具有法人资质经营者的比重，加强从业者的诚信经营理念，明确食品安全责任，树立长远的经营战略目标。

**5. 制定和完善相关法规、制度，加大财政支持力度**

按照法定程序，结合中国农产品批发零售市场当前的现状和特点，并从一定程度上借鉴西方发达国家的成功经验制定出既符合中国国情又适用于国际惯例的《中国农产品批发零售市场法》。加快出台保障农产品批发和零售市场健康发展的地方性法规及政策，站在规范市场的原则上对批发零售市场的各个方面做出详细规定，将批发市场的建设纳入法制轨道，使中国农产品市场"有法可依"。对于已有的法律法规要不断修订、完善、与时俱进。明确政府、市场管理者和场内经营者各自的职责。相关部门要根据国家有关法规结合本地的市场情况做出相应的政策调整。合理规划农产品零售网点，将农产品批发和零售市场发展规划与其他各项规划进行有效配合，市县之间的规划基本框架要达到统一，避免重复建设和过度建设。管理须由"人治化"的管理转为"系统化"的管理，对奖惩制度、治安条例、人员要求规范等做出详细的规定。同时制度管理规定要具有可操作性，避免形式主义。

政府应在财政上支持农产品零售业的基础设施建设，加快实施降低农产品流通费用、提高农产品流通效率的政策。降低农产品批发市场的交易服务费、摊位租赁费。对于农产品批发销售市场的建设用地按照工业用地最低标准给予优惠。对批发市场的废弃物处理、质量检验检测等公益性设施提供财政补贴。通过政府的支持，利用现已起到作用的批发市场为工具，充分发挥我国农产品批发市场稳定价格、把关农产品质量安全、促进循环经济等公益性功能。

# 三　我国农业信息服务业现状、问题及对策

近年来，随着科技的发展，信息技术在现代科技竞争中发挥了越来越重要的作用。发展农业信息化日益成为各国提高农业综合实力的重要方法，农业信息化服务业的发展浪潮已随之兴起。本书主要分析了我国农业信息服务业的现状——发展并不完善仍然存在着很大的问题，最后，针对农业信息服务业发展现状存在的问题给出了合理化的建议和对策。

## （一）　农业信息服务业发展现状

所谓农业信息服务业，是指农业信息服务主体围绕农业产前、产中、产后为其服务对象提供信息资源和服务，助推现代农业和新农村建设颇具活力的一种新兴信息服务业。发展农业信息服务业，是提高农业生产的自觉性和主动性，调整优化农业产业结构，增强农业防灾减灾能力，促使农业增产农民增收的有效手段，也是加快传统农业向现代农业转化，推进社会主义新农村建设的重要举措。

### 1. 国内农业信息服务业发展进程及发展方式

在当今这个信息化的时代，互联网成为焦点，互联网的发展对我国农业信息化服务起着至关重要的作用。我国农业现代化信息服务体系建设开始于20世纪50年代，已有60多年的发展史，在信息机构中，农业信息机构一直发展比较完善。近年来，中国农科院校直属的农业信息机构有500多所，再细分下级的农业信息机构则更多，这就说明了我国的农业信息服务体系还是相当完善的，并且我国还培养了一批优秀的农业信息高素质人才，不断发展壮大农业信息服务队伍。农业信息服务方式由原先的单一原始信息初级服务转向提供综合的信息咨询服务方向发展，发展模式由以前的以技术为核心转变为现在的以市场为核心，朝着现代服务一体化的方向发展。服务手段上也改变了传统的纸质服务，新增了先进的数据库功能，实行电子声像与电话相结合的服务模式，从而实现了人工信息网与电子信息网的功能结合。伴随着互联网技术的突飞猛进发展，电子信息服务网得到了一个很好的推广平台，特别是农业部局域网的改造与"金穗工程"等

一系列信息网络活动的启动，对实现可持续发展农业具有重要的促进作用，在推动农业信息服务业发展的同时也进一步提高了农民的生活水平。但是，现在我国农业信息服务业的发展还处于低水平阶段，商品化及产业化的水平比较低，信息资源和信息技术水平还有待于进一步开发和提高。只有高水平的农业信息服务产业技术才能促进我国农业现代化建设朝着更快更好的方向前进。

**2. 国际农业信息服务业的发展**

国际农业信息服务业的发展大致分为三个主要发展阶段：第一阶段是20世纪50~60年代，这一时期主要利用计算机对农业进行科学计算；第二阶段为20世纪70年代，这一阶段研究重点是农业数据处理与开发数据库；第三阶段是20世纪90年代以来，农业信息服务业的工作重心转向处理知识、自动控制和网络技术。目前，欧美发达国家的农业信息服务技术已经进入了产业化的发展阶段，美国的计算机应用早已全面渗透现代农业，甚至出现了农业信息化高达90%的局面。目前这一阶段，发达国家与发展中国家在国际信息网络方面大多都覆盖了农业信息，农业信息化水平不断提高。农业决策者充分利用农业现代化信息，不仅可以掌握农产品的生产、市场和价格等流通信息，还可以了解农业环境变化与资源信息的变更。农业信息服务体系在不断发展完善的同时受到了越来越多的国家的重视，根据联合国粮农组织对120个国家进行的统计研究表明，现在已有53个国家和地区初步建立了功能较为齐全的农业现代化信息服务体系。农业信息服务体系成为一个国家农业综合竞争力的重要支撑体系，越来越多的国家特别是发达国家都逐渐加大了对农业信息服务业的投入力度。

总体上，国际农业信息服务体系发展的突出特点有以下几点。第一，信息服务形式多样化，主体多元化。生产者、经营者对信息的需求不同，不同农业信息服务重点、比例也不同，依据服务的对象来调整服务规模，能够起到优势互补的作用。第二，政府起到主要作用。在国外的农业信息服务业建设过程中，政府部门起到了非常积极的作用，它们领导建立农业服务业体系、加强分工管理，组织建立健全农业信息服务体系的法律法规，依法落实与监督法律法规的执行，保证法律法规的真实性、有效性，确保农业信息化参与者的利益，保证农业信息资源共享。第三，促使科、教、推三者紧密结合。科技、教育与推广之间的紧密结合能够在内容上为各个国家的农业信息服务体系提供保障。目前，高科技网络业已成为农业人员学习科学知识、科技研究人员传播实用技术、农业信息服务者之间进行农业信息咨询服务与交流的重要平台。

### （二）我国农业信息服务业发展存在的问题

#### 1. 我国农业信息资源短缺

我国每年出版的农业方面的参考文献只占全世界的1/6，原因有以下几点。其一，我国是农业大国，国家对农业信息发展的资金支持还没有完全覆盖，这就影响农业信息参考文献的出版数量，从而导致农业信息资源不足。其二，由于高科技的发展水平有限，网上的农业数据库资源数量少，种类不全，专业化的信息比较少，很多农业信息的知识讲解比较简单，分析不够深刻，很多优质的最新的农业信息服务资源在网上都查不到。其三，农业信息服务的资源不接地气，实用性不高。以上情况都制约着我国农业信息化服务的发展。

#### 2. 农业产品流通不畅

我国的农业信息化服务业市场发展的条件还不够完善，因为我国农业市场还存在着信息不对称问题，而且市场自身的缺陷也会造成农业信息的时效性不高，不道德的交易，互联网上的虚假、劣质信息，政府的不当干预，这些都不利于农业信息的正常流通，严重阻碍我国农业信息服务业的健康发展。

#### 3. 资金缺乏

众所周知，我国是一个农业大国，农业的生产力水平还比较低，农业生产技术相对落后，资金薄弱一直以来影响着农业现代化的发展，资金不足就会影响农业高新技术的研发，农业生产工具不能及时更新换代，农业信息服务业就不能快速发展，从而严重阻碍了我国农业现代化服务业的发展。因此资金缺乏问题已经到了必须解决的地步。

#### 4. 科技和管理人才严重缺乏

我国很大一部分从事农业信息化服务业的人员没有受过高等教育，农业信息服务业从业人员的文化素质普遍不高，许多农民没有掌握农业信息服务业的核心技术知识，没有现代化的管理人才，很少有人了解高科技的网络技术。所以，高素质人才的缺乏，已成为影响我国农业信息化服务业迅速发展主要原因。

**5. 农业市场管理不标准**

我国农业信息服务业市场管理没有一个一致标准，信息方面的获取途径更是没有统一的秩序，影响网络之间的数据、信息共享。此外，我国还没有完整的农业信息市场法律法规，导致市场管理无法可依。没有规范化市场管理标准，农业信息服务业就不能健康发展。

**（三）发展农业信息服务业的对策**

**1. 加强农业信息服务体系基础设施建设**

由于当前我国正迈向高科技信息化、网络化时代，所以我国农业信息服务业也应该顺应这一发展趋势。从中央到地方均成立信息化领导队伍，国家政府部门提供充足的资金和政策帮助，并完善农业信息服务业基础设施建设，为农业经济发展提供基本保障，提高农村信息市场抵御风险的能力。

**2. 重视农业信息人才的培养，培养高素质的人才队伍**

我国要重视人才培养，组建一批热爱农业的青年学生，对他们进行专业化的农业知识培训，送他们出国深造，学习国外的先进农业技术，将他们打造成农业方面的科技人才、管理人才。培养高素质的人才，使之形成庞大的人才队伍，这样才有利于农业信息化的生产服务业发展。

**3. 科学合理布局，实现全国农业信息服务网络一体化**

目前，我国农业信息系统网络只是覆盖了多数城市，比较偏远的农村并没有联网，不同地区不同省份之间相对比较孤立，导致不同地区的农业信息资源无法共享。因此，只有尽快实现网络一体化，科学合理布局，各地区才能优势互补，充分利用资源，活跃农业信息化市场，发展农业信息生产性服务业，发展农村经济。农业信息服务的各种资源的开发，必须要以市场为前提，达到效益利润最大化，大力借助计算机网络等高科技平台，对农业市场信息动态变化做好分析并即时跟踪。国家应完善农业信息服务相关法律法规的建设，为农业现代化建设创造一个良好的环境。这样不仅有利于农业信息交流畅通无阻，还有利于将网络知识和农业信息市场结合起来，理论联系实际，力求科技创新，打破以往粗放的、单一的农业生产方式，建立合理的农业信息服务业体系，规范农业信息市场建设，促进我国农业信息服务业健康发展。因此，我国科学开发农业信息资源，加大新兴市场建设，学习国外先进的生产经验，先建立各种基础设施，稳定农产品的市场，不断调整供应，最后再加上各级政府和国家的扶植，我国的农业信息化服务肯定会有一个质的飞跃。

# 四 我国农业保险业现状、问题及政策

自 2004 年我国政策性农业保险开始实施以来，我国农业保险飞速发展，保险规模和覆盖面快速扩大，保障作用日益突出，承保品种逐年增加，保障范围不断扩大。与此同时，在农业保险快速发展的过程中仍然存在着很多问题，主要有：农业保险制度和统筹管理机制不够完善，逆向选择和道德风险普遍存在，参与主体经营管理技术和水平有限，财税支持政策、财政补贴效率不足，大灾风险分散管理有待进一步完善。为了我国农业保险的健康发展，笔者针对以上问题提出相关政策建议，希望对我国农业保险的发展有所帮助。

## （一）我国农业保险的现状

我国自 2004 年开始政策性农业保险补贴试点以来，以省级财政补贴为主要形式，针对部分地区和部分产品进行政策性农业保险试点。从 2004 年首次试点开始，到现在农业保险发展已逾 10 年。在国家政策的支持下，我国农业保险无论在广度还是在深度上都得到了快速的发展和完善。

保监会在 2014 年 8 月 28 日发布的数据显示，从 2007 年开始的 7 年间，我国农业保险累计提供风险保障 4.07 万亿元，已向 1.47 亿户次的受灾农户支付赔款 744 亿元。2014 年，我国农业保险实现保费收入 325.7 亿元，同比增长 6.2%；提供风险保障 1.66 万亿元，同比增长 19.6%；参保农户 2.47 亿户次，同比增长 15.71%；承保主要农作物突破 15 亿亩，占全国主要农作物播种面积的 61.6%，其中小麦、玉米、水稻三大口粮作物承保覆盖率分别达 49.3%、69.5% 和 68.7%。2007~2012 年，农业保险在承保品种方面也大大增加，享受中央财政补贴的险种已从原来的 6 个增加到 16 个，覆盖了农、林、牧、渔的各个方面。

## （二）我国农业保险现存问题

### 1. 农业保险制度和统筹管理机制有待进一步完善

《农业保险条例》出台之前，我国农业保险缺乏与之相适应的法律法规，其发展没有形成统一的规范，致使我国农业保险的发展存在较大的风险。该条例则弥补了这方面的空白，意味着我国农业发展进入了一个新阶段。《农业保险条例》明确规定了经营农业保险的基本准则，强化农业保险的顶层设计的同时规范了农业保险经营行为，以法制的形式巩固了农业保险试点成功经验。但是由于有的地方政府缺乏农业保险理论和经营管理实践经验，还没有能制定出适合当地的农业保险制度。

### 2. 逆向选择和道德风险普遍存在

农业保险的逆向选择和道德风险在国内外同行中一直是备受关注的问题，在我国农业保险的有些方面，逆向选择和道德风险有越来越严重的趋势。由于信息不对称，农民偏好于为经常受灾的"坏地"投保，而其他土地不投保。目前，我国农业保险实行统一的标准和费率，没有差别对待不同的风险地区，这样就容易导致一种现象：农民投保偏好过于集中和片面，甚至有些地方政府为了将农业保险参与率作为地方政绩，会通过行政方式在农民不自愿的情况下强制投保。农业保险由于其特殊的三方关系，使道德风险不仅存在于投保农户，同样存在于保险方和参与农业保险宣传、组织和推动的基层工作人员。有的基层政府甚至和投保农户联合起来"吃保险"，政府出面不仅要求保险公司豁免农民应缴保费，而且在无灾或免赔范围内也要赔付，这种行为给保险经营带来了巨大的压力，在这种情况下，保险方只能放弃承保这些道德风险难以控制的险种，这也是近几年保险业务某些领域发展缓慢甚至萎缩的原因。

### 3. 农业保险公司管理技术相对落后

由于农业风险存在着很大程度的突发性、不可预知性，管理农业风险需要数量庞大的数据、现金和技术等作为支撑，尽管近年来我国主体经营的管理技术和水平有了很大的进步，但是农业保险经营对损失数据、精算技术以及费率分区技术的要求较高，我国农业保险参与主体经营仍面临以下问题：农业风险监测技术落后；产品开发技术落后，缺乏真正符合农民收入水平、风险状况的产品；农业保险定价技术落后。

#### 4. 财政补贴力度、效率有待提高

在中央财政以及地方政府的支持下，我国农业保险财政补贴日益增多。在发布的《关于 2013 年度中央财政农业保险保费补贴有关事项的通知》中，财政部明确指出了补贴比例。次年继而颁布的"中央一号文件"也做出相应的指示，要求更进一步支持农业保险，提高财政对保费的补贴比例。中央财政对农业保险的补贴有利于激励地方政府支持农业保险的发展。但是综合分析来看，我国农业保险财政补贴仍有诸多问题要面对，主要表现为以下两点。第一，对于一些农业大省来说，财政方面存在较大压力。巨额的保费补贴责任使其难以承受，一些县级政府既要承担一定比例的财政补贴，又要负责推动开展农业保险工作，双重压力和负担致使县级政府对农业保险的推动工作不积极，影响了农业保险的发展。第二，在对中央财政补贴的实践过程中也存在一系列的问题，例如中央财政资金拨付滞后、部分保费拨付到账周期时间长等，影响了地方政府和保险经营机构的工作效率，使其在制订具体方案时趋于保守。

#### 5. 大灾风险分散管理有待进一步完善

农业风险的高度相关性使得农业保险的经营始终面临巨灾风险。农业风险集中度高，区域性强，一旦发生自然灾害很可能会伴随着大规模的巨额损失。这种损失是一般农户和农险经营者难以承受的。我国近年来越来越重视农业保险的巨灾风险管理。从 2007 年开始，"中央一号"文件一再提出建立、完善和推进农业保险的巨灾风险管理制度。尽管全国上下都越来越重视这一问题，部分试点和地区也在努力探索，找出分散大灾风险的途径和模式，但是仍然难以解决现实存在的问题，难以满足实际需求。这些问题如果不能得到及时的解决，将会严重影响我国农业保险的可持续性发展。

### （三）我国农业保险发展对策

众所周知，我国农业保险长期以来得到不断地推动和发展，各方面都不断地进步。伴随着其快速发展的同时，我国农业保险中存在的问题也逐渐显现。为了促进我国农业保险更好更快地发展，如何解决农业保险存在的问题成为主要攻破方向，以下给出笔者关于农业保险的一些政策建议。

**1. 完善保险配套制度建设，建立统一协调机构**

政府做好顶层设计，承担起农业保险的政策制定、保险监管、财政监督及行政监督等职责，进一步完善农业保险配套制度。各省、自治区、直辖市需在《农业保险条例》的基础上结合自己的实际情况设计出适合本地农业保险发展的保险制度和规范，中央和地方政府协调不断完善部门联动机制，提高农业保险制度的运行效率，切实维护广大农户的合法权益。为了强化监督，确保《农业保险条例》的实施效率，完善各部门的协调工作，我国可以建立一个全国统一的研究和管理机构，推行农业保险的多部门协调机制，相补相辅，共同推进我国农业保险制度的进一步完善和发展。

**2. 加大农业保险宣传力度，提高农户综合素质**

虽然我国农业保险的覆盖范围很广，补贴力度很大，惠及很多农户。但是农业保险的道德风险和逆向选择的问题愈演愈烈，有的地方甚至会有联合"吃保险"的现象。还有部分农户由于缺乏投保意识、政策了解不深、农业保险相关知识匮乏等情况会不愿投保，这时就需要做好农业保险的宣传工作，承办农业保险的公司要做好细致入微的宣传工作，把保险政策向农民传达到位。各个地方的相关部门也要配合保险部门的工作，有效防范农业保险发展过程中信息不透明带来的潜在的风险问题。

**3. 完善农业保险的经营管理**

农业保险产品的种类现阶段还很匮乏，亟须加以丰富，相关保险公司应该根据市场的需要细化产品线，开发出更多种类的保险产品。加强保险的防灾减损功能，协同农林主管机构和灾难管理预报部门帮助农民提高抵御风险的能力。并完善农业保险服务体系的各个环节，提高信息传递效率，通过更多、更加便利的平台为农民提供各种保险信息和详情，使信息对称最大化，加强信息化建设，规范业务经营思维基础操作，优化流程，加强管控和保险经营。

**4. 加大财政补贴力度，提高财政补贴效率**

一要扩大提高财政补贴险种范围和标准，在已有的财政补贴险种的基础上，继续扩大补贴范围和提高补贴标准，实行地区差异化保费补贴。对现有补贴险种且费率偏低的可提高费率，提高财政补贴保费比例，以满足承办公司农业保险的经营稳定。对没有财政补贴保费的种植业、养殖业、地方特色农业、果类产业等农民有需求而缴全额保费有困难的险种，给予较高比例财政补贴保费，加大对于贫困地区和粮食主产区的补贴份额比例，减轻其政府财政补贴的压力，促进农业保险的均衡发展，以扩大农业保险保障服务"三农"的覆盖面。二要改进财政补贴保费拨付方式，各级财政对农业保险补贴保费，应当在保单签订生效后三个月内拨付到承办公司。各级财政要加大对保费补贴使用的监督力度，各级农业、林业、畜牧、民政等涉农主管部门要加强财政补贴险种指导管理，核实承保、理赔、服务情况，并视情况对承保公司提出意见或建议，各级审计部门要加强对财政补贴资金流向的审计监督，保险监管部门要严格限制不具备经营农业保险能力的相关机构，对经营农业保险业务的保险公司加强服务能力、偿付能力和合规经营的监督管理能力，确保各级财政补贴资金用之于民、惠之于民，不折不扣地把中央惠农强农富农政策落到实处。

**5. 完善大灾风险管理制度**

农业保险的大灾风险分散机制是一种在发生大灾风险损失的情况下，保险机构的常规风险责任准备基金不足以支付赔款时的融资预案。因此保险公司需要有完善合理的大灾风险分散机制，否则将会面临很大的破产威胁，合作的保险机构因此会承担较大的支付压力从而难以赔付，投保农户可能会因此无法获得应得的损失补偿。建立多层级的分散制度可以完善大灾风险制度，首先，中央政府可以募集资金设立大灾风险准备基金，为下级机构提供大灾风险再保险，减轻相关保险机构的成本压力。其次，省一级政府也要肩负起完善大灾风险管理制度的重任，积极组织管理大灾风险制度，保证政策顺利实施的有效性和实效性。

# 五　我国农业金融业现状、问题及对策

## （一）农业金融服务业发展现状

### 1. 农村信用社正成为服务"三农"的主力军

近年来，农村信用社在服务农村金融方面发挥越来越显著的作用，一方面由于自身网点广泛分布于农村，为农村金融服务提供了便利的基础平台；另一方面，由于国有商业银行逐渐从农村市场中退出，服务"三农"的重任自然而然集中转移到农村信用社上来。农村信用社的市场份额得到不断增加，社会影响力也随之增强。农村信用社不断贯彻加强服务"三农"的根本宗旨，无论支农的强度还是广度都得以拓展，服务效能得以提高，逐步成为服务"三农"的主力军。

**2. 传统的存贷款业务仍是农村金融服务的主要内容**

由于农村地区经济发展较为迟缓，相应的金融服务同样处于落后状态。传统的存贷业务仍然是农村金融服务的主要内容。农村信用社通过广泛吸收农民的闲散资金，将零碎的资金聚集起来，不仅使各项存款得以快速增长，同时为贷款服务提供更加坚实的基础。农村信用社为了加大投放贷款的力度，进一步惠农、便农、利农，还开通了助学贷款、扶农贷款、农户小额贷款、联保贷款等业务。

**3. 农民金融意识增强**

随着经济的快速发展，全民金融意识得以提高。虽然农民的金融意识仍需进一步增强，但通过借贷来实现当下的目标，以取得长远高效的发展的意识已经广泛存在，诸多农户通过"借鸡生蛋"的方式来完成生产上的发展。农民对农村金融服务的金融需求变得更加多元化也反映了农民金融意识的进一步增强。

**（二）现代金融服务业对农业影响的实证分析**

现代金融服务业对农业的影响如何？本书尝试做计量分析，以农业产值为因变量 $Y$，以农业贷款为自变量 $X$，作一元回归分析。

模型如表 8 - 4 所示：

$$y = a + a_1 x + b$$

**表 8 - 4  农业贷款与农业产值表**

单位：亿元

| 年份 | 农业贷款 $X$（亿元） | 农业产值 $Y$ | 年份 | 农业贷款 $X$（亿元） | 农业产值 $Y$ |
|------|------|------|------|------|------|
| 1990 | 2412.8 | 7662.1 | 2003 | 8411.4 | 29691.8 |
| 1991 | 2976.0 | 8157.0 | 2004 | 9843.1 | 26239.0 |

续表

| 年份 | 农业贷款 X（亿元） | 农业产值 Y | 年份 | 农业贷款 X（亿元） | 农业产值 Y |
|---|---|---|---|---|---|
| 1992 | 3868.5 | 9084.7 | 2005 | 11529.9 | 39450.9 |
| 1993 | 4839.1 | 10995.5 | 2006 | 13208.2 | 40810.8 |
| 1994 | 4644.5 | 15750.5 | 2007 | 15429.3 | 48893.0 |
| 1995 | 3019.1 | 20340.9 | 2008 | 17628.8 | 58002.2 |
| 1996 | 7123.0 | 22353.7 | 2009 | 21622.5 | 60361.0 |
| 1997 | 3314.6 | 23788.4 | 2010 | 23043.7 | 69319.8 |
| 1998 | 4444.2 | 24541.9 | 2011 | 24436.0 | 81303.9 |
| 1999 | 4792.4 | 24519.1 | 2012 | 27300.0 | 89453.0 |
| 2000 | 4889.0 | 24915.8 | | | |
| 2001 | 5711.5 | 26179.6 | | | |
| 2002 | 6884.6 | 27390.8 | | | |

资料来源：来自历年《中国金融年鉴》。

本书利用 Eviews 软件将上述数据代入。得出如下结果：

$$Y = 5094.952 + 2.9045X$$

$$t = (19.36081)$$

$$R^2 = 0.94$$

$R^2$ 检验结果表明，样本的拟合优度较高，为 0.94；t 检验结果为 19.36081，在 $a = 0.05$ 置信水平上，t = 19.36 > 2.08，通过检验。上述实证分析说明现代金融对农业产值的增长影响显著。

### （三）阻碍农村金融发展的制约因素分析

**1. 服务主体缺位**

尽管农村信用社为农村金融服务做出了显著的贡献，但以目前的发展水平仅一家机构仍然难以满足农村金融的全面需求。造成此种农村金融服务主体空缺的现象有以下几个方面的因素。第一，国有商业银行逐渐撤离农村，其在农村多年来担当的角色和作用逐渐弱化，这一方面的缺失还未能得到很好地填补。第二，农业发展是为政策性金融服务的主体，因为其业务范围狭窄，难以发挥对农村金融发展的全方位的支持作用。第三，其他因素，例如邮政储蓄只吸收存款不贷款，农村保险机构缺乏等。因此，服务农村金融的主体处于空缺状态，需要各个金融机构全面发展，相互协同，共同支撑起农村金融的发展。

**2. 服务品种单一**

目前的很多中间业务在农村都没有得以开展，例如，银行票据承兑、代理收费等；各种金融产品及服务项目也鲜有办理，例如银行卡、理财和网上银行等业务；此外在农村开办的保险品种数量少、投保率低、人均保险金额水平低。农村信用社金融服务产品不够充分，只是经营提供信贷资金，面对农村经济发展的多样性的全方位需要，则很难满足。

**3. 服务总量不足**

农业信贷投入的相对不足是最重要的因素，邮政储蓄、农村信用社和国有商业银行都不同程度地通过不同的方式使筹集的资金转移到其他方向、其他行业，导致能够投入农村的信贷总额减少，外加资金来源不充足，农村信贷投入量很大程度上难以满足农民对资金的需求，同样难以达到促进农村经济和金融发展的目的。

**4. 服务机制不顺**

第一，农村经济的分散化经营与金融的集约化发展之间存在矛盾。目前以农户为单位的分散经营是我国农业生产的主要方式，农户贷款的发放特点为面广、额小、量大，而农村金融以集约化的发展战略向商业化转轨，这就导致了冲突的产生。第二，农村金融服务专业化与农业产业化的发展步调不一致。农村金融机构不能为不同层次的农业产业化趋势提供配套的信贷、进出口结算等专业化业务，农村经济的发展因此在一定程度上受到了制约和阻碍。第三，当前农村经济对金融服务的需求越来越强，并呈多元化趋势发展，但农村金融服务不论是在体制设计还是在产品和服务方面都难以满足当前农村经济对金融服务多方面的需求。

**（四）政策与建议**

**1. 建立适度竞争的农村金融组织体系**

由于农村地区经济发展较为落后，金融机构发展不仅起步较晚，而且发展动力不足。随着经济水平的提高农民不断富裕起来，农村经济对金融服务的需求不断扩张，现有的金融组织体系已经难以满足其多样性和层次性的需求。因此，农村金融组织体系需要进一步地发展和完善，建立适应现代农业发展的标准，秉持更好地服务于农村经济的原则，刺激、打开农村金融市场。新型农村金融机构的设立不仅可以通过现有金融机构的变革、扩张，还可以通过鼓励民间资本和社会资本发起设立适合农村经济环境的金融机构。从而形成适度竞争的金融组织体系，打破垄断格局，形成多种金融机构并存、功能互补、相互促进的格局，更好地服务于农村经济。

**2. 构建县域金融机构支持现代农业发展的激励机制**

农业是安定天下、稳定民心的战略性产业，农业现代化与国家现代化息息相关。正因如此，要为信贷资金提供更多的优惠政策以加强对现代农业发展的支持力度。金融机构在这个过程中扮演重要的角色，因此国家可以对金融机构的农业贷款部分业务给予相应的政策扶持，比如实施一定的税收减免、利差补贴等措施。对不同地区，根据不同情况实施差别化的方针政策，为农村金融机构提供更加灵活的存款准备金政策与呆账核销政策，构建地区金融机构支持现代农业发展的激励机制。

**3. 健全金融中介机构，为中小农产品加工企业融资提供专门服务**

为了赋予民间借贷目前应该有的法律地位以及顺应经济发展的要求，应尽快出台相关管理条例对民间融资加以规范和指导。目前的民间借贷还存在很多漏洞，一些不法分子甚至利用法律上的漏洞非法融资，损害公民的财产安全，中小加工企业的民间合法融资渠道受到阻塞，民间借贷因此难以得到可持续的良好发展。民间借贷的运作方式、活动范围以及借贷原则都需要相关的法律给予明确的限制和规定，树立有效的法律规范进行监督管理，为民间融资创造良好发展环境。

**4. 放开民间借贷，为中小加工企业多渠道融资开辟合法途径**

为了提升农户、中小加工企业等对征信工作的认知度，应该在现有的基础上加强对其征信工作的宣传力度。政府机构应当提高对相关部门的监管力度，不断健全征信评价机制，同时对农户进行相关教育和科普，提高农民对银行机构的信任感，激发农民与银行等金融机构打交道的热情。

## 六 农业跨区机械服务业现状、问题及对策

### (一)跨区机械服务业对农业影响的理论分析

农业跨区机械服务业是指通过利用水稻、小麦等农作物的地域收种时间差,组织联合各种机械,实行跨区域流动作业的一种新型的农机服务模式。农业跨区机械服务业在中国起源于 1970~1980 年,是农业实践中的又一次历史性地飞跃。随后,我国的农业跨区机械服务业由最初的摸索前进慢慢过渡到后来的繁荣发展,更值一提的是在进入 21 世纪之后,农业机械的持有量成倍地增长,1978 年,农业机械的总动力也仅仅是 11749.90 千万瓦,然而到了 2013 年,它以前所未有的速度提升到 103906.75 千万瓦,它是农业机械服务产业化发展的必经之路。

**1. 农业跨区机械服务业的运作机制与绩效**

(1)农业跨区机械服务业的运作机制

农业跨区机械服务业的飞速发展取决于技术的发展。2014 年,北大荒股份 853 分公司在内蒙古跨区麦收作业中,把农业机械的标准、高速、先进等特点发挥得淋漓尽致,实现增收 1322 万元,与人工收获相比,机械化拥有不容小觑的绝对优势。

农业跨区机械服务业的运作主体涉及四个方面:政府部门,中介组织,跨区作业供给者和跨区作业需求者。政府部门包括农业、农机、交通、物流、公安等相关管理服务部门;中介组织包括指引农机外出作业组织和作业地中介服务组织两种,一个是为农机供给者提供信息服务,另一个是为农机需求者提供农机收种服务,中介组织是连接跨区作业供给者和需求者的媒介;跨区作业供给者即拥有农业机械,可以进行跨区域调动作业的个人或者组织;跨区域作业需求者包括从事水稻、小麦、玉米等各种粮食作物的普通农户和规模化生产的农业大户。跨区域作业分为两种模式:一般模式和散机模式。一般模式是在政府部门的管理下,由中介服务中的引机者将跨区作业供给者引荐给中介服务中的带机者,为跨区作业需求者提供农机作业服务;散机模式则是不经过中介服务组织,农机跨区作

业供给者与需求者直接沟通与合作。

（2）农业跨区机械服务业的绩效

农业机械是发展现代农业重要的物质基础，是先进农业技术的载体，同时还是农业现代化的重要指标和标志之一。农业机械拥有量的稳步增长、农业机械化水平的提高以及农业机械工业体系的形成，都使农业机械化服务业得到高效快速稳健的发展。农业机械服务业发挥着越来越重要的作用，已经成为推动农业机械化、保障农业产业化经营的主要内容。

第一，降低劳动量投入，增加农机手收入，帮助农民致富。

用机械代替人力，将大量农村劳动力从繁重的农作生活中解放出来是农业机械服务业的重要作用。若是按人均劳动每天收获 1.5 公顷的水平来计算的话，相当于 266 万个工作日。再者，每公顷联合收割机的成本相较于人工收获成本减少了 150 ~ 450 元，不仅减少了在农业上的投入时间，而且降低了在农业上的投入成本。一般地，人工收割一公顷油菜需要 300 多元，而机械化收割只需要 120 元，秸秆粉碎还田，既能减少环境污染，还能肥土节本增效。

农业机械化俨然是现代农业发展的必然之选，首先，跨区作业解放大量劳动力；其次，跨区作业也给农机手带来一些福音。

第二，增加农民就业与增收机会，转移农村剩余劳动力，加快劳动力结构调整。

农村经济的不断繁荣发展，为农民进城务工提供了前所未有的机会。2012 年，跨区联合收割机数量共有 1278821 台，促进跨区机收工作，可以节约 600 多万的劳动力。若是再算上维修、中介服务组织等其他人员，跨区农机就会转移更多的劳动力，一方面，拓宽了农民的就业与增收机会；另一方面，加快调整农村劳动力结构的步伐，推动城乡经济的持续快速发展。

第三，减少粮食的损失与浪费、提高收种效率。

人工收获农作物一般会有 5 道工序，分别是收割、捆绑、装运、碾打及筛选。不仅浪费时间与人力，而且粮食的损失率高，但对联合收割机来说，它可以简化工序，一步到位，在很大程度上减少了粮食的损失。拿油菜来说，收割机每小时收割 8 公顷，比人工效率高几十倍，机收菜籽损失率在 5% 以下；而人工收获由于油菜主杆与分支成熟度的差别，极易裂荚，造成菜籽的损耗率高达10%，机收作业有效地缓解了这一问题。

季节性、时效性、地域性等是农业所特有的特点，农作物的播收都对时间的把控要求比较严格，对收获要求尤甚，它不仅用工量最多，而且劳动强度也最大，这使农民的劳动工作十分紧张。再者，由于气候影响，水稻和小麦收获时节往往会有阴雨天气出现，这在一定程度上加大了收获的难度和损失，为了抢收从而尽可能地减少损失，农民消耗了大量体力与时间。但由于跨区机收的不断快速发展，相较于人工收获，它的速度提高了几十倍，农业的抗险抗灾能力也有所增强。

第四，实现市场对农机资源的合理配置，推动农业机械化持续健康发展。

减少联合收割机的资源浪费，提升农机资源的使用率是跨区机收的优点之一。若是单一地区作业，那么农机的运作时长有限，但如果采取跨区作业，则能有效地把作物成熟的时间错开，也能使联合收割机的作用得到充分发挥。由图8-5可知，不是只有东中部的农用机械发展较快，西部农用机械的发展也较快，农用机械总动力总体上和中部一些地区平分秋色。

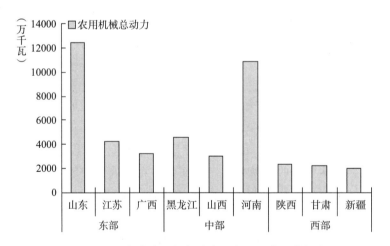

图8-5 2013年东中西部部分省份农用机械总动力对比

资料来源：中华人民共和国国家统计局。

第五，带动农村消费市场，促进农机投入机制多元化。

联合收割机跨区作业不仅提高了农机的使用率，而且还缩短了农机投资的回收时间，使农机固定资产得以有效盘活，同时在很大程度上调动了农民自主投资的积极性。近年来，政府颁布的各项相关政策和引导措施，特别是规范实施了购置农机补贴的措施，使得农机持有量出现持续增长的情况。种种迹象表明，跨区联合作业俨然已在人们心中根深蒂固，农业的集约化、规模化及产业化经营是大势所趋。

**2. 跨区机械服务业在农业发展中的几个阶段**

中国农业机械化事业发展起步于中华人民共和国成立初期，属于行政推动行为，农业机械作为重要的农业生产资料，实行国家集体经营，农业机械生产计划也由国家统一下达，这一体制规范了农机化生产，也限制了跨区机械的发展。毛泽东在《关于农业合作化问题》中指出了机械化的重要性，他认为农业的根本出路在于机械化。农业机械化进入探索调整和积极改革阶段，改革开放后，市场在农业发展中发挥着越来越重要的作用，农业机械多种经营方式并存，1994年后，社会主义市场经济体制改革目标的提出，使得农业机械化进入以市场为导向的生产发展阶段。由此，跨区机械服务业逐步浮出水面。跨区机械服务业发展大致分为以下三个阶段，各个阶段的特点十分鲜明，是一定时期经济发展水平在农业领域的具体体现。

（1）初级起步阶段

初级起步阶段始于1996年前，跨区机收多是农民散机自发行为，具有不规范性、自发性、规模小等特点，很少跨省跨区流动作业。

1986年，山西几位农民率先掀起"南征北战"的大旗，获得较高的经济效益。90年代初期，山西农机部门开始推广跨区农机服务模式，并组织进行统一规范化管理。在这个时期，农机手自发进行跨区作业主要是利益驱使，其目的是提高机械利用率。政府及相关部门并没有广泛地参与到跨区机收中来，跨区机收还处在探索阶段。1995年，仅有晋、陕、冀、豫等几个省共约8000台联合收割机省内作业，但仍不能满足农业生产的需要。

（2）超速发展阶段

1996~1999年是跨区机收的超速发展阶段，这一时期最大的特点是政府部门参与到跨区机收工作中来。跨区机收形成一种新模式，由各地农机部门负责组织和实施，地方政府大力支持，跨区机收工作逐步有组织、有秩序、有规模地开展，突破了地区限制，开始跨省跨区流动作业。参加跨区的联合收割机数目逐步增加，跨区机收作业水平、经济效益也迅速提高。具体见表8-5。

表 8 - 5  1996～2013 年部分年份农用机械年末拥有量及增幅

| | 1996 年 | 1998 年 | 2000 年 | 2002 年 | 2004 年 | 2006 年 | 2008 年 | 2010 年 | 2013 年 |
|---|---|---|---|---|---|---|---|---|---|
| 联合收割机数量（万台） | 9.64 | 18.26 | 26.26 | 31.01 | 41.05 | 56.56 | 74.35 | 99.21 | — |
| 联合收割机增幅（%） | — | 29.2 | 16.2 | 9.6 | 12.5 | 17.7 | 17.3 | 15.6 | |
| 大中型拖拉机数量（万台） | 67.08 | 72.52 | 97.45 | 91.17 | 111.86 | 171.83 | 299.52 | 392.17 | 527.02 |
| 大中型拖拉机增幅（%） | — | 5.2 | 24.3 | 9.9 | 14.1 | 23.1 | 45.2 | 11.5 | 8.6 |
| 小型拖拉机数量（万台） | 918.92 | 1122.06 | 1264.37 | 1339.39 | 1454.93 | 1567.90 | 1722.41 | 1785.79 | 1752.28 |
| 小型拖拉机增幅（%） | — | 6.6 | 5.1 | 2.6 | 5.3 | 2.6 | 6.0 | 2.0 | -2.6 |

资料来源：中华人民共和国国家统计局。

1996 年后，联合收割机跨区机收小麦是农机服务市场化、社会化的典型事例。跨区机收不仅满足了农民对机收服务的迫切需求，而且减轻了农民劳动强度，实现了快播、快收，大幅度提高了联合收割机的利用效率，从而实现农机化的经济效益，推动了联合收割机新市场的逐步形成。1997年，实行跨区农机作业的省份有 11 个，共有联合收割机 5 万台，到 1998年，增加到 19 个省份，共 7 万台。跨区机收小麦的成功实践，产生了良好的示范效应，这对带动水稻、玉米等粮食作物生产环节的跨区作业起到了极大的作用。山东、山西、河南等省份逐渐出现较大规模的跨区作业，全国性的农机服务新模式迅速发展起来（见图 8 - 6、图 8 - 7）。

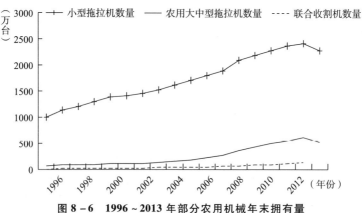

图 8 - 6  1996～2013 年部分农用机械年末拥有量

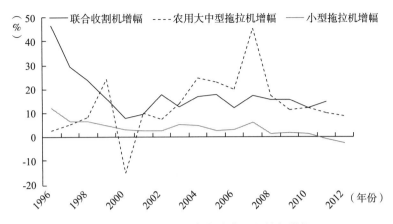

**图 8 – 7　1996～2013 年部分农用机械年增幅**

资料来源：中华人民共和国国家统计局。

（3）全面推进持续发展阶段

1999 年至今，是农业跨区机收全面推进、持续发展的新阶段。其主要特点是跨区机收由单一小麦向水稻、玉米等多种农作物扩展，由邻近省市向全国范围延伸，由政府管理和支持、农机部门引导向中介服务多样化方式转变。

2000 年 4 月 3 日，农业部发布实施《联合收割机跨区作业管理暂行办法》，旨在加强联合收割机的跨区作业管理，规范跨区作业市场秩序。这标志着农业跨区机收服务业进入全面化发展、规范化管理的新阶段。2007年 1 月 29 日，中共中央、国务院印发《关于积极发展现代农业扎实推进社会主义新农村建设的若干意见》（中发〔2007〕1 号），明确指出："加快农机行业技术创新和结构调整，重点发展大中型拖拉机、多功能通用型高效联合收割机及各种专用农机产品。尽快制定有利于农用工业发展的支持政策。"

进入 21 世纪，农业机械化的发展得到质的飞跃。随着农业结构的调整，粮食作物小麦的种植面积逐渐减少，参加跨区机收小麦的联合收割机数量增幅降低，跨区机收开始向水稻、马铃薯、玉米、油菜等延伸。2014年，湖北省沙洋县油菜机收率突破 70%，浙江水稻机械化栽植面积突破 300 万公顷，湖南双季稻生产全程机械化，机收作物多样化成为农业发展的必然趋势。随着跨区机收工作的蓬勃开展，农机合作社、跨区作业协会等中介组织应运而生，2014 年黑龙江现代农业合作社总数达到 1161 个。

### （二） 当前中国农业跨区机械服务业存在的问题

**1. 农机市场秩序不规范，"散机"泛滥**

"散机"现象泛滥是农机市场秩序的不规范的重要体现，"散机"指联合收割机没有参加跨区作业队、自发参加外出作业。成本减少是导致它出现的主要原因，有一种可能是由于农机部门疏于管理、没有做好宣传教育工作，导致一些农机手对组队失去信心；另一种可能是因为有不规范的中介组织存在；还有一种可能是是因为农机手自我认识不足，没有认识到"散机"存在的危害性。这些都阻碍了跨区机收未来的发展。

**2. 市场信息滞后，可利用率低**

跨区机收作业市场信息滞后、时效性差、可利用率低等，它的需求难以满足。这几年，联合收割机持有量不断增加，作业范围慢慢扩大，农机手无法充分了解到一些地区机械的有效信息，大部分还是依赖经验与已有关系而朝一处聚拢，从而引发机车分布不均、资源不能合理配置等问题的出现，阻碍了跨区作业的稳健发展。即使是有相关信息的发布，但是由于不能及时得到反馈、发布范围有局限性等问题，导致跨区作业做不到随市场的变化而变化。当前农机手文化素养基本不高，大多数都是初中毕业，无法通过利用网络资源充分地了解到一些市场的重要信息，一定程度上阻碍了农机资源跨区合理配置问题的有效解决。

**3. 农机手文化程度低，安全生产意识淡薄**

2012 年，从一份报告中了解到，农机手文化程度主要集中在初中水平，不能完全消化所学内容。因操作不当、不能妥善处理问题等原因造成的损失时有发生。多数农机手缺乏风险意识，无法妥善处理突发事件，难以提高抵御各类意外、风险的能力，很可能因伤返贫（见图 8－8）。

**4. 部分投入地价值观念陈旧落后，轻视商业**

跨区机械化是农业走向现代化、商业化的一种体现，以农为本、农本商末的落后思想和陈旧的价值观念成为部分投入地发展跨区机收的难题。特别是中西部不发达地区，受到地域文化、历史环境、人文环境等限制，以往的文化价值观念和思维方式不能得到提升，思想陈旧落后，故步自封，意识不到商业的重要性。这种传统价值观念不但影响自身的发展，而

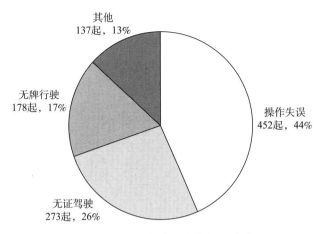

**图 8 - 8 2010 年农机事故起因统计**

资料来源：中国农业机械信息网。

且对跨区域机收合作主体的形成带来了很多的不良影响，也间接打击了投资企业拓展业务的积极性。毫无疑问，不发达地区的投资环境亟待改善，这也是发展跨区机收的重要任务之一。

**5. 跨区机收合作主体存在隐患**

农机合作社是跨区机收合作的主体，其运行效益直接关系到跨区合作的实施。但由于政府支持不到位、地域限制、自身体制不健全等各方面原因，农机合作社的发展不尽如人意。从组织来看，农机合作社的发展还处于较低层次，对农户的辐射作用还很弱，地方保护主义严重阻碍了农机合作社的业务对接与跨区合作，损害了整体效益；从时间来看，合作社短期内虽降低风险，能够组织开展大规模项目，但若长期达不到预期效果或者持续亏损，必将面临会员退社、甚至解散的尴尬局面；从其自身来看，农机合作社发育不成熟，体制不健全，产权不清晰，分配不合理等问题的存在，必然激化合作社内部矛盾。

**（三）跨区机械服务业对农业发展实现效益最大化的解决对策**

**1. 完善政府管理，加强监督，健全政策法律体系**

发展跨区机械服务业的关键是政府管理方式的完善与服务水平的提升。政府在跨区作业中起到的作用有，一方面能够为企业提供信息，另一方面可以协调与输入地地区的关系。所以，政府工作需尽快完善。首要任务是健全跨区机收相关法律法规体系。第一，要在跨区机收的管理、服务与监督等方面做出明确规定；第二，加强对中介服务组织的管理；第三，在推进跨区农机化过程中，政府应充分发挥职能，加大政策扶持，充分保障农机化的稳健发展（见图 8-9）。

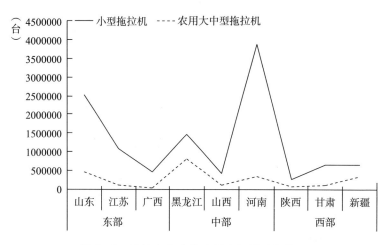

**图 8-9　2013 年各省份主要农机量对比情况**

资料来源：中华人民共和国国家统计局。

### 2. 创建农业信息网络平台，促进跨区服务信息化进程

农业跨区机收尤为突出的特点是时效性，成熟和完善的互联网络平台能够让跨区机收信息变得更为高效。创建跨区作业信息管理系统，把精确有效的信息服务及时提供给各部门、广大农民及农机手；大力推动网络工程的建设，各地农机部门要充分发挥自身的职能作用，积极培养专业型人才，适当通过相关农业基层组织，第一时间了解相关信息，建立健全基层信息采集网络。

此外，为确保信息的准确、及时，需制定有效的跨区信息采集、筛选、归类、传递、发布等管理制度，逐步推广网络协议，促进跨区作业的供需平衡，以实现资源的合理优化配置。

### 3. 提高农机手专业素质及其计算机信息技术水平

建立系统科学的农业科教体系，要高度重视和实施科教兴农战略，各农机部门要把提高农机手的专业技能放在首位，强调农民教育工作，因材施教、灵活办学，经常做些职业技术培训。与此同时，提高农机手的操作技能及其计算机技术水平。根据农业机械化信息网站等渠道发布专业知识,加强农机手的信息意识。

**4. 做好农机安全工作,加强农机手安全意识**

跨区作业不仅任务重而且时间长,以致机器无法及时得到保养和维修,因此,在主要农机流入区建设农机维护配套设施十分重要。并且,导致农机安全生产事故发生的常见原因之一是长期的高强度作业使机手产生疲劳。再者,许多机手安全生产意识薄弱,为做好安全工作,机手在加入跨区作业之前,要按规定办理相关保险,尽可能地减少意外事故带来的伤害。与此同时,安全生产教育还需加强,主要是规范操作与学习机械常识。

**5. 创新组织模式,推进农机服务产业化发展**

改革开放后,农业开始逐步走向产业化经营的道路,发展农民专业化合作组织,这已成为跨区作业的典型形式。组织化与跨区机收相得益彰,所以说,创新组织模式十分重要。农民专业合作社是农产品生产者、服务利用者自发联合、民主管理的互助性经济组织。农民专业合作社应充分发挥自身在政府与农民之间的桥梁纽带作用,发展各类专业性合作组织,以参与农业产业化经营。与此同时,加强行业自律,管理和规范行业的职责,充分发挥自身职能。

农机组织服务体系是农业社会化服务体系的有机组成部分,农机服务业的持续健康发展与农机服务组织的发展密切相关。农机专业组织应与跨区机收相关联的经销、维修等部门结合起来,同时把跨区机收延伸到机播、机种等其他农机作业中去,积极引导与创建多元化农机组织,从而加速农机服务现代化、市场化、产业化进程。

# 七　人力资本对我国农业贡献及政策建议

## (一) 引言

马克思主义理论认为,人是经济中最能动最活跃的要素,人的劳动是创造商品剩余价值的源泉。人力资本理论是由西奥多·舒尔茨和加里·贝克尔提出的,他们以人力资本积累为中心,从这一新的视角来研究经济的发展。人力资本是指劳动者身上所能够创造的经济价值的能力，这一能力是生产增长的主要因素，与劳动者所受到的教育、接受的技能培训以及他的健康情况有关。在当前农业中，促使农业产量增加和农业生产效率提高的因素已不是土地等物质存量的增加，而是人力资本的积累。

中国自古以来就是世界农业大国，我国拥有众多的农业人口，农产品产量大、品种多，但是农产品的需求也在日益增长，不仅仅要满足国内人口的需求，而且还需要向国外出口粮食、农作物等。因此，在现代农业不断发展的情况下，如何提升农业人员的素质，提高劳作的效率，在有限的土地上获得更多的产出，直接关系到我国经济的发展以及整个社会的稳定。开发农村人力资源，利用各种切实有效的方法来提高农业劳动者的整体知识技能水平，实现劳动资源的合理配置，进而实现农业现代化与产业化目标。

想要建立现代化农业，归根到底就是要发挥人的能动性，依靠有知识有文化有技能、会规划会经营的新型农民来实现。反过来看，农民也会成为最大的受益者。想要培养出新型农民，就需要对农业现有人力资本进行培训，包括劳动知识的培训，现代机械技术操作的培训，以及经营管理的培训等。接下来，我们首先通过实证分析来发现人力资本对农业产值的影响程度，然后对农业人力资本培训行业进行深入了解。

美国诺贝尔经济学奖获得者舒尔茨最先对农业人力资本进行系统性研究，发现对农民进行教育培训可以提高农民素质，是促进农业经济发展的有效投资手段，培训作为一种对正规教育进行补充的手段，既可以在一定程度上节约资金，又可以促进现代农业的发展。英国学者舒马赫则发现，农村之所以贫穷主要是因为缺少教育资源，并且管理组织存在缺陷，想要实现农村的全面发展就一定要解决农民的教育问题。Wallace E. Huffman（2001）研究教育和技术对农业的影响后认为，虽然农业劳动者教育知识获得增长，使得劳动分工更加明确，普遍提高了劳动生产率，但是随着技术的变化，教育是否对农业的主导作用发生了改变，学校是否仍旧对农业生产存在直接广泛影响仍旧是一个谜，于是他进一步对教育和毕业者进行研究发现，随着毕业生毕业后时间的变化，教育对农业的影响是非线性的。David J. Spielman, Javier Ekboir, Kristin Davis, Cosmas M. O. Ochieng（2008）以撒哈拉以南非洲地区为研究对象，发现高等教育和培训（AET）

可以促进农业的发展，提高农业的创新能力，并且有利于小农户的生产发展。研究认为 AET 在构建组织和个人的传输机制和适应现有信息技术下应用程序的能力上起着至关重要的作用，因此，政府应该根据其发展愿望和社会需求来推行教育计划，调整 AET 组织，与知识源建立强联系，提高个人和组织的能力。

李国祥（1998）对我国农业科技人力资源进行研究，发现 1992 年以后我国的科技研发机构中农业科技人员比例是逐渐下降的，相反，西方国家科技人员的密度则是在上升的。只有合理地分配科技资源，加大对农业科研费用的支持，才能促进农业科技的发展，拥有更多高水平的科技人员，更有利于农业生产的转变与可持续发展。钱雪亚、张小蒂（2000）根据农业普查数据分析我国农业人力资本的收益特征，发现农业劳动者的文化水平与农村经济水平相关性较小，个人的教育收益性较低，与之相比，迁移收益率略高；但是仍然发现教育水平决定着农业从业者的迁移能力，也在很大程度上影响产业资本的分配，建议政府继续加大对农村人力资本的投资力度，改革农村教育体制。孙敬水、董亚娟（2006）以卢卡斯人力资本模型为基础，对 1997~2004 年的面板数据进行分析，结果表明物质资本的弹性要大于人力资本的弹性，但是人力资本水平有显著的正向外部效应，因此，提高人力资本水平，农业生产的边界会逐渐扩张，对农业和农村的长远发展有重要作用。王玉龙、丁文锋（2011）以 63 家农业企业的微观数据为样本，研究哪些因素影响企业对农业人力资本的投资，实证结果表明较高的合作成本和公共人力资本力度的不足降低了投资意愿，投资对象的受教育程度与内部人力资本投资意愿正相关且影响显著。但是，与外围人力资本投资意愿负相关。

### （二）人力资本对农业贡献的实证分析

资料来源：所使用的数据来自 2006 年中国第二次全国农业普查，针对全国 31 个省份的农业产值和相关农业指标进行分析，重点查看人力资本对农业产值的贡献。

被解释变量：农林牧渔业生产总值（$Y$）

解释变量：农业劳动者的平均受教育年限（$X_1$），技术人员数量（$X_2$）

控制变量：农业机械数量（$X_3$），化肥和农药总量（$X_4$），耕地面积（$X_5$）

相关变量的统计性描述见表 8 - 6 和表 8 - 7。

表 8 - 6　解释变量和被解释变量的统计性描述

|  | 均值 Mean | 中位数 Median | 最大值 Max | 最小值 Min | 方差 Std. Deviation |
|---|---|---|---|---|---|
| $Y$（万元） | 133862.4 | 68750 | 857962 | 776 | 2.0555 |
| $X_1$（年） | 6.4788 | 6.8979 | 7.7 | 2.63 | 1.0921 |
| $X_2$（人） | 67400 | 65934 | 205259 | 9053 | 47084.6989 |

表 8 - 7　控制变量的描述性统计

|  | 均值 Mean | 中位数 Median | 最大值 Max | 最小值 Min | 方差 Std. Deviation |
|---|---|---|---|---|---|
| $X_3$（千公顷） | 3928.22 | 4085.10 | 11830.40 | 232.60 | 2717.59 |
| $X_4$（万吨） | 305.39 | 252.67 | 977.67 | 3.50 | 27142 |
| $X_5$（万台） | 76.58 | 25.99 | 563.58 | 0.32 | 12746 |
| $X_6$（万人） | 1109.7 | 989.0 | 3157.49 | 40.76 | 84239 |

相关性分析：进行相关性分析是为了研究各种变量之间的一种相互关系、密切程度和变化的趋势，为之后的回归分析奠定基础。

首先来看 Y 和 $X_1$，$X_2$ 之间的相互关系，见表 8 - 8。

表 8 - 8　Pearson 相关系数

|  |  | $Y$ | $X_1$ | $X_2$ |
|---|---|---|---|---|
| $Y$ | 自相关 | 1 | 0.256 | 0.387* |
|  | 双侧 P 值 |  | 0.164 | 0.032 |
|  | 回归结果的平方和 | 1.267E12 | 1727232.630 | 1.122E11 |
|  | 协方差 | 4.225E10 | 57574.421 | 3.741E9 |
|  | N | 31 | 31 | 31 |
| $X_1$ | 自相关 | 0.256 | 1 | 0.056 |
|  | 双侧 P 值 | 0.164 |  | 0.766 |
|  | 回归结果的平方和 | 1727232.630 | 35.779 | 85870.434 |
|  | 协方差 | 57574.421 | 1.193 | 2862.348 |
|  | N | 31 | 31 | 31 |

续表

|  |  | $Y$ | $X_1$ | $X_2$ |
|---|---|---|---|---|
| $X_2$ | 自相关 | 0.387* | 0.056 | 1 |
|  | 双侧 P 值 | 0.032 | 0.766 |  |
|  | 回归结果的平方和 | 1.122E11 | 85870.434 | 6.651E10 |
|  | 协方差 | 3.741E9 | 2862.348 | 2.217E9 |
|  | N | 31 | 31 | 31 |

注：＊表示相关性在 0.05 水平（双尾）处显著。

根据 Pearson 相关系数我们发现 $X_1$、$X_2$ 跟 Y 在 5% 的显著水平上是正向相关的。而 $X_1$、$X_2$ 的相关性很低，不到 0.1，可见，其满足我们作模型分析的假设。

控制变量的相关性（$\ln X_3$，$\ln X_4$，$\ln X_5$），结果见表 8－9。

表 8－9　控制变量的相关性

|  |  | VAR00003 | VAR00004 | VAR00005 |
|---|---|---|---|---|
| VAR00003 | 自相关 | 1 | 0.791** | 0.557** |
|  | 双侧 P 值 |  | 0.000 | 0.001 |
|  | N | 31 | 31 | 31 |
| VAR00004 | 自相关 | 0.791** | 1 | 0.415* |
|  | 双侧 P 值 | 0.000 |  | 0.020 |
|  | N | 31 | 31 | 31 |
| VAR00005 | 自相关 | 0.557** | 0.415* | 1 |
|  | 双侧 P 值 | 0.001 | 0.020 |  |
|  | N | 31 | 31 | 31 |

注：＊＊表示相关性在 0.01 水平（双尾）处显著。

根据相关系数可以发现，$\ln X_3$，$\ln X_4$，$\ln X_5$ 之间相关性是比较高的，并且考虑到它们分别代表耕地面积、化肥量、机械数量，因此，它们之间可能存在多重共线性，为了避免多重共线性，排除耕地面积。

实证分析：分析农业人力资本对农业产值的影响问题。

根据柯布－道格拉斯生产函数和卢卡斯人力资本模型，我们建立以下模型：

$$Y_t = AK_t^{\alpha}H_t^{1-\alpha}h_t^{\beta}e^u$$

并进行线性化和将 $K_t$ 和 $H_t$ 进一步细分化，模型最终变为：

$$\ln Y = \ln A + {}^\beta 1\ln X_1 + {}^\beta 2\ln X_2 + {}^\beta 3\ln X_3 + {}^\beta 4\ln X_4 + {}_\mu$$

其中，$Y$ 代表省份的农林牧渔业的总产值，$\ln A$ 是常数项，$X_1$ 代表各地区农业从业者平均受教育年限，$X_2$ 代表各地区技术人员数量，$X_3$ 代表农业机械数量，$X_4$ 代表所用化肥和农药总量，$\beta_i$ 代表相关系数，$\mu$ 为误差项。其中，对模型做的一个调整是将模型由水平值 - 水平值转变为对数 - 对数的形式，这样有利于缓和样本分布的偏态性，适当地缩小了变量的取值范围。最终，模型变为上述模式。通过线性回归，得到表 8 - 10 至表 8 - 12 所示结果。

表 8 - 10　模型一览[b]

| 模型 | R | $R^2$ | 调整后的 $R^2$ | 标准误 | D - W 检验 |
|---|---|---|---|---|---|
| 1 | 0.913[a] | 0.833 | 0.807 | 0.73854 | 1.659 |

a. 预测因子：（常数），VAR00006，VAR00005，VAR00003，VAR00004；
b. 因变量：VAR00001。

表 8 - 11　方差分析[b]

| 模型 | | 平方和 | df | 平均根 | F 值 | Sig. |
|---|---|---|---|---|---|---|
| | 回归 | 70.727 | 4 | 17.682 | 32.417 | 0.000[a] |
| 1 | 剩余 | 14.181 | 26 | 0.545 | | |
| | 总和 | 84.908 | 30 | | | |

a. 预测因子：（常数），VAR00006，VAR00005，VAR00003，VAR00004；
b. 因变量：VAR00001。

表 8 - 12　回归系数[a]

| 模型 | | 非标准化系数 | | 标准化系数 | t | Sig. |
|---|---|---|---|---|---|---|
| | | B | 标准误 | Beta | | |
| | 常数 | - 7.924 | 1.932 | | - 4.102 | 0.000 |
| | $\ln X_1$ | 1.801 | 0.722 | 0.228 | 2.496 | 0.019 |
| 1 | $\ln X_2$ | 0.438 | 0.249 | 0.210 | 1.759 | 0.090 |
| | $\ln X_3$ | 0.127 | 0.078 | 0.143 | 1.622 | 0.117 |
| | $\ln X_4$ | 0.635 | 0.152 | 0.543 | 4.172 | 0.000 |

a. 因变量：VAR00001。

即 $\ln Y = -7.924 + 1.801\ln X_1 + 0.438\ln X_2 + 0.127\ln X_3 + 0.635\ln X_4$

由回归模型的方差分析表可知，F 统计量的值为 32.417，概率 p 值近乎 0，可见，模型是整体显著的，而且有统计学意义。然后由模型汇总表发现其 $R^2$ 为 0.833，总体拟合效果比较好，最后给出剩余标准差（Std. Error of the Estimate），它是残差的标准差，能够反映模型预测因变量的精度，剩余标准差越小，说明其模型的效果越好。

根据回归系数表，发现 $\beta_1 = 1.801$，$\beta_2 = 0.438$，$\beta_3 = 0.127$，$\beta_4 = 0.653$，说明农业从业者的平均年限增加 1%，农业总产值约增加 1.8%；技术人员的数量增加 1%，农业总产值约增加 0.44%；农业机械数量增加 1%，化肥农业使用量增加 1%，农业总产值分别增加 0.13% 和 0.64%。同时，$t_{\beta 1} = 2.496$，$t_{\beta 2} = 1.759$ 分别大于 t 统计检验下 2% 和 1% 显著水平的临界值，可见，平均受教育水平和技术人员的数量对农业产值的影响是正向显著的，显著性很好。$t_{\beta 3} = 1.622$，显著水平在 11% 左右，相对来说略低，$t_{\beta 4} = 4.172$，统计显著。这里 DW 自相关性检验的结果约为 1.659，小于 2，也位于 5% 显著水平上下的临界值之间，因此，在 5% 的显著水平上我们可以认为是非相关性的。

通过以上简单的模型分析，我们可以看到，人力资本水平的提高对农业经济产值的增加有很重要的贡献作用。

### （三）目前我国农业人力资本面临的问题

人力资本对经济发展的作用越来越重要，但是，我们的农业人力资本还面临很多问题。具体包括以下几条。

**1. 农业从业人数趋于下降，人员结构老龄化**

图 8-10 反映出全国 2003~2012 年 10 年间农林牧渔业从业人数的变化。

从图 8-10 中可以看出，在 10 年间农林牧渔业的从业人数由 31259 万人下降到 27032 万人，共减少了 4200 多万人，人数下降了约 14%，平均每年减少了 420 多万人。可见，从事农业的劳动力数量是在不断减少的，但我们对农作物的需求却还在继续增加，这一方面反映出农业技术在不断进步，另一方面也反映出对农业从业人员的综合要求在不断提高，这都是好的方面，但是，我们不可避免地面临更少的人负担生产更多的农作物这一问题，因此提高劳动生产率迫在眉睫。

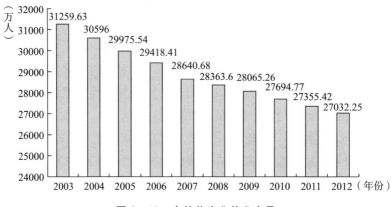

**图 8 - 10　农林牧渔业从业人员**

资料来源：中华人民共和国国家统计局。

图 8 - 11 是截至 2006 年末全国按年龄分的住户农业从业人员数量。

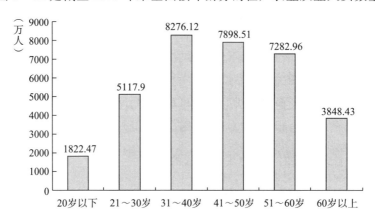

**图 8 - 11　全国按年龄分的住户农业从业人员数量**

资料来源：来自全国第二次农业普查综合资料。

　　根据图 8 - 11，我们可以看到农业从业者多集中在 30 ~ 60 岁，而 50 岁以上的农业劳动者占到农业全体劳动者的 32.5%，60 岁以上的老人中有 3800 多万人在从事农业劳作，可见，我国农业从业人员结构趋于老龄化，而 30 岁以下的劳动力 6900 多万人，占总数的 1/5 左右，因此，后续的劳动力供给不足，这些因素都不利于提高我国的农业竞争力。

　　**2. 农业从业人员教育水平普遍较低，科学文化知识不足**

　　图 8 - 12 是 2013 年农林牧渔业从业人员受教育程度比例图。

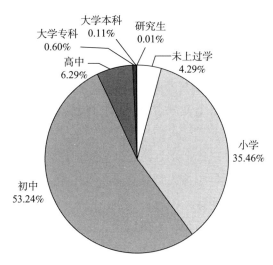

**图 8 – 12  农林牧渔业从业人员数教育程度比例**

资料来源：全国第二次农业普查综合资料。

从图 8 – 12 来看，有一半以上的农业劳动者只是初中学历，35% 的农业劳动者是小学学历，而大学专科以及专科以上学历的农业劳动者所占比例不到 1%。除此之外，国家"十五"科技攻关规划项目《中国人力资本的分布差异研究》中指出，我国农林牧渔从业人员人均受教育年限仅为 6.87 年，在 16 个行业中人力资本水平是最低的。更为详细地看，表 8 – 13 是以性别区分的农业劳动者学历水平百分比。

**表 8 – 13  以性别区分的农业劳动者学历水平百分比**

| 学历水平 \ 性别 | 男 | 女 |
| --- | --- | --- |
| 未上过学 | 2.4 | 6.1 |
| 小学 | 31.7 | 38.9 |
| 初中 | 56.9 | 50.0 |
| 高中 | 8.2 | 4.5 |
| 大学专科 | 0.7 | 0.4 |
| 大学本科 | 0.1 | 0.1 |
| 研究生 | 0.0 | 0.01 |

资料来源：《中国劳动统计年鉴 2013》。

由此可见，大多数农业从业人员并没有完成九年义务教育，受教育年数少，所能够掌握的科学文化知识有限，甚至不足。与同等水平国家的农民平均受教育年限相比，我国农业劳动者的平均受教育年限要低，跟西方其他国家相比，更是相距甚远。而农业劳动者的受教育程度对农业产值影响是显著的，并且这种影响程度可能会随着受教育程度的增加而增加。

所以，从总体来讲，农业劳动者是一个知识比较贫乏的群体，文化知识的缺失会阻碍农业人员总体素质的提高，也会阻碍农业的发展，因此，农业人力资本培训尤为重要。

**3. 农业劳动者技能素质低，高级技术人员少**

一方面，中国大多数的农业从业者属于体力型农民或者是经验型农民，他们并没有受过正规的农业职能培训，他们所获得的农业知识或者方法绝大部分是老一辈的农业劳动者传授下来的，更多的是依靠积累的经验和辛苦的劳作。农业技术教育的缺失和职能培训的不足，使许多的农业从业人员并没有获得现代农业所需的初级技能。根据全国第二次农业普查的资料显示，至 2006 年底共有 779.61 万农户参加了各类培训，举办过农业技术讲座的村数达 338932 个，占全国总数的 53.2%。但是，在美国、日本、加拿大等发达国家中，接受过正式培训的农村劳动力所占比例是 70% 左右，与之相比，我国农业从业人员所接受的农业技术教育和职业技能培训水平依然较低。

另一方面，农业技术人员不足，高级技术人员更是少之又少。按照第二次农业普查的资料，全国农业技术人员的数量为 209.0 万人，村内 115.1 万，单位内 93.8 万。其中高、中、初级农业技术人员人数分别是 11.9 万人、46.8 万人和 150.3 万人，各自占全国农业技术人员总数的 5.69%、22.39%、71.92%。因此，我们很容易发现，农业劳动者的职能素养并不能完全适应现代农业的发展。

**4. 培训规模小，培训人员素质和培训意愿参差不齐**

表 8 - 14 是来自《中国农村统计年鉴 2013》的农民成人教育培训情况。

表 8 – 14 中国农村统计年鉴的农民成人教育培训情况

| 指标 | 单位 | 1995 年 | 2000 年 | 2009 年 | 2010 年 | 2011 年 | 2012 年 |
|------|------|---------|---------|---------|---------|---------|---------|
| 农民技术培训学校 | | | | | | | |
| 学校数 | 万所 | 38.5 | 48.6 | 12.9 | 10.7 | 10.3 | 10.9 |
| 毕业生数 | 万人 | 7035.4 | 9047.1 | 4103.7 | 3813.1 | 3794.7 | 3563.2 |
| 在校学生 | 万人 | 4948.7 | 6209.6 | 3723.9 | 3424.1 | 3497 | 4567.4 |
| 专任老师 | 万人 | 13.6 | 14.6 | 9.7 | 9.2 | 9.4 | 8.8 |
| 农民高等学校 | | | | | | | |
| 学校数 | 所 | 4 | 3 | 2 | 2 | 1 | 1 |
| 毕业生数 | 人 | 203 | 400 | 1134 | 865 | 618 | 746 |
| 专任老师 | 人 | 146 | 100 | 129 | 128 | 89 | 89 |
| 农民中学 | | | | | | | |
| 学校数 | 所 | 3821 | 2622 | 1997 | 1985 | 2266 | 1316 |
| 毕业生数 | 万人 | 38.4 | 19.5 | 51.6 | 59.8 | 59.5 | 56.4 |
| 学生数 | 万人 | 40.7 | 25.2 | 44 | 60.9 | 53.4 | 54.5 |
| 专任老师 | 万人 | 0.9 | 0.8 | 0.6 | 0.6 | 0.8 | 0.8 |
| 农民小学 | | | | | | | |
| 学校数 | 万所 | 16.7 | 16 | 4.1 | 3.2 | 3 | 2.6 |
| 毕业生数 | 万人 | 754 | 493.5 | 195.6 | 180.5 | 173.4 | 156.7 |
| 学生数 | 万人 | 763.7 | 473.5 | 208.7 | 190.6 | 161.2 | 158.2 |
| 专任老师 | 万人 | 5.6 | 4.5 | 3.3 | 2.8 | 3 | 3 |

资料来源：《中国农村统计年鉴 2013》。

从表 8 – 14 中可以看出，农业培训的规模较小，专业教师人数不足。而就农民技术培训学校来看，平均每位专任老师最少要培训 363 位学生，最多培训人数达到 519 位。同时，国内也有许多学者对农业培训进行了深入的研究，例如，李健楠等学者对全国 10 个省份进行调研发现，我国目前参加培训的农民素质不高。并且培训设施不完备，培训内容过于理论，实践应用性不强。而卫龙宝、阮建青（2007）通过 Logistic 模型对浙江省杭州市三墩镇 1343 个农民进行调查和实证分析，发现影响农民参加农业培训积极性的因素包括农民的个体因素、培训因素和政府导向等。

由此发现，年龄、受教育程度、婚姻状况和人均收入都可能影响农民参加培训的积极性，一般来讲，年龄较大、男性、已婚收入稳定较高的农民更倾向于接受培训。并且，培训费用的多少和培训时间的长短也在很大程度上影响着农业从业人员是否做出参加培训的决定。

### （四）提高农业人力资本的政策性建议

现阶段我国农业人力资本培训的现状，更加凸显了对农业劳动者进行教育培训的重要性和紧迫性。党和国家领导人也在第十七届三中全会上强调了农民职业培训的重要性，大力推广农民农业技术培训，培养更多的农业实用人才。除此之外，国家"十一五"规划指出，要"加快发展农村教育、技能培训和文化事业"。《中共中央国务院关于推进社会主义新农村建设的若干意见》（中发〔2006〕1号）也提出，要"大规模开展农村劳动力技能培训"。对农业人力资本进行投资培训是提高农业劳动者素质的重要方法，可以改善农民的福利，在农业的现代化发展过程中发挥着不可替代的作用。通过专业的培训，使农业从业人员掌握农业科学知识，转变落后的经营观念，采用更为有效的农业生产手段，提高劳动效率。同时，可以培养更多技术型和管理型人员，改善农业生产条件，帮助解决农业生产面临的困难，促进农业的健康发展。

针对农业人力资本面临的问题，对农业人力资本进行合理的投资培训，普遍提高农业从业者的综合素质，使农业从业者变得更加有文化、有素养，更加懂得农业科学知识，会操作，提高农业劳动者的工作效率。近年来，值得肯定的是，对农民培训的规模在不断扩大，培训内容也涉及各种方面。政府应该继续发挥主导先驱的作用，开展各种专业技能培训和科学文化知识培训，这样能够更好地帮助农业增产增效，促进现代农业的发展，大力培养农业人才队伍，建立农业人力资本培训投资的长效机制。

### 1. 提升农业人力资本水平的财政支持力度

首先，加大对农业人力资本的财政投入，适当地调整财政结构。在农业人力资本积累过程中，政府起着主导作用，而单纯的农业从业者或者小农户想要提高自身农业知识技能和水平会面临很多的限制。因此，针对正规的教育而言，政府应该主要改善城乡教育资源分配不均的状况，这种资源的不均衡，导致农村的教育规模小，相对城市而言，获得教育的机会少，质量低，而这种偏差很大程度上只能依靠政府来发挥作用。政府可以调整支出结构，增大教育投入，适当倾向于农村教育。具体而言，增加未来的教育经费，在财政支出预算中特别加入农村义务教育的投资项目，使农村获得专项教育资源，通过提供政策补贴或者逐渐扩大免费师生政策范围来增加对义务教育的支持力度，从而提高农村对教育资源的利用效率。其次，注重教育公平，营造农村学习氛围。加大教育的投入经费，只是从量的角度上减轻农民接受教育的经济压力，但是，教育机会不均等问题的存在和农民固有的落后的思想都会降低农民参加教育和培训的积极性，从而进一步加大了不同地区的人力资本差距。因此，国家在对教育机会进行分配过程中，需要考虑增加对农村生源的分配额度，给予农村生源较高比例的信贷支持，注重教育公平。除此之外，要注重农村文化建设，用文明科学的文化思想去替代落后的封建思想，具体可以增加农村的文化活动，例如，送知识下乡，建立农村自己的图书馆，等等。加大文化宣传力度，在物质文明建设过程中不忘精神文明建设。有了好的学习氛围，农民就会更加主动去接受教育和培训，激发他们学习的兴趣，培训和教育的效果就会有质的提高。最后，加强社会保障制度，完善公共基础设施。农业人力资本不仅包括从业者的各种技能知识，还包括其健康情况，农村的医疗水平是影响农民健康的重要因素。因此，对农村医疗服务进行投资，就是在对农业劳动者的健康投资，这能够提高农业人力资本水平。一方面，对农村医疗服务进行硬件建设。增加医疗机构站点，合理布局，从而方便农民就医；健全农村医疗设备，定期跟换老旧设备，保持医疗设备清洁、安全。另一方面，对农村医疗服务进行软件建设。对农村医生专业技能进行评估，分类培训，引进不同方向或专业的医疗服务人员，增加基础医疗服务人员的数量。完善社会保障制度，不仅仅针对农村的医疗制度，还包括农村的养老保险制度、最低生活保障制度等。这些制度能够保障特困人员的生存和健康，因此，政府需要加大经费的投入，健全保障体系。同时，农民获取信息的途径比较少，很多观念落后，尤其是经营管理的观念，这就限制了农业人力资本水平的提高，而完善公共基础设施有利于加快农业的现代化发展进程。具体方法有：完善交通网，在解决最基本的用水用电生活问题的基础上，普及有限电视网、电话网、互联网等；搭建信息互动平台，使农民可以及时获得有用信息，方便交流，防范虚假信息和有害信息等，进而提高农业劳动者利用和处理信息的能力。

**2. 优化农业人力资本培训质量**

第一，优化整合农业培训资源，灵活培训。我国传统农业主要依靠农民的辛苦劳作，想要向现代农业转变需要大量的技术人员和管理人员，这就需要对目前的农业培训行业进行改革，当务之急就是对农业培训资源进行优化整合。具体而言，对农业劳动者的技能和任务作评估了解，以此为基础对其分类，从而根据劳动者的实际情况，分类、分层次地进行技能知识培训，使资源合理配置，提高教育培训资源的利用效率。扩宽获取教育培训资源的途径，不仅仅只依靠国家政府，也要充分利用社会机构、组织、企业的各种资源，获得合作，扩大教育培训的规模。同时，注重培训的灵活性，培训时间、培训地点都能够影响农民参加培训的积极性。具体培训时间要考虑农民的需求，不在农民繁忙劳作时间强加培训，可以选择在闲暇季节或者晚上进行培训，培训地点也要跟农民讨论，避免额外的成本。优化教育培训方式，培训的内容一定要立足于实际，能够真正给农民带来利益，保持农民参加培训的积极性，培养出更多新型农业劳动者。第二，发挥先进技术优势，用于农业培训提高劳动者素质。网络技术的快速发展，在培训中运用远程教育具有成本低、范围广、不受地域限制等优点。因此，加快搭建互联网络，发挥数字资源优势，为农业劳动者提供市场需求信息，既能节约时间成本，又能降低市场变化所引发的风险。同时利用网络来传播农作知识，其覆盖范围与参与率要远远大于实际培训的参与率，农民通过非正式的、更灵活的方式获得更多农业知识。第三，推动农业企业化进程，培养农业管理人才。加快农业企业化发展，能够巩固农民和企业之间的合作关系，使农业劳作更有组织性，加强抵抗风险的能力，提高劳作效率。企业化进程中不可避免地需要一大批高素质、懂技术、会经营的管理人才，在教育过程中就要注重对潜在农民企业家进行经营管理知识培训。打造优秀的农业管理人才不容易，需要政府、学校、社会共同发挥作用：政府提供财政政策支持，学校提供教材和师资力量支持，企业提供培训场地和实践机会。共同为提升农业人力资本水平而努力。

# 八　农业技术服务业现状、问题及对策

## （一）引言

随着经济的全球化趋势不断加强，技术创新已成为世界各国提高国家竞争力的根本出路。目前我国农业已经进入新的发展阶段，要想提高我国农产品的国际竞争力，就必须依赖农业技术的创新发展。著名经济学家Gene M. Grossman 和 Elhanan Helpman（1994）认为发达国家获得经济持续增长的源泉主要来自资本数量的增加或资本使用范围的扩大，或者通过内生技术变迁或创新式的技术升级来促进经济增长。

基于农业在国民经济中的基础地位和农业技术对农业增长的重要作用，国内学者对农业技术的研究较多，主要集中在以下几个方面：第一，基于农户对农业技术采用影响因素的研究。董鸿鹏等（2007）从需求角度对农户技术选择行为的影响因素进行研究，认为农户技术选择行为受收入水平、耕地禀赋程度、决策制定者受教育程度的重要影响。刘晓敏、王慧军（2010）认为家庭年均总收入、地块面积对农户技术采用有正向影响，而经营规模以及政府扶持则对农户技术采用有负向影响。罗富民（2010）指出财政支农可以提升农户的技术需求意愿和技术需求能力，并通过计量分析结果表明财政支农支出总体上与农业技术有效需求呈正相关的长期均衡关系。第二，基于农业技术实施影响因素的研究。钱加荣、穆月英等（2011）认为农户年龄、受教育程度和秸秆还田机械质量等变量在1%显著水平上差异显著，均与农业技术的采用呈正相关关系，而技术补贴变量在统计上不显著。刘纯彬、王晓军（2011）指出劳动力流动下的兼业生产行为抑制了新技术采用量，并导致农业产出总量的减少。第三，对农业技术扩散的研究。王永强、朱玉春（2009）在前人研究基础上，考虑了影响农业技术扩散源和技术采用者之间关系的因素，系统全面地分析了影响农业技术扩散的障碍因素。赵佳荣（2004）认为当前我国农业技术推广机制存在很多问题，阻碍了农业技术的应用，并提出了创新农业技术推广体制和运行机制必须重新激活政府主办的农业科技推广体系，多渠道增加投入，改善国家财政农技推广投入结构，构建以提高农民素质为中心的农技推广模式等一系列建议。

从以上学者对农业技术的研究可以看出农业生产环境对农业技术的应用有着重要的影响，农业劳动力素质也是影响农业技术需求和实施的重要因素。但是已有的对农业技术的研究偏向于理论研究，对农业技术和农业增长之间关系的实证研究相对比较少。因此，本书在梳理前人理论的基础上，以粮食大省——河南省为例对其进行实证分析。本书所研究农业技术服务业对农业增长的影响主要是通过先进的农业技术和良好完善的农业技术推广体系实现的。

### （二）农业技术进步对农业增长的影响及实证分析

#### 1. 农业技术及农业技术进步内涵

《农业技术推广法》规定，农业技术主要是指应用于种植业、林业、畜牧业、渔业的科研成果和实用技术，包括良种繁育、施用肥料、病虫害防治、栽培和养殖技术，农副产品加工、保鲜、贮运技术，农业机械技术和农用航空技术，农田水利、土壤改良与水土保持技术，农村供水、农村能源利用和农业环境保护技术，农业气象技术以及农业经营管理技术等。

关于农业技术进步，理论界众说纷纭，莫衷一是，都是从不同角度对其进行诠释，没有统一的概念。对农业技术进步的诠释有静态层面和动态层面两种，静态层面根据所包含的内容的不同有广义和狭义之分。广义的农业技术进步指的是农业经济增长中除去农业劳动力、土地和资本等经济要素投入增加所起的作用后，剩余的其他因素作用的总和，不仅包括"硬技术"上的进步，还有提高科学管理水平、组织变革、合理的农业资源配置等"软技术"的进步。狭义的农业技术进步指的是农业生产条件的改善和农业生产技术的进步，例如新品种的培育和栽培，农业灌溉技术的提高。由此可以概括为狭义的农业技术进步主要指的是在"硬技术"方面的进步。

从动态角度解释农业技术进步主要是研究农业技术进步的实现方法和途径、发展过程和带来的效应。要素投入量的相对变动和绝对变动都是农业技术进步的具体体现，所以按照要素节约功能的不同，农业技术进步可以划分为四个不同的类型，分别为：土地节约型、劳动力节约型、水资源节约型和综合型。总的来说农业技术进步是一个动态过程，是可以使农业经济增长的农业要素改进和农业资源合理优化配置的农业要素的提高过程。

**2. 农业技术进步对农业增长影响的实证分析**

（1）样本的选择和数据来源

河南省的粮食产量高，是全国粮食生产大省、粮食主产区和粮食生产核心区，其粮食产业在全国粮食生产和供求中具有十分重要的地位。因此，本书以河南省为例研究农业技术对农业增长的影响情况。用农业总产值来衡量农业增长情况，这里的农业总产值为农林牧副渔的产值综合，化肥使用量、农膜使用量、农业机械总动力、机耕面积、机播面积、机收面积等代替农业技术因素。主要研究的是河南省 1995～2013 年的农业生产情况。由于统计限制，灌溉面积、机收面积、机种面积和机播面积几个变量的选取年份是 2000 年、2010 年、2011 年、2012 年和 2013 年共 5 个年份。

本书分析所用数据均来自《河南统计年鉴》，为了消除通货膨胀的影响，本书以 1995 年的农产品价格指数为基础对农业总产值进行平减得出实际农业总产值，然后运用 SPSSInc 软件对数据进行回归处理和演算。

（2）数据模型及实证分析结果

一元线性回归模型：

$$Y = a_0 + a_1 x_1 + a_2 x_2 + a_3 x_3 + a_4 x_4 + \cdots + a_n x_n + u \tag{1}$$

$Y$ 为回归方程中的被解释变量；$x_1$，$x_{2,\cdots} x_n$ 为方程的 $n$ 个解释变量，$u$ 为误差项，回归模型的自由度为 $N - n - 1$，其中 $N$ 为样本容量。

为了研究农业劳动力、耕地面积、农业机械总动力、农药农膜使用量、财政补贴、化肥使用量、用电量对实际农业总产值的影响，根据回归模型（1），我们建立如下回归模型：

$$Y = a_0 + a_1 \text{劳动力} + a_2 \text{耕地面积} + a_3 \text{机械动力} + a_4 \text{化肥用量}$$
$$+ a_5 \text{用电量} + a_3 \text{农药量} + a_7 \text{农膜量} + a_8 \text{财政补贴} \tag{2}$$

根据 1995～2013 年河南省的农业生产的各项统计数据，应用 SPSSInc 软件对回归模型（2）进行数据回归处理，农业总产值与农业劳动力、耕地面积、农业机械总动力、农药农膜使用量、财政补贴的回归分析结果如表 8 - 15、表 8 - 16 所示。

**表 8 - 15　模型（2）拟合优度和 F 检验**

方差分析

| 模型 | | 平方和 | 自由度 | 均方 | F 检验 | 显著性 |
|---|---|---|---|---|---|---|
| 1 | 回归 | 4.929E7 | 8 | 6161767.069 | 221.047 | 0.000ᵃ |
| | 残差 | 278754.120 | 10 | 27875.412 | | |
| | 总和 | 4.957E7 | 18 | | | |

注：预测因素为（常数）、财政补贴、农业劳动力（万）、农用机械总动力、耕地面积（千顷）、农药使用量、农用塑料薄膜、农村用电量、化肥使用量（万吨）。

因变量为 实际农业总产值。

资料来源：由 SPSSInc 软件计算机模拟得出。

**表 8 - 16　模型（2）中解释变量的回归系数和检验**

变量的回归系数

| 模型 | | 非标准系数 | | 标准系数 | t 检验 | 显著性 |
|---|---|---|---|---|---|---|
| | | β 值 | 标准误 | β 值 | | |
| 1 | （常数） | 3496.966 | 2106.402 | | 1.660 | 0.128 |
| | 农业劳动力（万） | 0.045 | 0.534 | 0.008 | 0.084 | 0.935 |
| | 耕地面积（千顷） | - 0.505 | 0.251 | - 0.166 | - 2.012 | 0.072 |
| | 农用机械总动力 | 0.209 | 0.242 | 0.312 | 0.864 | 0.408 |
| | 化肥使用量（万吨） | 9.337 | 6.954 | 0.690 | 1.343 | 0.209 |
| | 农村用电量 | 14.983 | 10.837 | 0.642 | 1.383 | 0.197 |
| | 农药使用量 | - 306.762 | 268.324 | - 0.309 | - 1.143 | 0.280 |
| | 农用塑料薄膜 | - 298.068 | 198.792 | - 0.606 | - 1.499 | 0.165 |
| | 财政补贴 | 4.353 | 0.798 | 0.454 | 5.453 | 0.000 |

注：因变量为实际农业总产值。

所以回归模型（2）可写成：$Y = 3496.966 - 0.505$ 耕地面积 $+ 0.209$ 机械动力 $+ 9.377$ 化肥用量 $+ 14.983$ 用电量 $- 306.762$ 农药用量 $- 298.068$ 农药使用量 $+ 4.353$ 财政补贴。

根据表 8 - 15 可以看出整个模型的拟合优度比较好，通过了 F 检验，整体上具有显著性。

表 8 - 16 主要是各个变量系数的回归结果：农业劳动力的系数为正，说明随着劳动力的投入，依然会带来实际农业总产值的增加，但是也可以明显地看出劳动力的系数非常小，而且 t 值仅为 0.084，没有通过 t 检验，说明劳动力对农业总产值的影响不明显；耕地面积的系数为负数，耕地面

积每增加 1000 顷，农业总产值减少 0.505 亿元，并且通过了 t 检验，说明耕地面积对农业总产值的这种负效应比较明显，主要是因为河南省的耕地面积在 1995~2013 年增长不明显，最近几年还出现减少趋势；农业机械总动力和化肥使用量均为正值，说明农业机械的使用和化肥投入对农业产出有促进作用；农业用电量的系数为 14.983，对农业总产值的正向拉动作用比较大，同时也说明河南省的农业生产过程中能量消耗比较多；农药使用量和农膜使用的系数为负数，并远远超过其他变量的系数，说明二者对农业总产值有极大的负效应，大大地阻碍了农业总产值的增加，也说明河南省的农膜和农药使用过量；财政补贴系数为 4.353，并通过了 t 检验，对农业产值的促进作用具有显著性。

由于耕地面积与灌溉面积具有严格的共线性问题，因而对灌溉面积对农业总产值影响进行单独的实证分析，根据线性回归模型（1），我们建立实际农业总产值和灌溉面积的回归模型：

$$Y = a_0 + a_1 灌溉面积 \tag{3}$$

应用 SPSSInc 软件对河南省 2000 年、2010 年、2011 年、2012 年和 2013 年共 5 个年份的灌溉面积数据和实际农业生产总值数据进行回归处理分析，分析结果如表 8-17 所示。

表 8-17 模型（2）中解释变量的回归系数和检验

系数

| 模型 | | 非标准系数 | | 标准系数 | t 检验 | 显著性 |
|---|---|---|---|---|---|---|
| | | β 值 | 标准误 | β 值 | | |
| 1 | （常数） | -16728.716 | 3746.256 | — | -4.465 | 0.000 |
| | 灌溉面积 | 4.150 | 0.782 | 0.790 | 5.306 | 0.000 |

注：因变量为实际农业总产值
资料来源：计算机软件的回归结果。

所以回归模型（3）可写成：$Y = -16728.716 + 4.15 灌溉面积$。

回归模型的 $R^2$ 达到 0.98，调整后的 $R^2$ 也达到 0.96，说明回归模型的拟合优度比较好。根据表 8-17 可以看到：灌溉面积的系数为 4.15，t = 5.306，通过了 t 检验，灌溉面积对农业总产值具有显著的促进作用。相比耕地面积对农业产值的副作用而言，说明良好的灌溉技术和灌溉条件可以提高农业总产值，促进农业的增长。

实际农业总产值与机耕面积、机播面积、机收面积的回归分析结果同样由于耕地面积，机耕面积、机播面积、机收面积之间存在严重的共线性问题，为了避免影响回归分析的结果，本书对反映农业技术的机耕、机播、机收面积三个重要变量分别进行回归分析。根据模型（1），分别设置实际农业生产总值和机耕、机播、机收面积三个回归模型：

$$Y = a_0 + a_1 \text{机耕} \tag{4}$$

$$Y = b_0 + b_1 \text{机播} \tag{5}$$

$$Y = c_0 + c_1 \text{机收} \tag{6}$$

第一，河南省机耕面积、机收面积、机播面积的情况。

从图 8 - 13 中可以看出 2010 ～ 2013 年河南省的机耕、机播、机收面积不断增长。尤其是 2000 ～ 2011 年机播面积增长迅速，并且超过了机耕面积，2010 ～ 2013 年三者发展都比较迅速，之后逐渐趋于平稳，增长缓慢。

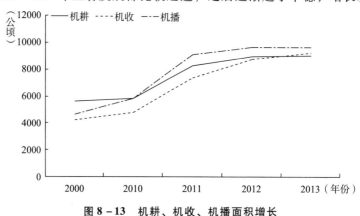

图 8 - 13　机耕、机收、机播面积增长

第二，回归分析结果如表 8 - 18、表 8 - 19、表 8 - 20 所示。

表 8 - 18　机耕的回归分析结果

系数

| 模型 | | 非标准系数 | | 标准系数 | t 检验 | 显著性 |
|---|---|---|---|---|---|---|
| | | β 值 | 标准误 | β 值 | | |
| 1 | （常数） | - 1525.585 | 2977.760 | — | - 0.512 | 0.644 |
| | 机耕 | 0.858 | 0.388 | 0.787 | 2.213 | 0.114 |

注：因变量为产值。

表 8 - 19　机收的回归分析结果

系数

| Model | | 非标准系数 | | 标准系数 | t 检验 | 显著性 |
|---|---|---|---|---|---|---|
| | | β 值 | 标准误 | β 值 | | |
| 1 | （常数） | 384.828 | 1950.978 | — | 0.197 | 0.856 |
| | 机收 | 0.661 | 0.272 | 0.814 | 2.431 | 0.093 |

注：因变量为产值。

表 8 - 20　机播的回归分析结果

系数

| Model | | 非标准系数 | | 标准系数 | t 检验 | 显著性 |
|---|---|---|---|---|---|---|
| | | β 值 | 标准误 | β 值 | | |
| 1 | （常数） | - 327.946 | 1848.653 | — | - 0.177 | 0.870 |
| | 机播 | 0.678 | 0.230 | 0.862 | 2.948 | 0.060 |

注：因变量为产值。

通过表 8 - 18、表 8 - 19、表 8 - 20 的回归分析结果可以看出，机耕、机收、机播的系数分别为 0.858、0.661、0.678，并且都通过了 t 检验。对农业生产总值都具有显著的促进作用。其中机耕的系数最大，对农业产值的影响比其他两个更大，但是这种促进作用的显著性没有机收、机播的显著，机播对农业产值的影响最显著。

综述，根据上述对河南省农业总产值和相关变量的分析可以看出，传统促进农业产值增加的因素，如耕地面积、劳动力对农业增长的推动作用逐渐减小，甚至对农业产值的增加出现负效应。反映农业技术的农业机械总动力、农业用电量灌溉面积、机耕、机收和机播五个变量都对农业增长起到了促进作用，说明农业技术在增加农业产值，促进农业发展方面发挥着越来越大的作用。同时我们也应该看出农药、农膜的过度使用不仅会对土壤造成破坏，而且对环境也会产生危害，也不利用于农业经济的发展。财政补贴对农业发展的贡献率比较大，并且是正向的促进作用，因而政府也应加大财政支农的力度，尤其是农业技术的研究开发，推动农业的现代化。

**3. 农业技术推广促进农业经济增长的实证分析**

根据《农业技术推广法》规定，农业技术推广是指通过试验、示范、培训、指导以及咨询服务等，把农业技术普遍应用于农业生产产前、产中、产后全过程的活动。

农业技术推广体系不仅是国家农业支持保护体系和农业社会化服务体系的重要组成部分，同时也是促使农业发展方式转变的重要支撑。党的十七届三中全会做出了一系列具体指示推进农业技术推广体系建设，《中共中央关于制定国民经济和社会发展第十二个五年规划的建议》中指出，推进农业科技创新，健全公益性农业技术推广体系。

（1）样本说明和样本数据的来源

衡量农业技术推广效果的重要指标是农业技术进步增长率。根据农业产值、从事农业的劳动力总数、有效灌溉面积、农作物的播种面积、财政补贴、农业机械总动力和化肥使用量等七个变量计算出农业技术进步率。

样本数据来源于历年的《中国统计年鉴》和《中国农业发展报告》。主要研究 1995~2006 年的农业生产情况。利用 DEAP 2.1 软件进行农业技术进步增长率的计算机模拟和利用的演算。

（2）农业技术推广促进农业经济增长的实证结果

表 8－21 和图 8－14 所示为 1991~2006 年农业技术进步增长率

表 8－21　农业技术进步增长率（农业技术推广效果）

| 年份 | 技术推广效果（%） | 年份 | 技术推广效果（%） |
| --- | --- | --- | --- |
| 1991 | 100.00 | 1999 | 101.30 |
| 1992 | 105.10 | 2000 | 100.90 |
| 1993 | 106.30 | 2001 | 103.50 |
| 1994 | 107.10 | 2002 | 104.10 |
| 1995 | 108.00 | 2003 | 103.90 |
| 1996 | 116.50 | 2004 | 106.40 |
| 1997 | 102.80 | 2005 | 104.20 |
| 1998 | 102.80 | 2006 | 104.70 |

资料来源：DEAP 2.1 软件计算机模拟得出。

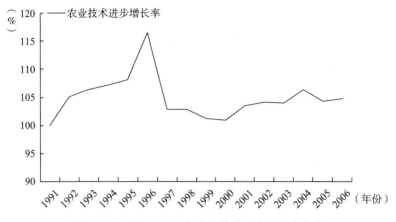

**图8-14 1991~2006年农业技术进步增长率变化**

经过计算，1991~2006年16年间我国农业技术进步平均增长率为104.85%，16年间的每一年的农业技术增长率都超过了100%，说明这些年我国农业技术推广效果十分明显。1991~1996年，农业技术增长率增长迅速，尤其是1995~1996年；随后一年，技术增长率急速下降，但与1991年相比仍然处于增长状态；随后1997~2006年这10年以比较平稳的速度增长。

（3）农业技术推广对农业增长的影响

为了更加精确地分析出农业技术推广对农业增长的促进作用，本书以农业产值增长量为因变量，农业技术进步增长率（农业推广效果）为自变量设立一元线性回归模型：

$$Y = a + bt$$

其中 $Y$ 为被解释变量农业产值增长量，$t$ 为解释变量农业技术进步增长率。

利用 SPSS 数据分析软件对两个变量进行线性回归分析，探索农业技术推广对农业增长的贡献率，可以得到如下方程：

$$Y = 4.927 + 0.521t \tag{1}$$

其中，$R^2 = 0.592$，$F = 20.761$，$DW = 1.452$

从方程（1）可以看出方程的拟合优度较好，回归方程通过了 F 检验，具有明显的显著性。说明农业技术推广对农业增长具有明显效果，农业推广效果增长 1%，农业产值增长 0.521%。这说明我国的农业生产实践中，农业技术通过农业技术推广不断地在我国的农业生产应用，不仅提高了我国农业生产水平，节约了资源，而且促进了我国农业向集约化和现代化发展。

### （三）结论与建议

通过上述实证研究分析，可以看出农业技术服务业对农业增长的影响主要是通过农业技术和农业技术推广实现的，一方面农业技术中农业机械的使用、化肥、灌溉技术的提高对农业增长具有促进作用，而农药、农膜在一定程度上可以提高农业总产值，但是农药、化肥的过度使用对农业增长具有阻碍作用，不利于农业经济的持续发展；另一方面通过农业技术推广，提高农业技术进步增长率，可以加快农业技术的实际应用，直接推动农业产出的增加。根据我国农业情况，现提出如下建议：一是应当加快新型机械研究开发和推广，提高农业机械化水平，提高农业生产力；二是应该完善农村基本建设，尤其是灌溉设施，提高灌溉技术，应用喷灌、滴灌等先进的灌溉技术，增加农村有效灌溉面积，改变中国传统农业靠天收获的落后局面；三是增加优秀农技人员的引进，不断完善农业技术推广体系，加大技术推广力度，提高农业科技成果的转化率，缩减我国农业技术转化为先进生产力的过程；四是政府应加大对农业的扶持和补贴，增加农业的科研费用。

# 第九章　农业生产性服务业的结构优化

## 一　优化农业生产性服务业内部结构的意义

农业生产性服务业的发展是服务业产业结构向合理化和高度化发展的过程。农业生产性服务业的大力发展，不仅是工业化经济发展成熟向服务化经济转变的起点，同时也是实现农业现代化发展的重要标志。

首先，优化农业生产性服务业内部结构是实现产业结构高度化的必经过程。

产业结构的升级是通过产业调整实现的，是产业间实现协调发展，产业结构不断由低级向高级演进，实现资源的优化配置和再配置，从而推动经济增长的过程。产业结构的变动包含"产业结构的高度化""产业结构的合理化"。依据产业结构演进的规律可知产业结构的发展按照顺向递进由第一产业占主导地位逐渐向第二、第三产业占主导地位发展。产业结构的合理化是指各产业间有较强的互补协调能力和较高的关联性。产业结构的每次变动是生产要素在各产业部门之间的资源优化配置的过程，也是促进生产力发展的动因。随着社会化分工和专业化生产纵向深入发展，生产性服务业得以发展壮大，在国民经济体系中占有重要地位。发达国家在工业化早期，商业、运输业、金融保险业、商务服务业等知识、技术、资本密集的生产性服务业迅速发展，而以劳动密集型为主的行业在国民经济中所占的比重不断下降。郝爱民（2011）通过实证研究说明了农业生产性服务业的发展对农业产业结构调整具有提升作用。由此可见，大力发展农业生产性服务业、调整其内部结构，不仅是社会生产力迅速发展的结果也是实现产业结构升级的必然结果。

其次，优化农业生产性服务业内部结构，实现内部结构合理化。

优化产业结构的目标不仅要满足产业结构的高度化还要求满足产业结构的合理化。其中产业结构的合理化就是提高产业与产业之间协调能力和关联水平，主要解决的问题就是需求与供给结构的相适应问题。一切社会生产都是为了满足社会需求，满足需求是生产的动因也是直接目的，大多数国家的发展进程证实了国民经济产业升级规律是服务业随经济发展在整个国民经济中的比重上升，当农业与工业发展到一定阶段，生产会增加对服务业的需求。农业生产对于生产性服务业的需求规模和需求结构的变化必然引起产业结构的升级变化。需求结构的不断细化和高级化对于产业结构的演进具有拉动功能，同时也推动生产性服务业内部结构不断优化。

# 二　我国农业生产性服务业发展现状

## （一）我国农业生产性服务业总体水平

近年来，随着我国经济发展面临瓶颈问题，国家经济发展也在寻找新的增长动力。服务业的发展，尤其是生产性服务业的发展势必成为经济增长的新的推动力。我国在改造农业的发展中不可小觑生产性服务业的发展潜力。我国生产性服务业应用于农业发展尚处在初级阶段。由图 9 - 1 可知，1997 ~ 2007 年中国农业生产性服务业发展的状况。由图 9 - 1 可知，中国农业总投入量规模增长约 2 倍。服务业的投入虽然在不断增长，但是增长速度迟缓。1997 ~ 2002 年呈近 2 倍的速度增长，但是 2002 ~ 2007 年增长速度放缓。尽管我国农业生产性服务业的投入绝对量伴随着农业生产投入数量的绝对值不断增加，但是增长的幅度缓慢。

由图 9 - 2 可知，生产性服务业作为农业生产的中间投入产品与美国相比还存在很大的差距，1997 ~ 2002 年，我国农业生产性服务业中间投入率最高的年份（2002 年）也远低于美国 2007 年最低的中间投入率。图 9 - 1 和图 9 - 2 清楚地说明我国农业生产中运用服务业的程度非常低，生产性服务业在中国农业生产中发挥的作用很小，中国的农业生产方式没有得到有效的改进。中国的农业生产性服务业发展迟缓，未能充分发挥出促进农业生产的巨大作用。

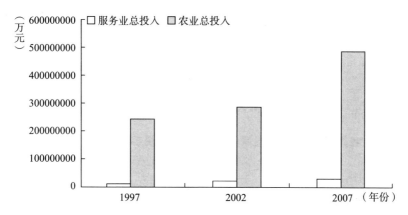

**图 9 - 1　农业生产性服务业投入**

注：数据根据 1997 年、2002 年、2007 年中国国家统计局公布的中国投入产出表计算得出，按当年价格算。

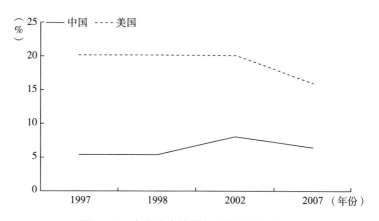

**图 9 - 2　农业生产性服务业的中间投入率**

注：数据根据 1997 年、2002 年、2007 年中国国家统计局公布的中国投入产出表计算得出以及美国 1998～2007 年投入产出表计算得出，按当年价格算。由于中国 1998 年并未公布数据，因此假设 1998 年的农业生产性服务业投入率与 1997 年的相同，同理由于数据原因假设美国 1997 年的投入率等于 1998 年的。

## （二）我国农业生产性服务业内部结构

通过对我国 1997～2010 年的投入产出表进行研究，发现服务于我国的农业生产的传统生产性服务业所占份额几乎是农业生产性服务业的一半。

现代服务业所占的比例甚少，与美国的农业生产性服务业进行对比发现，在金融保险业、房地产及商务服务业和公共管理及社会保障方面，我国只能望尘莫及。尤其是美国的金融保险业甚是发达，在农业生产性服务业中约占据总的农业生产性服务业的 1/4，在房地产业和公共管理及社会保障业方面我国也是相差甚大。虽然和发达国家相比我国农业生产性服务业内部结构分布还存在很大差异，但是传统的劳动和资本密集型的服务业比重呈下降趋势，金融、通信等新兴的现代服务业的比重在不断提高。

### （三） 我国各分类生产性服务业与农业的联系

利用中国 1997 年、2002 年、2007 年的投入产出表中的完全消耗系数，深刻地反映农业的生产与生产性服务业之间经济技术联系。由表 9 - 1 可知不同年份的农业各类生产性服务业的完全消耗系数，可以发现 1997 ~ 2002 年，各分类生产性服务业的完全消耗系数呈大幅度上升趋势，但在 2002 ~ 2007 年阶段有所下降。表明我国的农业生产与各分类生产性服务业之间的经济技术联系经历了由显著增强变为明显减弱的趋势。其中农业对我国传统服务业例如批发和零售贸易业、交通运输业及仓储业的完全消耗系数较高，显示了我国农业与传统服务业之间有较强的经济联系。但是在农业与现代服务业之间还存在较弱的联系。2007 年与 2002 年相比传统服务业和金融保险业的完全消耗系数有所下降，说明服务于农业生产的生产性服务业与农业生产之间的技术联系由显著增强逐渐变为减弱。其中完全消耗系数较高表明了我国农业与传统服务业之间有较强的经济联系。但是在农业与现代服务业之间还存在较弱的联系。2007 年与 2002 年相比传统服务业和金融保险业的完全消耗系数有所下降，表明我国农业与这些服务业的经济联系减弱，但是农业生产性服务业的细化、类别及内部结构处在不断调整优化中。

由于我国农业现代化发展起步较晚，农业生产的产业化和专业化程度较低，农业生产中最基本的中间投入是处于价值链低端的传统的农机运输和销售服务。在同国际上已经实现农业现代化生产的发达国家如美国竞争中还处在劣势地位，农业生产性服务业的内部结构不尽合理，还需不断优化以实现农业的最大化生产。

表 9 - 1　农业使用各分类生产性服务业的完全消耗系数

| | 1997 年 | 2002 年 | 2007 年 |
|---|---|---|---|
| 交通运输及仓储业 | 0.0244118 | 0.053395 | 0.044674 |
| 信息传输、计算机服务和软件业 | ********* | 0.010181 | 0.0088348 |
| 批发和零售贸易业 | 0.0486247 | 0.057586 | 0.03342 |
| 住宿和餐饮业 | 0.004815 | 0.009324 | 0.01138 |
| 金融保险业业 | 0.0163439 | 0.036155 | 0.026863 |
| 房地产业 | 0.0023403 | 0.0044 | 0.0041196 |
| 租赁和商务服务业 | ******** | 0.012918 | 0.012967 |
| 科学研究事业 | 0.0002645 | 0.000657 | 0.0031704 |
| 综合技术服务业 | 0.0181207 | 0.008781 | 0.01139 |
| 水利、环境和公共设施管理业 | ******** | ******* | 0.0032185 |
| 教育事业 | 0.0020990 | 0.001931 | 0.0020282 |
| 卫生、社会保障和社会福利业 | 0.0003496 | 0.001295 | 0.002117 |
| 公共管理和社会组织 | ******** | ******* | 0.00052349 |

注：******* 表示当年投入产出表中没有统计该项服务业。

资料来源：中国国家统计局相应年份的投入产出表。

# 三　影响农业生产性服务业内部结构的因素

## （一）人均收入水平

收入水平的变动会引起需求的变动，现代社会的生产目的就是满足社会上的各种需求，正是如此，可以说需求是促进生产进步的第一要素，不仅如此，需求同样对产业结构的变动起到促进作用。当农户收入水平提高时，农户会更愿意通过雇佣市场化的服务来替代自我劳作，拥有更多的时间。社会生产力的发展不仅促进城市化、社会分工深化及交易成本的下降，而且也促进了生产性服务业的发展。

### （二）市场化水平

随着分工的深化，生产的专业化使得部门结构更加细化。一些原来归属在别的部门的服务活动独立出来，成为专门提供社会服务的部门。这导致原本企业或家庭自身可以提供的中间服务转为向市场购买。市场化水平的提高，使得社会上提供服务业的部门更加多样性。

### （三）城市化水平

城市尤其是大城市的软硬件条件建设齐全，极大地促进知识性、技术性服务业集聚，使得生产性服务业集聚发展，进而降低需要运用这些服务的企业的交易费用。

### （四）分工水平

随着社会分工深化以及生产复杂化，使得一些服务于企业内部的服务部门分离出来独立成为承担起提供社会服务的专业化部门。生产性服务业由此发展壮大承担起为生产部门提供例如市场调研、产品设计、包装、储运以及市场销售等生产性服务环节，生产部门转而向专业化的生产服务部门购买服务。这种外包型服务业就是深化分工的结果，不仅促进了生产的专业化，也促进了生产力的发展。

### （五）交易费用

交易成本也称为交易费用，是指为达成一笔交易所要花费的成本包括搜寻、信息、议价等方面的成本。人们参与交易的积极性很大程度上受到交易成本的影响。当发展到一定阶段，交易费用的降低，使得企业自身提供中间产品的成本大于企业购买外包服务业与其相关费用之和时，会促使人们尽可能多选择外包生产性服务业。企业的这种行为不仅在一定程度上促进中间服务业的提供者实现降低成本和规模经济，而且有利于中间产品的供应者之间的市场竞争，迫使供应商降低自己的生产成本。信息通信技术的发展使得企业在与外包服务企业沟通时更加方便快捷，极大程度地降低了交易费用。

# 四　中国农业生产性服务业结构优化路径

## （一）　依托政府部门和涉农站所，积极构建面向农业生产链的公共服务

我国现阶段农业生产性服务业发展薄弱，部分设施建设还不完备，因此需要政府提供一些面向农业的公共服务业，即以政府投入为主，建立一些在农业产前、产中、产后需要的服务业，如农业技术市场、农业综合信息平台、产学研合作平台、物流运输体系。各级农技推广中心、种子站、农机站等为农业生产提供各种信息技术指导、培训服务。这种模式适用于一些农业企业规模小、经济欠发达的地区。这些地区不仅不具有吸引相关服务业企业进驻的规模性农业生产性服务业市场，而且也无力承担建设生产性服务业的巨额资金投入。政府主导建设农业生产性服务业能够极大地促进当地农业的发展。

## （二）　政府引导、扶持龙头企业

政府采用优惠的政策引进项目，一方面鼓励农户或农业企业积极使用农业生产性服务业，促进生产性服务业的外包，降低农业的生产交易成本；另一方面重点扶持龙头企业的大力发展。为了提升农民进入市场的组织化程度，必须以发展农副产品加工业为突破口。"龙头 + 基地"、基地连农户的农业生产经营之路，是发展农副产品加工业的必由之路。以河南省为例，河南省经过发展形成了以订单农业和二次结算等模式为主的龙头企业，这种模式将处在最底层的农业生产与企业的发展密切联系起来，有利于农业向产业化发展。这些龙头企业在政府的扶持下，与农户紧密相连，形成了生产的产业化，在外拓市场、内联农户、抵御市场风险、带动农民致富和促进地方经济发展方面发挥了重要作用，充分发挥农副产品加工业对农业生产性服务业的发展的外部拉动和植入效应。

## （三）　依托产地批发市场，促进农业生产性服务业主体的崛起

加强农产品批发市场建设为实现农产品的销售提供保障，对传统市场

进行升级改造，使部分批发市场在设施、功能、交易等方面形成模范效应，以高效益、新科技、产业化为发展目标，促进农业设施的发展。极大地促进了农业生产的引导功能，带动了周边农户发展，增加农民收入。农机市场实行一体化经营引进农机售后服务站，方便广大农民或农机户。农机市场的发展，一方面提高了农业机械化生产水平，另一方面为农民跨区作业提高收入提供了条件。

## （四）依据农户需求发展农业生产性服务

在农业生产过程中，农户对于农业生产性服务业集中于种子、化肥、农药、病虫害的防治、田间技术指导等。这些服务的获得与市场上发展起来的农业生产性服务企业或非营利机构密切相关。在农业生产中的产前、产中、产后实行规范化、标准化的生产，保障农业生产的安全。

综上所述，促进农业生产性服务业内部结构优化的路径很多，各个地区应该因地制宜，依据当地的特色选择适合当地的优化路径，促进农业生产性服务业的大力发展，加速农业的现代化发展。

# 附表 文中使用的部分数据

单位：亿元

| 年份 | 保费 | 赔款支出 |
| --- | --- | --- |
| 1990 | 1.9 | 1.7 |
| 1991 | 4.6 | 5.4 |
| 1992 | 8.2 | 8.1 |
| 1993 | 5.6 | 6.5 |
| 1994 | 5.0 | 5.4 |
| 1995 | 5.0 | 3.6 |
| 1996 | 5.7 | 3.9 |
| 1997 | 5.8 | 4.2 |
| 1998 | 7.1 | 5.6 |
| 1999 | 6.3 | 4.9 |
| 2000 | 4.0 | 3.0 |
| 2001 | 3.0 | 3.0 |
| 2002 | 5.0 | 4.0 |
| 2003 | 5.0 | 15.0 |
| 2004 | 4.0 | 3.0 |
| 2005 | 7.0 | 6.0 |
| 2006 | 8.0 | 6.0 |
| 2007 | 53.3 | 29.8 |
| 2008 | 110.7 | 64.1 |
| 2009 | 133.9 | 95.2 |
| 2010 | 135.9 | 96.0 |

续表

| 年份 | 保费 | 赔款支出 |
|------|------|----------|
| 2011 | 174.0 | 81.8 |
| 2012 | 240.6 | 131.3 |
| 2013 | 306.6 | 208.6 |

资料来源：历年《中国统计年鉴》。

附表2 1990~2012年全国农业贷款数额

单位：亿元

| 年份 | 农业贷款 |
|------|----------|
| 1990 | 2412.8 |
| 1991 | 2976.0 |
| 1992 | 3868.5 |
| 1993 | 4839.1 |
| 1994 | 4644.5 |
| 1995 | 3019.1 |
| 1996 | 7123.0 |
| 1997 | 3314.6 |
| 1998 | 4444.2 |
| 1999 | 4792.4 |
| 2000 | 4889.0 |
| 2001 | 5711.5 |
| 2002 | 6884.6 |
| 2003 | 8411.4 |
| 2004 | 9843.1 |
| 2005 | 11529.9 |
| 2006 | 13208.2 |
| 2007 | 15429.3 |
| 2008 | 17628.8 |
| 2009 | 21622.5 |
| 2010 | 23043.7 |
| 2011 | 24436.0 |
| 2012 | 27300.0 |

资料来源：历年《中国金融年鉴》。

附表 3　1990～2012 年历年对农业财政投入数据

单位：万元

| 年份 | 农业投入 |
|------|---------|
| 1990 | 307.84 |
| 1991 | 347.57 |
| 1992 | 376.02 |
| 1993 | 440.45 |
| 1994 | 532.98 |
| 1995 | 574.93 |
| 1996 | 700.43 |
| 1997 | 766.39 |
| 1998 | 1154.76 |
| 1999 | 1066.76 |
| 2000 | 1231.54 |
| 2001 | 1456.73 |
| 2002 | 1580.76 |
| 2003 | 1754.45 |
| 2004 | 2337.63 |
| 2005 | 2450.31 |
| 2006 | 3172.97 |
| 2007 | 3404.7 |
| 2008 | 4544.01 |
| 2009 | 6720.41 |
| 2010 | 8129.58 |
| 2011 | 9937.55 |
| 2012 | 11973.88 |

附表 4　1990～2012 年农业产值数据

单位：万元

| 年份 | 农业产值 |
|------|---------|
| 1990 | 7662.1 |
| 1991 | 8157 |
| 1992 | 9084.7 |
| 1993 | 10995.5 |

续表

| 年份 | 农业产值 |
|------|----------|
| 1994 | 15750.5 |
| 1995 | 20340.9 |
| 1996 | 22353.7 |
| 1997 | 23788.4 |
| 1998 | 24541.9 |
| 1999 | 24519.1 |
| 2000 | 24915.8 |
| 2001 | 26179.6 |
| 2002 | 27390.8 |
| 2003 | 29691.8 |
| 2004 | 26239 |
| 2005 | 39450.9 |
| 2006 | 40810.8 |
| 2007 | 48893 |
| 2008 | 58002.2 |
| 2009 | 60361 |
| 2010 | 69319.8 |
| 2011 | 81303.9 |
| 2012 | 89453 |

附表 5　有效灌溉面积、农用化肥施用量及用电量数据

| 年份 | 有效灌面积（千公顷） | 化肥施用量（万吨） | 氮肥（万吨） | 磷肥（万吨） | 钾肥（万吨） | 复合肥（万吨） | 农村用电量（亿千瓦时） |
|------|------|------|------|------|------|------|------|
| 1990 | 47403.1 | 2590.3 | 1638.4 | 462.4 | 147.9 | 341.6 | 844.5 |
| 1991 | 47822.1 | 2805.1 | 1726.1 | 499.6 | 173.9 | 405.5 | 963.2 |
| 1992 | 48590.1 | 2930.2 | 1756.1 | 515.7 | 196.0 | 462.4 | 1106.9 |
| 1993 | 48727.9 | 3151.9 | 1835.1 | 575.1 | 212.3 | 529.4 | 1244.9 |
| 1994 | 48759.1 | 3317.9 | 1882.0 | 600.7 | 234.8 | 600.6 | 1473.9 |
| 1995 | 49281.2 | 3593.7 | 2021.9 | 632.4 | 268.5 | 670.8 | 1655.7 |
| 1996 | 50381.4 | 3827.9 | 2145.3 | 658.4 | 289.6 | 734.7 | 1812.7 |
| 1997 | 51238.5 | 3980.7 | 2171.7 | 689.1 | 322.0 | 798.1 | 1980.1 |
| 1998 | 52295.6 | 4083.7 | 2233.3 | 682.5 | 345.7 | 822.0 | 2042.2 |

续表

| 年份 | 有效灌面积（千公顷） | 化肥施用量（万吨） | 氮肥（万吨） | 磷肥（万吨） | 钾肥（万吨） | 复合肥（万吨） | 农村用电量（亿千瓦时） |
|---|---|---|---|---|---|---|---|
| 1999 | 53158.4 | 4124.3 | 2180.9 | 697.8 | 365.6 | 880.0 | 2173.4 |
| 2000 | 53820.3 | 4146.4 | 2161.5 | 690.5 | 376.5 | 917.9 | 2421.3 |
| 2001 | 54249.4 | 4253.8 | 2164.1 | 705.7 | 399.6 | 983.7 | 2610.8 |
| 2002 | 54354.9 | 4339.4 | 2157.3 | 712.2 | 422.4 | 1040.4 | 2993.4 |
| 2003 | 54014.2 | 4411.6 | 2149.9 | 713.9 | 438.0 | 1109.8 | 3432.9 |
| 2004 | 54478.4 | 4636.6 | 2221.9 | 736.0 | 467.3 | 1204.0 | 3933.0 |
| 2005 | 55029.3 | 4766.2 | 2229.3 | 743.8 | 489.5 | 1303.2 | 4375.7 |
| 2006 | 55750.5 | 4927.7 | 2262.5 | 769.5 | 509.7 | 1385.9 | 4895.8 |
| 2007 | 56518.3 | 5107.8 | 2297.2 | 773.0 | 533.6 | 1503.0 | 5509.9 |
| 2008 | 58471.7 | 5239.0 | 2302.9 | 780.1 | 545.2 | 1608.6 | 5713.2 |
| 2009 | 59261.4 | 5404.4 | 2329.9 | 797.7 | 564.3 | 1698.7 | 6104.4 |
| 2010 | 60347.7 | 5561.7 | 2353.7 | 805.6 | 586.4 | 1798.5 | 6632.3 |
| 2011 | 61681.6 | 5704.2 | 2381.4 | 819.2 | 605.1 | 1895.1 | 7139.6 |
| 2012 | 63036.4 | 5838.8 | 2399.9 | 828.6 | 617.7 | 1990.0 | 7508.5 |

附表6　电信通信服务水平（年底数）

| 年份 | 电话普及率（包括移动电话）（部/百人） | 移动电话普及率（部/百人） | 每千人拥有公用电话数（部） | 开通互联网宽带业务的行政村比重（%） | 互联网普及率（%） |
|---|---|---|---|---|---|
| 1990 | 1.11 | | | | |
| 1991 | 1.29 | | | | |
| 1992 | 1.61 | 0.02 | | | |
| 1993 | 2.20 | 0.05 | | | |
| 1994 | 3.20 | 0.13 | | | |
| 1995 | 4.66 | 0.30 | | | |
| 1996 | 6.33 | 0.59 | | | |
| 1997 | 8.11 | 1.07 | | | |
| 1998 | 9.95 | 1.93 | | | |
| 1999 | 13.12 | 3.47 | | | |
| 2000 | 19.10 | 6.72 | 2.20 | | |
| 2001 | 26.55 | 11.47 | 2.71 | | |

| 年份 | 电话普及率（包括移动电话）（部/百人） | 移动电话普及率（部/百人） | 每千人拥有公用电话数（部） | 开通互联网宽带业务的行政村比重（%） | 互联网普及率（%） |
|---|---|---|---|---|---|
| 2002 | 33.67 | 16.14 | 7.67 | | 4.6 |
| 2003 | 42.16 | 21.02 | 12.20 | | 6.2 |
| 2004 | 50.03 | 25.91 | 17.14 | | 7.3 |
| 2005 | 57.22 | 30.26 | 20.63 | | 8.5 |
| 2006 | 63.40 | 35.30 | 22.64 | | 10.5 |
| 2007 | 69.45 | 41.64 | 22.76 | | 16.0 |
| 2008 | 74.29 | 48.53 | 20.98 | | 22.6 |
| 2009 | 79.89 | 56.27 | 20.40 | | 28.9 |
| 2010 | 86.41 | 64.36 | 19.45 | 80.11 | 34.3 |
| 2011 | 94.81 | 73.55 | 18.41 | 84.00 | 38.3 |
| 2012 | 103.10 | 82.50 | 17.40 | 87.90 | 42.1 |

### 附表7 河南省各产业固定资产投资数据

| 年份 | 商品零售物价指数 | 全员劳动生产率 | 交通运输、仓储和邮政业（亿元） | 金融业（亿元） | 房地产业（亿元） | 国民生产总值（亿元） |
|---|---|---|---|---|---|---|
| 2002 | 99.2 | 10935 | 342.10 | 4.61 | 402.21 | 6035.48 |
| 2003 | 101.3 | 12422 | 368.93 | 2.90 | 437.85 | 6867.7 |
| 2004 | 105.7 | 15381 | 415.01 | 2.19 | 629.66 | 8553.79 |
| 2005 | 101.7 | 18824 | 541.42 | 4.47 | 884.10 | 10587.42 |
| 2006 | 100.9 | 21725 | 696.68 | 3.90 | 1199.26 | 12362.79 |
| 2007 | 104.4 | 26127 | 508.38 | 7.23 | 1802.21 | 15012.46 |
| 2008 | 107.5 | 31045 | 485.48 | 8.09 | 2424.29 | 18018.53 |
| 2009 | 99.4 | 33063 | 583.89 | 12.73 | 2987.51 | 19480.46 |
| 2010 | 103.7 | 38517 | 791.54 | 15.14 | 3775.15 | 23092.36 |
| 2011 | 105.7 | 44005 | 812.54 | 16.57 | 4456.33 | 26931.03 |
| 2012 | 102.3 | 47414 | 927.25 | 14.84 | 5363.65 | 29599.31 |
| 2013 | 101.9 | 50795 | 1157.06 | 21.06 | 6510.37 | 32191.3 |
| 2014 | 101.0 | 54138 | 1391.70 | 28.83 | 7066.83 | 34938.24 |

附表 8　河南省相关原始数据

| 年份 | 第一产业占总产值比重（%） | 第二产业占总产值比重（%） | 第三产业占总产值比重（%） | 商品物价指数 | 交通运输、仓储和邮政业（亿元） | 信息传输、计算机服务（亿元） | 金融业（亿元） | 房地产业（亿元） | 租赁和商务服务业（亿元） | 科学研究、技术服务（亿元） | 生产性服务业增加值总和（亿元） |
|---|---|---|---|---|---|---|---|---|---|---|---|
| 2004 | 19.3 | 48.9 | 31.8 | 105.7 | 560.35 | 122.27 | 170.82 | 236.44 | 57.55 | 61.23 | 1208.66 |
| 2005 | 17.4 | 51.8 | 30.8 | 101.7 | 625.87 | 143.4 | 181.74 | 298.19 | 88.9 | 74.96 | 1413.06 |
| 2006 | 15.1 | 53.8 | 31 | 100.9 | 739.29 | 180.36 | 219.72 | 348.7 | 92.94 | 81.17 | 1662.18 |
| 2007 | 14.4 | 54.3 | 31.3 | 104.4 | 866.73 | 205.73 | 302.31 | 447.44 | 107.53 | 93.87 | 2023.61 |
| 2008 | 14.5 | 55.9 | 29.7 | 107.5 | 802.25 | 244.84 | 413.83 | 512.42 | 133.74 | 111.17 | 2218.25 |
| 2009 | 13.9 | 55.1 | 31 | 99.4 | 961.5 | 325.9 | 868.2 | 987 | 265.04 | 166.04 | 3573.68 |
| 2010 | 13.8 | 55.5 | 30.6 | 103.7 | 873.3 | 263.23 | 697.68 | 773.23 | 195.97 | 148.32 | 2951.73 |
| 2011 | 12.8 | 55.1 | 32.1 | 105.7 | 961.5 | 325.9 | 868.2 | 987 | 265.04 | 166.04 | 3573.68 |
| 2012 | 12.5 | 53.7 | 33.8 | 102.3 | 1151.91 | 347.89 | 1013.6 | 1040.7 | 312.05 | 197.59 | 4063.74 |
| 2013 | 12.3 | 52 | 35.7 | 101.9 | 1474.19 | 377.51 | 1280.92 | 1440.47 | 351.67 | 273.64 | 5198.4 |

# 参考文献

［1］《中共中央关于制定国民经济和社会发展第十二个五年规划的建议》，《求是》2010 年第 21 期。

［2］毕美家：《中国农产品批发市场的建设与发展方向》，《中国农村经济》2001 年第 12 期。

［3］陈军民：《农业生产性服务对河南省农业及农民收入影响的实证分析》，《农业经济》2013 年第 7 期。

［4］陈凯：《农业技术进步的测度——兼评〈我国农业科技进步贡献率测算方法〉》，《农业现代化研究》2000 年第 2 期。

［5］陈笑艳：《生产性服务业对农业劳动生产率的影响》，《产业经济》2014 年第 3 期。

［6］丛永平、黄奕忠、颜亨祥、陈广林、徐伟刚、花云：《澳大利亚学习考察的体会与启示》，《农业发展与金融》2014 年第 12 期。

［7］邓于君：《发达国家后工业化时期服务业内部结构的演变机理及启示》，《学术研究》2009 年第 9 期。

［8］董鸿鹏、吕杰周、周艳波：《农户技术选择行为的影响因素分析》，《农业经济》2007 年第 8 期。

［9］段炼：《我国生产性服务业产业结构优化研究》，《经济纵横》2014 年第 4 期。

［10］范丽萍：《澳大利亚农业巨灾风险管理政策研究》，《世界农业》2014 年第 2 期。

［11］冯万玉、安玉麟、刘建设、李素萍：《澳大利亚农业发展对我国农业的启示》，《内蒙古农业科技》2005 年第 4 期。

［12］龚晶、张晓华：《以现代服务业引领农业发展的模式及道路》，《贵州

农业科学》2014 年第 4 期。

[13] 顾乃华、李江帆:《中国服务业技术效率区域差异的实证分析》,《经济研究》2006 年第 1 期。

[14] 韩坚、尹国俊:《农业生产性服务业:提高农业生产效率的新途径》,《学术交流》2006 年第 11 期。

[15] 郝爱民:《农业生产性服务业对农业的外溢效应与条件研究》,《南方经济》2013 年第 5 期。

[16] 郝爱民:《农业生产性服务业对农业的影响基于省级面板数据的研究》,《财贸经济》2011 年第 7 期。

[17] 郝爱民:《农业生产性服务业外溢效应和溢出渠道研究》,《中南财经政法大学学报》2013 年第 6 期。

[18] 何菊芳:《完善我国农业社会化服务体系的对策思考》,《浙江师范大学学报》(社会科学版) 2009 年第 5 期。

[19] 何伟:《社会主义经济理论发展的一个里程碑》,《理论前言》2000 年第 1 期。

[20] 〔加〕赫伯特·G. 格鲁伯、迈克尔·A. 沃克:《服务业的增长:原因和影响》,陈彪如译,上海三联书店,1993。

[21] 胡德斌:《法国发展农业的成功经验》,《现代农业》2002 年第 9 期。

[22] 黄慧芬:《我国农业生产性服务业与现代农业发展》,《农业经济》2011 年第 10 期。

[23] 黄莉芳、黄良文、洪琳琳:《基于随机前沿模型的中国生产性服务业技术效率测算及影响因素探讨》,《数量经济技术经济研究》2011 年第 6 期。

[24] 黄少安:《服务业与经济增长》,经济科学出版社,2000。

[25] 黄少安、孙圣民、宫明波:《中国土地产权制度对农业经济增长的影响》,《中国社会科学》2005 年第 3 期。

[26] 黄祖辉:《发达国家现代农产品流通体系变化及启示》,《福建论坛》2003 年第 4 期。

[27] 黄祖辉、刘东英:《我国农产品物流体系建设与制度分析》,《农业经济问题》2005 年第 4 期。

[28] 江建丰、刘俊威:《中国农业生产性服务业发展差距研究——基于投

入产出表的实证分析》，《经济学家》2011 年第 11 期。

[29] 江剑庭：《法国农业现代化的基本特征》，《长江论坛》2003 年第 2 期。

[30] 姜长云：《发展农业生产性服务业的模式、启示与政策建议——对山东省平度市发展高端特色品牌农业的调查与思考》，《宏观经济研究》2011 年第 3 期。

[31] 姜长云：《农业生产性服务业发展模式举证：自安徽观察》，《改革》2011 年第 1 期。

[32] 姜凌、潘锦云：《现代服务业改造传统农业的理论研究》，《安庆师范学院学报》2011 年第 4 期。

[33] 蒋萍、谷彬：《中国服务业 TFP 增长率分解与效率演进》，《数量经济技术经济研究》2009 年第 8 期。

[34] 金桂英：《对推进农产品流通现代化的若干思考》，《商场现代化》2007 年第 34 期。

[35] 康文：《日本农村现代服务业发展经验及对河南的借鉴》，《商业文化》（学术版）2010 年第 1 期。

[36] 孔祥智、徐珍源：《农业社会化服务供求研究——基于供给主体与需求强度的农户数据分析》，《广西社会科学》2010 年第 3 期。

[37] 匡远凤：《技术效率、技术进步、要素与中国农业经济增长——基于 SFA 的经验分析》，《数量经济技术经济研究》2012 年第 1 期。

[38] 雷权勇：《FDI 对国内高新技术产业影响研究——基于 Feder 模型及 2003～2013 年经验数据分析》，《中南林业科技大学学报》2014 年第 5 期。

[39] 李国祥：《关于我国农业科技人力资源规模问题的探讨》，《科学学与科学技术管理》1998 年第 6 期。

[40] 李劲夫：《农业保险发展进入新阶段》，《中国金融》2013 年第 4 期。

[41] 李曼：《基于社会资本理论的农村信息化发展研究》，《科技进步与对策》2009 年第 8 期。

[42] 李启平：《我国生产性服务业与农业的关联性分析》，《求索》2008 年第 4 期。

[43] 李伟毅、赵佳、胡士华：《小农条件下农业现代化的实现路径——农机跨区作业的实践与启示》，《中国农机化》2010 年第 2 期。

［44］李晓俐、陈阳：《美国农业发展经验对中国农业现代化发展的启示》，《世界农业》2009 年第 12 期。

［45］李应博、乔忠：《我国农业信息资源配置问题探讨》，《中国农村经济》2004 年第 7 期。

［46］李应博、乔忠、彭影：《我国农业信息服务体系的科技人才保障机制研究》，《农业科技管理》2005 年第 5 期。

［47］李颖明、王旭、刘扬：《农业生产性服务对农地经营规模的影响》，《中国农学通报》2015 年第 35 期。

［48］李彧挥、陈笑男、祝浩、王云华：《影响林农发展林下经济的因素分析》，《林业经济》2011 年第 9 期。

［49］李泽华：《我国农产品批发市场的现状与发展趋势》，《中国农村经济》2002 年第 6 期。

［50］廖晓莲、高英武、江波、黄光辉：《跨区机收作业发展现状与前景展望》，《农机化研究》2008 年第 2 期。

［51］林毅夫：《制度技术与中国农业的发展》，上海人民出版社，1994。

［52］刘纯彬、王晓军：《劳动力选择性流动对农业技术创新的影响》，《中南财经政法大学学报》2011 年第 4 期。

［53］刘立仁：《农业服务业：建设现代农业的重要切入点》，《中国禽业导刊》2005 年第 18 期。

［54］刘丽伟：《美国农业信息化促进农业经济发展方式转变的路径研究与启示》，《农业经济》2012 年第 7 期。

［55］刘楠：《基于投入产出法的我国生产性服务业与农业关联分析》，《产业观察》2014 年第 36 期。

［56］刘绍敏、刘萌芽：《关于农业现代服务业发展的研究综述》，《科技和产业》2014 年第 7 期。

［57］刘淑华、姚玉秀、尚丹、刘芝牲：《论国外农村信息化发展 》，《现代农业科技》2010 年第 2 期。

［58］刘雯、张浩 、安玉发：《批发市场在农产品供应链中的功能和位置探讨》，《中国市场》2010 第 32 期。

［59］刘晓敏、王慧军：《黑龙港区农户采用农艺节水技术意愿影响因素的实证分析》，《农业技术经济》2010 年第 9 期。

[60] 刘志彪、安同良：《中国产业结构演变与经济增长》，《南京社会科学》2002 年第 1 期。

[61] 龙吉泽：《澳大利亚农业与农业机械化》，《湖南农机》2014 年第 4 期。

[62] 鲁钊阳：《农业生产性服务业对城乡收入差距的影响》，《南京社会科学》2013 年第 2 期。

[63] 吕韬、陈俊红：《发达国家现代农业服务体系建设对我国的启示》，《广东农业科学》2011 年第 20 期。

[64] 吕晓英、李先德：《美国农业政策支持水平及改革走向》，《农业经济问题》，2014 年第 2 期。

[65] 罗富民：《财政支农对农业技术有效需求的影响研究》，《农业部管理干部学院学报》2010 年第 2 期。

[66] 马承霈：《美国农产品批发市场概况》，《世界农业》2003 年第 11 期。

[67] 潘锦云、李晏墅：《农业现代服务业：以工促农的产业路径》，《经济学家》2009 年第 9 期。

[68] 潘锦云、汪时珍、李晏墅：《现代服务业改造传统农业的理论与实证研究——基于产业耦合的视角》，《经济学家》2011 年第 12 期。

[69] 潘锦云、杨国才：《现代服务业诱致农业增长方式转变——基于农业信贷影响农业总产出的视角》，《江汉论坛》2013 年第 10 期。

[70] 潘锦云、杨国才、汪时珍：《引植农业现代服务业的制度安排与路径选择——基于现代服务业改造传统农业的技术视角》，《经济体制改革》2013 年第 1 期。

[71] 庞晓鹏：《农业社会化服务供求结构差异的比较与分析——基于农业社会化服务供求现状的调查与思考》，《农业技术经济》2006 年第 4 期。

[72] 彭惠梅：《日本农村现代服务业发展经验及对我国的借鉴》，《中部崛起与现代服务业——第二届中部商业经济论坛论文集》，中国商业经济学会，2008。

[73] 钱加荣、穆月英、陈阜、邓祥宏：《我国农业技术补贴政策及其实施效果研究——以秸秆还田补贴为例》，《中国农业大学学报》2011 年第 2 期。

[74] 钱雪亚、张小蒂：《农村人力资本积累及其收益特征》，《中国农村经济》2000 年第 1 期。

[75] 全炯振：《中国农业全要素生产率增长的实证分析：1978～2007 年》，《中国农村经济》2009 年第 9 期。

[76] 苏永伟：《农业机械化发展：美国经验与启示》，《农村经济与科技》2015 年第 3 期。

[77] 孙敬水、董亚娟：《人力资本与农业经济增长：基于中国农村的 Panel data 模型分析》，《农业经济问题》2006 年第 12 期。

[78] 孙明：《美国农业社会化服务体系的经验借鉴》，《经济问题探索》2002 年第 12 期。

[79] 孙明珠、李卫娥、王华、季贺：《澳大利亚发展现代农业及金融支农的启示》，《农业发展与金融》2013 年第 6 期。

[80] 谈存峰、李双奎、陈强强：《欠发达地区农业社会化服务的供给、需求及农户意愿——基于甘肃样本农户的调查分析》，《华南农业大学学报》（社会科学版）2010 年第 3 期。

[81] 谭侃：《我国农村金融体系改革的探讨》，硕士学位论文，中南林业科技大学，2005。

[82] 田曦：《生产性服务业对中国制造业竞争力提升的影响研究》，硕士学位论文，湖南大学，2007。

[83] 童鹏：《美国农村金融服务体系发展状况及经验借鉴》，《宏观经济观察》2008 年第 10 期。

[84] 庹国柱：《完善大灾风险管理制度》，《中国金融》2013 年第 4 期。

[85] 庹国柱：《我国农业保险的发展成就、障碍与前景》，《保险研究》2012 年第 12 期。

[86] 王彬：《鲜活农产品流通模式及流通效率的实证研究》，博士论文，江南大学，2008。

[87] 汪建丰、刘俊威：《中国农业生产性服务业发展差距研究——基于投入产出表的实证分析》，《经济学家》2011 年第 11 期。

[88] 王德宝、王国军：《我国农业保险的发展成就、存在问题及对策建议》，《金融与经济》2014 年第 5 期。

[89] 王德禄、张国亭：《国外现代服务业发展借鉴》，《商场现代化》2009 年第 4 期。

[90] 王丽萍、罗发恒、陈美萍：《广东肇庆蔬菜种植户的农业生产性服务

需求及其影响因素》，《贵州农业科学》2015 年第 7 期。

[91] 王洋、殷秀萍、郭翔宇：《农业社会化服务供给模式分析与评价》，《农机化研究》2011 年第 11 期。

[92] 王永强、朱玉春：《农业技术扩散过程中的障碍因素分析》，《中国科技论坛》2009 年第 1 期。

[93] 王玉龙、丁文锋：《农业企业人力资本投资意愿影响因素研究——基于TPB 理论与 63 家农业企业微观数据》，《经济经纬》2011 年第 1 期。

[94] 王志、董亚慧：《美国农业发展的经验对我国农业的启示》，《东南亚纵横》2010 年第 11 期。

[95] 卫龙宝、阮建青：《城郊农民参与素质培训意愿影响因素分析——对杭州市三墩镇农民的实证研究》，《中国农村经济》2007 年第 3 期。

[96] 温思美、罗必良：《论中国农产品市场的组织制度创新》，《学术研究》2001 年第 1 期。

[97] 吴宏伟、侯为波、卓翔芝：《传统农业区农业生产性服务业现状、问题和发展思路——以安徽省为例的实证研究》，《农村经济》2011 年第 9 期。

[98] 吴进凯：《我国现代农产品物流体系发展研究》，《现代商贸工业》2009 年第 13 期。

[99] 吴晓云：《我国各省区生产性服务业效率测度——基于 DEA 模型的实证分析》，《山西财经大学学报》，2010 年第 6 期。

[100] 夏玲：《重庆市农业社会化服务供需影响因素研究》，硕士学位论文，西南大学，2015。

[101] 小林康平、甲斐谕：《体制转换中的农产品流通体制》，中国农业出版社，1995。

[102] 熊鹰：《农户对农业社会化服务需求的实证分析——基于成都市 176 个样本农户的调查》，《农村经济》2010 年第 3 期。

[103] 徐柏园、李蓉：《农产品批发市场研究》，中国农业出版社，1995。

[104] 徐本义：《农业保险发展面临的矛盾与解决的途径》，《中国保险》2014 年第 4 期。

[105] 徐秀英：《完善和发展农机跨区作业模式的思考》，《农机化研究》2011 年第 6 期。

［106］徐学军：《中国生产性服务业巡礼》，科学出版社，2008。

［107］徐盈之、赵玥：《中国信息服务业全要素生产率变动的区域差异与趋同分析》，《数量经济技术经济研究》，2009 年第 10 期。

［108］许德友：《内生比较优势视野下的专业市场集群与政府作为——以义乌小商品市场为例》，《上海市经济管理干部学院学报》2008 年第 6 期。

［109］薛国琴：《经济发达地区农村人力资本培训结构调整分析》，《农业经济问题》2010 年第 9 期。

［110］杨红强、邬松涛、杨加猛、贾卫国、王浩：《我国农林高校农林经济管理专业人才培养模式多维比较与改革创新》，《林业经济》2014 年第 9 期。

［111］杨介华、江波、黄光辉、江斌：《联合收割机跨区机收作业发展现状综述》，《现代农业装备》2007 年第 3 期。

［112］杨全海：《澳大利亚农业信息化建设对中国农业信息化发展的启示》，《农业经济》2014 年第 1 期。

［113］杨玉英：《面向 2020 年中国服务业发展战略》，《宏观经济研究》2008 年第 11 期。

［114］姚蔚：《中国农业发展银行信贷政策调整趋势分析》，《银行家》2005 年第 7 期。

［115］姚洋洋、贾彬：《中美农业生产服务业的比较研究》，《世界农业》2014 年第 12 期。

［116］叶湘：《澳大利亚的农业政策及其启示》，硕士学位论文，福建农林大学，2013。

［117］殷睿：《中外农业政策性金融机构比较研究及启示》，《湖南农业大学学报》（社会科学版）2005 年第 6 期。

［118］于爱红：《我国农业生产性服务业的发展问题探析》，《江苏商论》2010 年第 4 期。

［119］张升、文彩元、赵锦勇：《林下经济发展现状及问题研究——基于70 个样本县的实地调研》，《林业经济》2014 年第 2 期。

［120］张晓敏、姜长云：《不同类型农户对农业生产性服务的供给评价和需求意愿》，《经济与管理研究》2015 年第 8 期。

[121] 张银、李燕萍：《农民人力资本、农民学习及其绩效实证研究》，《管理世界》2010 年第 2 期。

[122] 张振刚、陈志明、林春培：《农业生产性服务业模式研究——以广东农业专业镇为例》，《农业经济问题》2011 年第 9 期。

[123] 张振刚、陈志明、林春培：《农业生产性服务业模式研究》，《农业经济问题》2011 年第 9 期。

[124] 张忠德：《美日韩农业和农村信息化建设的经验及启示》，《科技管理研究》2009 年第 10 期。

[125] 张祖荣：《农业保险的保费分解与政府财政补贴方式选择》，《财经科学》2013 年第 5 期。

[126] 赵锋、向佐谊：《现代农业发展中市场机制与政府作用分析——澳大利亚农业发展的经验和启示》，《长春理工大学学报》（社会科学版）2013 年第 4 期。

[127] 赵佳荣：《中国基层农业技术推广体系及其运行机制创新研究》，《湖南农业大学学报》（社会科学版）2004 年第 6 期。

[128] 赵元凤：《论信息企业在农业信息化建设中的作用和发展》，《中国农村经济》2003 年第 9 期。

[129] 郑良方：《美国的农村金融服务体系值得借鉴》，《经济研究参考》2013 年第 66 期。

[130] 周波：《澳大利亚农业生态旅游发展及对我国的启示》，《天津农业科学》2014 年第 6 期。

[131] 周波：《澳大利亚农业生态旅游发展及对我国的启示》，《天津农业科学》2014 年第 6 期。

[132] 周才方：《法国农业现代化道路特色浅析》，《南京农专学报》2003 年第 1 期。

[133] 周风涛、余国新：《不同区域视角下的农业社会化服务供求分析——基于新疆 784 户农户的抽样调查》，《广东农业科学》2014 年第 22 期。

[134] 周启红、谢少安、陈万卷：《基于现代农业视角的我国农业服务业研究》，《调研世界》2010 年第 2 期。

[135] 周亚、甘勇、李克强、姜璐：《中国人力资本的分布差异研》，《教育与经济》2004 年第 4 期。

［136］周颖、井森：《我国农产品批发市场发展的现状、问题及对策》，《农业经济》2001 年第 10 期。

［137］朱道华：《外国农业经济》，中国农业出版社，1999。

［138］朱希刚：《农业技术进步及其"七五"期间内贡献份额的测算分析》，《农业技术经济》1994 年第 2 期。

［139］朱晓青、寇静：《北京现代服务业的现状与发展路径研究》，北京经济管理出版社，2011。

［140］庄丽娟：《农业生产性服务需求意愿及影响因素分析——以广东省450 户荔枝生产者的调查为例》，《中国农村经济》2011 年第 3 期。

［141］庄丽娟、贺梅英、张杰：《农业生产性服务需求意愿及影响因素分析——以广东省450 户荔枝生产者的调查为例》，《中国农村经济》2011 年第 3 期。

［142］庄丽娟、贺梅英、张杰：《农业生产性服务需求意愿及影响因素分析》，《中国农村经济》2011 年第 3 期。

［143］邹宝德：《澳大利亚现代科技农业创新发展思考》，《安徽科技》2013 年第 4 期。

［144］Alan Macpherson, "Producer service linkages and industral innovation: results of a twelve-year tracking study of New York state manufacturers," *Growth and Change* 3 (2008).

［145］Alston, J. M., A. Andersen, J. S. James, and P. G. Pardey, *Persistence Pays: U. S. Agricultural Productivity and the Benefits from Public R&D Spending*, New York: Springer, 2011.

［146］Browning, H. L., Singelmann, J., *The Emergence of a Service Society: Demographic and Sociological aspects of the Sectoral Transformation of the Labor Force in the USA*, Springfield, Va. : National Technical Information Service, 1975.

［147］David J. Spielman, Javier Ekboir, Kristin Davis, Cosmas M. O. Ochieng, "An Innovation Systems Perspective on Strengthening Agricultural Education and Training in Sub-Saharan Africa," *Agricultural Systems* 1 (2008).

［148］Fare, R., Grosskopf, S., Norris, M., et al. "Productivity Growth, Technical Progress and Efficiency Changes in Industrialized Countries,"

*Americanb Economic Review*（S0002 - 8282）84（1994）.

［149］Feder, Gershon,"On Export and Economic Growth,"*Joumal of Development Economics* 12（1982）.

［150］Gene, M., Grossman and Elhanan Helpman,"Endogenous Innovation in the Theory of Growth,"*Journal of Economic Perspectives* 8（1994）.

［151］Gerson, Feder,"On Exports and Economic Growth,"*Journal of Development Economics* 12（1982）.

［152］Greenfiele, H. I., *Manpower and the Growth of Producer Services*, New York: Universety Press, 1966.

［153］Haitham, El-Hourani,"The Role of Representation Office of the Food and Agriculture Organization of the United Nations in Jordan,"*Public and Private Sectors in Agriculture*, Organization of the United Nations in Jordan, 9（2005）.

［154］Harry H. Postner,"Factor Content of Canadian International Trade: An Input-Output Analysis,"*Journal of International Economics* 2（1977）.

［155］Joseph Francis, Julia Woerz,"Producer Services, Manufacturing linkages and trade,"*Tibet: Tinbergen lnstitute Discussion Paper* 4（2007）.

［156］Kenneth A. Reinert,"Rural Nonfarm Development: A Trade-Theoretic View,"*Journal of International Trade and Economic Development* 4（1998）.

［157］Kiyoyasu Tanaka,"Producer Services and Manufacturing productivity: Evidence from Japan Industrial Productivity Database,"*Global COE Hi-Stat Discussion Paper Series* 76（2009）.

［158］Lin, Justin Yifu, *Development and Transition: Idea, Strate-gy, and Viablibity*, Marshall Lectures, Cambridge University, Forthcoming, 2007.

［159］Malmquist S.,"Index Numbers and Indifference Curves,"*Trabajos de Estatistica*（S0081 - 4539）4（1953）.

［160］Marshall, J., Wood, P.,"Understanding the Location role of Producer Services in the United Kingdom,"*Environment and Planning A* 5（1987）.

［161］Martin E. Adams, Vincent Ashworth, Philip Lawrence Raikes, *Agricultural Supporting Services for Land Reform*, The Land and Agriculture Policy Centre (LAPC), 2011.

[162] Paolo Guerrieria, Valentina Meliciani, "Technology and International Competitiveness: The interdependence between Manufacturing and Producer Services," *Sichuan: Structural Changge and Economic Dynamics* 4 (2005).

[163] Shearmur, R., Doloreux, D., "Urban Hierarchy or Local Bazz High-Order Producer Service and (or) Knowledge-Intensive Business Service Location in Canada, 1991 – 2001," *The Professional Geographer* 3 (2008).

[164] Stan-backetal and Francois, "Distributive Politics and Economic Growth," *Quarterly Journal of Economics* 2 (1994).

[165] Stan-backetal and Francois, "Distributive Politics and Economic Growth," *Quarterly Journal of Economics* 2 (1994).

[166] Wallace E. Huffman, Human Capital, Education, and Agriculture, 24th International Congress of Agriculture Economic, Berlin, Germany, August 2000.

[167] William J. Coffey, "Forward and Backward linkages of Producer-services Establishments: Evedence from the Montreal Merropolitan Area," *Urban Geography* 17 (1996).

图书在版编目（CIP）数据

农业生产性服务业发展研究／朱涛，夏宏著. －－ 北
京：社会科学文献出版社，2018.9
（河南大学经济学学术文库）
ISBN 978 - 7 - 5201 - 3246 - 6

Ⅰ.①农… Ⅱ.①朱… ②夏… Ⅲ.①农业生产 - 生
产服务 - 服务业 - 研究 - 中国 Ⅳ.①F326.6

中国版本图书馆 CIP 数据核字（2018）第 181203 号

·河南大学经济学学术文库·
农业生产性服务业发展研究

著　者／朱　涛　夏　宏

出 版 人／谢寿光
项目统筹／恽　薇　陈凤玲
责任编辑／田　康　李吉环

出　　　版／社会科学文献出版社·经济与管理分社（010）59367226
　　　　　　地址：北京市北三环中路甲29号院华龙大厦　邮编：100029
　　　　　　网址：www.ssap.com.cn
发　　　行／市场营销中心（010）59367081　59367018
印　　　装／三河市龙林印务有限公司

规　　　格／开　本：787mm × 1092mm　1/16
　　　　　　印　张：13.75　字　数：223 千字
版　　　次／2018 年 9 月第 1 版　2018 年 9 月第 1 次印刷
书　　　号／ISBN 978 - 7 - 5201 - 3246 - 6
定　　　价／79.00 元

本书如有印装质量问题，请与读者服务中心（010 - 59367028）联系